天津市哲学社会科学规划研究项目（TJYYHQ1403）

区域高新技术产业生长模型与实证研究

孙丽文　于建朝　吕静韦　著

经济科学出版社

图书在版编目（CIP）数据

区域高新技术产业生长模型与实证研究/孙丽文著.
—北京：经济科学出版社，2015.12
ISBN 978 - 7 - 5141 - 6198 - 4

Ⅰ.①区…　Ⅱ.①孙…　Ⅲ.①高技术产业 – 产业发展 –
研究 – 中国　Ⅳ.①F279.244.4

中国版本图书馆 CIP 数据核字（2015）第 260090 号

责任编辑：柳　敏　李　林
责任校对：郑淑艳
版式设计：齐　杰
责任印制：李　鹏

区域高新技术产业生长模型与实证研究

孙丽文　于建朝　吕静韦　著

经济科学出版社出版、发行　新华书店经销
社址：北京市海淀区阜成路甲 28 号　邮编：100142
总编部电话：010 - 88191217　发行部电话：010 - 88191522
网址：www.esp.com.cn
电子邮件：esp@ esp.com.cn
天猫网店：经济科学出版社旗舰店
网址：http://jjkxcbs.tmall.com
北京汉德鼎印刷有限公司印刷
三河市华玉装订厂装订
710 × 1000　16 开　16.5 印张　280000 字
2015 年 12 月第 1 版　2015 年 12 月第 1 次印刷
ISBN 978 - 7 - 5141 - 6198 - 4　定价：46.00 元
（图书出现印装问题，本社负责调换。电话：010 - 88191502）
（版权所有　侵权必究　举报电话：010 - 88191586
电子邮箱：dbts@ esp.com.cn）

序

由投资驱动和要素驱动向创新驱动转变意味着发展的动力源、依托的要素构成、发展要素的组合方式、创新发展的产业支撑体系都在发生变化。高新技术产业日益成为创新驱动发展的重要引擎和支撑。

近年来，我国加大了对高新技术产业的重视程度和扶持力度，科技部印发了《关于进一步加强火炬工作，促进高新技术产业化的指导意见》，部署开展了"国家高新区创新发展战略提升行动"，实施了"创新型产业集群建设工程"和"科技服务体系火炬创新工程"，将高新技术产业发展提升到前所未有的战略高度。

然而，高新技术产业的发展有其特殊的规律，不仅成长和发展路径与传统产业不同，其所需要的产业发展生态也相对要高。培育和发展高新技术产业，要根据其发展过程中的关键要素，遵循产业发展的规律，有的放矢。

目前，我国各个地区高新技术产业的发展很不均衡，有些地区尽管具备发展高新技术产业的基础条件，但发展水平却比较滞后，而有的地区虽然科技资源条件并不雄厚，但产业成长速度很快。遵循高新技术产业发展的规律，探索其成长发展的路径，已成为一个学术界、产业界极为重视的课题。近些年来，政府管理部门和学术界对此开展过相关研究，从技术资源角度、产业集聚角度、政府政策角度进行了解释，形成了不少研究成果。然而，这些从静态角度所进行的研究仍难以解释为什么高新技术企业会在某些特定地区集聚、而不是在另一个地区集聚，为什么有些高新区能够迅速发展、而有些则难以发展起来甚至衰落。显然，我们对高新技术产业发展过程中关键要素的挖掘还不够深入，对其成长的内在机理的探究还不够全面。

以孙丽文教授为主持人的河北工业大学产业创新课题组围绕高新技术产业创新活动展开研究。近年来，她先后主持完成了河北省哲学社会科学规划项目"河北省高新技术产业总体评价与发展对策研究"、河北省高等学校人文社科重点项目"河北省高新技术产业成长困境——基于创新理论的研究"等。目前正在承担天津市哲学社会科学规划研究项目"区域高新技术产业生长模型与实证研究"和河北省高等学校人文社科重点项目"区域高新技术产业生长过程与关键要素研究"，对高新技术产业的形成、成长和评价有了更为深入的认识，并做出了卓有成效的研究成果。

高新技术产业发展不是孤立的，必须将其与整体区域经济系统的发展相联系，从产业生成条件和动态发展过程中总结机理和规律，才能形成更为全面的认识。针对我国高新技术产业发展存在的现实问题，本书选择以产业生长过程为观察路线，考察了区域系统环境、生长要素及环境要素间相互作用的行为及方式。作者认为，高新技术产业发展具有生物成长的一般特性，产业的成长壮大是多种要素与环境相互作用的结果。高新技术产业发展是一个技术—经济—社会的过程；是以创新环境为基础，以创新网络为平台，通过网络内企业的互动学习和空间集聚使产业得到发展。创新能力是高新技术产业持续发展的基础，创新扩散是高新技术产业集聚发展的重要机制，创新政策的有效实施是高新技术产业发展的制度保障。依照上述观点，本书从区域创新系统出发，基于高新技术产业生长演化实际情景，从高新技术产业生成的条件、成长过程、成长环境、外部因素作用几方面进行了分析与论述。为解释高新技术企业在特定区域集聚的原因，依照生物成长原理系统描述了产业生存环境与要素条件；为解析技术扩散效应对产业生长速度的影响，围绕着互动学习、空间集聚和创新网络展开了讨论；为回答外部推动对产业成长的作用，对政府的政策作用进行了评价。

　　本书是孙丽文教授与其课题组在产业创新领域长期研究的一部力作，对于丰富和完善产业创新系统、产业技术扩散、产业集群等理论具有一定的贡献，同时对于高新技术产业管理者制定产业发展规划、创新产业管理机制具有决策参考作用。作为课题组多年来辛勤探索的总结，也是研究工作的新起点。我期待课题组能够沿着这条研究路线继续前行，为我国高新技术产业的发展提供有力的理论支撑。

2015 年 5 月于南开园

前　言

　　知识经济背景下，高新技术产业成为带动区域经济增长的重要引擎，各地纷纷将做大做强高新技术产业作为区域经济发展的战略重点。现实情况表明，高新技术产业发展在区域间具有极大的不平衡性，有些区域尽管具备发展高新技术产业的基础条件，但发展水平却相对落后。其中的原因肯定有多方面，学术界和政府管理部门都对此开展过相关研究并取得了大量成果。如有些学者从资金、技术、人才等资源要素角度分析，认为是技术资源或技术存量差异（科研人员、专利数量、研发投入等）导致了高新技术产业发展的地区差距。若仅仅如此，如何解释原来在技术存量上并不具有优势的广州、深圳、苏州等地区能够在高科技产业上超越沈阳、西安、武汉等科技资源重镇？还有一些学者从产业集聚角度研究，从静态上对一个地区的集群现状进行评价，并用集聚经济、规模经济理论说明了集聚的好处，但对高新技术企业为什么会在某些特定地区集聚，为什么有些高新区能够迅速发展，而有些则难以发展起来甚至衰落等问题没有做出充分解释。

　　本人从 2008 年开始从事区域高新技术产业发展领域的研究工作。2008 年，作为第二主研人参与了河北省软科学研究计划项目"河北省高新技术产业与中小企业自主创新关系计量及公共政策研究"（08457249D），并在此基础上，先后主持完成了河北省哲学社会科学规划项目"河北省高新技术产业总体评价与发展对策研究"（HB11YJ062）、河北省高等学校人文社科重点项目"河北省高新技术产业成长困境——基于创新理论的研究"（SKZD2011304）等，目前正在承担天津市哲学社会科学规划研究项目"区域高新技术产业生长模型与实证研究"（TJYYHQ1403）和河北省高等学校人文社科重点项目"区域高新技术产业生长过程与关键要素研究"（SD133008）。通过 7 年的学习和研究，本人对高新技术产业成长过程和影响因素有了一些浅显的认识，也尝试着撰写本书来回答上述问题。

从创新理论看，高新技术产业形成发展的路径是：高新技术的产品化应用（形成高新技术企业）——技术借助一定的介质扩散（形成企业群）——企业集群发展使产业规模扩大。由此看出，高新技术产业伴随着技术的不断创新与扩散而发展。为此，本书选取"创新"这一视角，围绕下述问题展开讨论：高新技术企业生成的条件是什么？如何才能使企业有效集聚？创新扩散过程中存在哪些障碍？形成怎样的创新扩散机制才能促进产业发展？政府在产业发展中应当扮演什么角色？

本书研究伊始所依据的基本观点是：高新技术产业作为区域经济系统中一个子系统，是以区域创新环境为基础，以区域创新网络为平台，有赖于区域系统内各主体的互动学习及高技术企业的空间集聚，是一个技术—经济—社会的复杂过程。只有从区域经济大系统出发进行整体研究，才能得出比较满意的答案。

通过对典型区域高新技术产业生长过程的系统观察，我们发现高新技术产业成长具有生物成长的一般特性，其成长壮大都是多种要素与环境相互作用的结果。为此，本书按照生物生长原理，考察了区域高新技术产业生长过程，分析了产业系统环境、生长要素及环境要素间相互作用的行为及方式，结果发现：系统环境为产业生长提供了良好的土壤，而产业生长的各个要素能否相互融合发挥作用，受区域社会资本影响，这也是导致区域高新技术产业发展差异的重要原因；产业生长速度主要受产业内不同组织形态下技术扩散效应及政府政策的影响。由此得出结论：在影响高新技术产业生长的诸多因素中，创新环境、社会资本、技术扩散和政府制度设计是四个重要因素。因此，本书重点从这四方面对各要素的作用机理展开分析。概括起来，本书的主要研究成果是：

（1）提出了高新技术产业生态系统构成。首先，依据调查结果描述了高新技术企业成长过程情景，分析了高新技术企业成长中主体行为及成长过程模型。其次，在总结分析高新技术产业形成类型与过程的基础上，提出高新技术产业发展符合生物成长的一般特性，因此按照生物成长原理，比对生物成长所需要的环境和要素描绘了产业生存发展的条件，提出：企业是产业生成的细胞；制度、人文环境等是产业生长的土壤；孵化器是产业成长的保育员；人才、资金等要素供给是产业成长的营养剂；高校、科研院所、金融及风险投资机构是营养源；企业群体网络是产业成长的生物链；政府政策是产业成长的催化剂。最后，依照这些要素在产业生长过程中的作用及行为方式，构建出产业生长系统模型，用以描述高新技术产业的生长特性与条件，对集群形成的机理进行剖析。

（2）探索了区域创新环境与高新技术产业成长的关系。首先，将区域创新环境分为宏观、中观、微观三个维度，提出区域经济与社会环境是产业生长的外部条件与资源约束，是产业发展的宏观环境因素；企业创新行为是产业演进的微观基础与发展动力，是产业发展的微观环境因素；区域内企业及产业间的相互联系与作用构成了产业发展的变速函数，是产业发展的协同因素；三者的合力促进了高新技术产业的成长。然后，依据对企业的实际调查结果，从上述环境因素中筛选出主要因素并将其作为基本的评价指标，以河北省为例，通过面板数据计量模型进行实证评价，找寻出制约河北省高新技术产业发展的关键因素。

（3）刻画了区域社会资本对高新技术产业成长的作用机理。为进一步分析创新网络的作用，将"社会资本"引入到产业生长系统，提出社会资本作为一种隐性资源在高新技术产业成长过程中发挥着重要作用。社会资本是在一定的地域文化及制度规范下、基于企业间的交易合作及企业家社会关系所建立起来的相互信任的社会网络。分别从社会资本的信任机制、要素获取机制、创新扩散机制三方面分析社会资本对产业成长的作用原理，并以安平丝网产业集群为例，重点检验了构建和培育社会网络对产业成长的重要性。

（4）验证了产业集群组织形态对高新技术产业成长的影响。从创新角度看，高新技术产业发展是技术"溢出"的结果，而技术溢出不仅涉及技术扩散和技术学习问题，而且涉及技术创新的投入与收益回报问题，这些会影响企业的创新动力。实际观察结果表明，高新技术产业内关联企业之间不同的依存状态及分工方式差异，会造成技术溢出在产业内呈现出复杂的正反馈或负反馈效应，由此相当程度上影响了产业集群内企业的创新动力和产业发展速度。从产业集群的组织形态入手，揭示出产业生态系统内不同组织形态所导致的分工方式差异、技术能力差距、技术溢出途径不同对创新扩散的影响；通过构建企业间物种竞争模型和动态博弈模型，进一步说明对企业创新行为及产业发展速度的影响，找到创新动力缺失的原因；提出通过构建合理的产业组织架构解决合作创新的问题，以此作为突破高新技术产业成长困境的一条路径。

（5）分析了政府政策对高新技术产业成长的影响。从高新技术的外部性及公共品性质出发，分析了高新技术产业成长过程中政府介入的必要性，介绍了公共政策的类型；最后运用系统动力学 Vensim 模型，依据河北省相关统计数据对高新技术产业税收优惠政策的整体效应进行了分析评价，找出现有政策的不足并提出改进建议。

本书是作者近年来在区域高新技术产业发展方面研究成果的一个总结，在研究过程中得到过许多支持与帮助。创新研究团队成员李子彪、魏进平、张爱国、刘宏在交流讨论中给予了思路与方法上的启发；苏景军、孟宪礼、李玄在实证研究中给予了大量的数据资料支持，书中也凝结着他们的劳动与汗水。课题研究中还参考吸收了许多专家学者的学术思想与观点，他们优秀的学术贡献成为本书重要的理论支撑。在实地调研中，得到了河北省科技厅、石家庄高新技术创业服务中心、河北省软件产业孵化孵基地、保定高新技术开发区创业中心相关企业领导的热情协助。研究过程还曾得到过河北省科技厅、河北省教育厅、河北省哲学社会科学规划办公室等部门的大力支持。因此本书的成稿离不开多方面的支持与帮助，在本书付梓之际，一并向他们表示衷心的感谢！

本书既是一个研究成果的总结，也是一个研究过程的总结，更是一个新的研究阶段的开始。书中有些内容还不够完善，甚至可能存在错误，真诚地欢迎各位专家、读者批评指正。同时，也愿意与所有关心和致力于这方面工作的专家学者共同努力，使研究工作更加深入。

最后，感谢天津市哲学社会科学规划办公室对本项目的资助！感谢出版社对本书出版工作的大力支持！感谢所有为本书成稿、出版付出辛劳的人们！

孙丽文

2015 年 2 月

目　　录

第 1 章

绪　　论

§1.1　问题的提出

1.1.1　宏观背景

近年来我国经济快速增长的同时，其增长模式带来的隐患日渐突显，一是过度依靠资源消耗的增长方式所形成的"资源瓶颈"和环境的恶化，二是过度依赖外来技术和外资的增长方式所导致的"自主知识产权瓶颈"，严重制约着国内企业竞争力的提升及向现代化迈进的步伐。显然，没有创新的推动，国家、区域、产业、企业各个层面的竞争力都无法得到提升，就不能形成真正的持续竞争力。为此，我国经济增长模式必须实现三大战略性转变：一是竞争力基础的转变，即从自然资源的密集消耗向知识资源的创造性应用转变；二是资源整合途径的转变，即从封闭环境下的区域性资源消耗向开放环境下的全球资源共享转变；三是创新模式的转变，从引进、模仿性创新向原始性创新、突破性创新、完善的自主知识产权体系构建等自主创新模式转变。在这一形势下，高新技术产业的发展成为带动区域经济增长的重要动力和源泉。

进入 21 世纪后，以电子信息、生物、新材料、航空航天、新能源等为代表的高新技术的重大突破及高新技术产业的迅速崛起，带动了全球产业结构的调整和升级，促进了全球经济的发展，也引起了生产方式和消费结构的深刻变革。信息技术和新材料技术发挥先导作用，生物技术获得空前发展，成为未来高新技术的核心，新能源技术仍将成为高速发展的前沿领域。世界各国纷纷制定自己的高新技术产业发展战略，鼓励高新技术的开发和产业的发展。美国依靠高新技术实现了经济的持续增长，日本通过开发和使用高新技术产品实现了经济复苏，英国等西方国家正在寻找高新技术部门作为重新崛起的救星。高新技术产业成为当代世界经济增长的主要推动力量，是各国国民经济的最重要增长点。在这种形势下，高新技术产业发展水平成为衡量一个国家综合国力、经济和科技实力的重要指标，做大做强高新技术产业成为各地区经济发展的重要战略选择，也成为理论界及实践部门的重点研究课题。

1.1.2 现实困惑

尽管许多地区都将高新技术产业作为经济发展的战略重点，也具备产业发展的基础条件，但高新技术产业发展水平依然落后。以河北省为例，它地处东部沿海地区，具有环绕京津两大直辖市的区位优势，尤其是首都北京高校林立、科研院所密集，是许多科技成果的发源地，河北省具有方便地利用这些地区的科技资源、人才资源进行创新活动的优势，并有成为这些科技成果产业化基地的便利条件，河北省政府也出台了多项政策措施予以支持，但河北省高新技术产业发展仍远落后于东部其他省区。据中国科技统计网（http：//www. sts. org. cn/）依据 2010 年数据对各地区高技术产业总产值的统计（见表 1.1），河北省处于高技术产业总量指标的三类水平，而与其临近的北京、天津、山东、辽宁及其他东部地区，均处于第二类或第一类，总产值都超过 1 000 亿元甚至 10 000 亿元，这从一个侧面反映了河北省高新技术产业发展的差距。为什么具有环抱京津两大科技创新资源高地等优势，其高新技术产业发展却不能令人满意？这一现象引人深思。

表1.1 　　　　中国高技术产业总产值的地域分布（2010 年）

高技术产业总产值（亿元）	地区
>10 000	广东、江苏
1 000 ~ 10 000	上海、山东、浙江、北京、福建、天津、四川、辽宁、湖北、河南、江西
500 ~ 1 000	湖南、陕西、河北、吉林、安徽、重庆
100 ~ 500	广西、黑龙江、贵州、山西、内蒙古、云南
<100	海南、甘肃、宁夏、新疆、青海、西藏

资料来源：中国科技统计网（http：//www. sts. org. cn/）。

近年来有不少学者围绕高新技术产业发展问题进行了大量相关研究。如一些学者从资金、技术、人才等要素资源角度探讨，认为是技术资源或技术存量的差异（如科技人员、专利数量、研究开发投入等）导致了高新技术产业发展的地区差距。若仅是如此，为什么原来在技术存量上并不具有优势的地区（如广州、深圳、苏州等地）能够在高科技产业上超越沈阳、西安、南京、武汉等科技资源重镇？这种现象说明，在影响高新技术产业发展的因素中，除技术资源或技术存量外，还存在其他因素。

还有一些学者从产业集聚的角度研究高新技术产业的发展，但大多是从集聚经济、规模经济等方面给出了集聚形成的原因，说明了集聚的优势。对于为什么高新技术企业会在某些特定地区集聚，或为什么一些高新区能够迅速发展，而另一些则衰落或难以发展起来等重要问题没有给出充分的解释。

有关高新技术产业的理论研究始于20世纪中后期，近20年来成为产业经济学、技术经济学、区域经济学、新经济增长理论、投资理论等相关领域的关注重点。我国理论界和实践工作者近年分别就高新技术产业发展的必要性，高技术产业发展中的风险投资问题，高新技术开发和产业化问题，高新技术产业园区建设和发展等问题进行了很多研究。通过对这些研究成果的系统梳理，发现其中大多是从高新技术产业自身发展角度进行描述性、比较性研究，而对区域系统下产业形成及发展机理的研究较少，导致对一些现实问题的解释力较弱（具体分析见第2章）。根据对我国高新技术产业发展问题的现实观察，本书希望通过理论分析及实证研究解决以下两个问题：

（1）从高新技术产业的空间分布看，为什么有些原来基础好的地区高新技术产业发展缓慢，而一些基础条件并不突出的地区近年发展较快？影响高新技术产业发展的环境因素或制度因素究竟有哪些？

（2）从一些区域高新技术的产业分布看，为什么有的产业发展较快而有的产业发展较慢，这和什么因素有关？是否和技术在产业内及产业间的扩散速度有关？而技术的扩散又受什么因素的影响？

本书认为，要解释以上问题，就要从高新技术产业发展的实际情景出发，将高新技术产业放在整个区域经济运行系统中加以观察，从其成长过程中找寻出机制体制障碍。

1.1.3　研究目的

带着上述问题，笔者重新梳理了与高新技术产业发展相关的理论及典型地区的发展实践，整理出这样一条线索：高新技术产业发展是一个由技术—经济—社会的过程，是以创新环境为基础、以创新网络为平台，通过网络内企业的互动学习和空间集聚使产业得到发展。创新能力是高新技术产业持续发展的基础，创新扩散是高新技术产业集聚发展的重要机制，创新政策是高新技术产业发展的制度保障。由此看出，高新技术产业的发展始终是围绕着创新而展开的，为此选择从"创新"这一视角对高新技术产业的发展问题进行研究。

从技术创新角度看，高新技术产业发展过程就是新技术成果的商业化、产业化过程。能否不断将新技术成功推向市场决定了高新技术企业的生存及发展；而能否实现技术的迅速扩散决定了产业的发展速度。高新技术产业化的结果既可以表现为由于高新技术的应用推广形成了新的产业，也可以表现为由于高新技术向传统产业的渗透和扩散，使传统产业或产品得到改造、升级，为了使所研究的问题更加集中，本书所说的高新技术产业发展仅指从高新技术企业诞生到产业形成及发展的过程，不包含对传统产业改造升级问题的研究。

高新技术产业发展不是孤立的，必须与整体区域经济系统的发展相联系，从产业的生成条件和动态发展过程中总结其机理和规律，才能找到问题的答案。通过对河北省区域系统内高新技术产业发展状况的调查分析，发现它具有生物成长的一般特性。为此，本书选择以产业生长过程为观察路线，考察其区域系统环境、生长要素及环境要素间相互作用的行为及方式。在研究中基于这样一个基本假定：高新技术产业发展缓慢的原因是多方面的，但个体和群体层面的创新机制体制障碍是其重要的原因，本书的研究侧重在群体层面的分析。

按照上述界定，本书试图通过理论探讨及实证，从创新扩散角度构建高新技术产业生长系统模型，找寻制约高新技术产业成长的障碍。具体讲就是研究分析以下三个问题：（1）高新技术产业生长的条件，回答为何在此地而非彼地发展的问题，主要对高新技术产业发展的生态系统环境进行研究；（2）高新技术产业生长的过程，回答产业如何在一个区域创新系统内快速成长，主要围绕互动学习、空间集聚和创新网络展开讨论；（3）高新技术产业发展中政府的作用，回答如何通过外部推动使高新技术产业更快发展，主要对税收政策的效应进行评价。

1.1.4 研究意义

以高新技术为基础的高新技术产业是知识技术密集度高的创新型产业，具有很高的成长性，对经济发展起着重要的促进作用，高新技术产业已经日益成为知识时代经济增长的核心。发展高新技术产业可以推动科技进步，大力提升区域竞争力水平。

在我国，由于受到地域条件、经济发展水平、科技实力、增长模式定位、区域创新环境等诸多因素的影响，各地区高新技术产业发展呈现出严重的不平衡态势。对于相对落后地区而言，找出制约其高新技术产业发展的关键因素并用于指导未来的发展实践，是现实经济发展的需要。本书选取"高新技术产业"作为研究对象，以技术创新、产业集群、区域经济增长等理论为指导，从区域创新系统出发研究高新技术产业区域差异形成的原因，从创新扩散角度研究高新技术产业成长的速度差异，以此总结出区域高新技术产业形成和发展的一般规律，将对现实实践具有指导作用。

由于目前大多数研究都是从定性的角度研究高新技术及其产业化，且静态的评价研究多于动态成长过程的研究，而从创新扩散角度进行的系统研究还很少，因此本研究不仅具有政策参考价值，而且对创新理论的扩展应用，具有重要理论意义。

§1.2　相关概念界定

1.2.1 高新技术

高新技术是一个相对的、动态的概念，不同时代有着不同的内容。高新技术就是高技术和新技术连在一起的统称，国外一般称为高技术，其英文为"High Technology"，简称为"High – Tech"。1971 年美国出版的《技术和国际贸易》一书中提到高技术一词，1983 年出版的《韦氏第 3 版新国际辞典 9 000 词》中首先收录了该词。在我国实践中，常对高技术和高新技术不加区分，统称为高新技术。

高新技术一词自从诞生以来，人们从不同的角度，凭借不同的观察范围和深度，给出了不同的定义和解释。归纳起来主要有以下几种：第一种是从经济的角度理解，强调高新技术的经济性，认为高新技术与高新技术产品、高新技术产业是紧密相连的，凡是能够带来高附加值、高效益、提高产品竞争力的先进技术，都可以称为高新技术；第二种是从科技的角度理解，强调高新技术的尖端性，认为高新技术不是来自人们的经验，而是与基础科学研究相联系的技术成果，反映当代科学技术发展前沿领域的最新成果；第三种是从军事的角度理解，强调高新技术的战斗性，认为高新技术是决定未来战争胜负的关键，高新技术就是那些能产生新战斗力的尖端技术；第四种是从社会的角度理解，强调高新技术的带动作用，认为由于高新技术的广泛使用，给社会生活和文化传统等方面带来了重大影响，提高了社会的文明程度；第五种是从综合的角度理解，认为高新技术是建立在综合科学研究基础之上，处于当代科学前沿，对发展生产力、促进社会文明、增强国防实力起先导作用的新技术群。

尽管人们对高新技术的认识不同，至今还没有给出一个统一的、精确的定义，但都一致认为高新技术具有知识密集、高投入、高收益、高风险、高渗透性的内涵特征。需要明确的是，高新技术是一个动态的、不断发展的概念。从高新技术的发展特点看，由于现代科学技术发展迅猛，具有周期性和阶段性，不同时期有不同的高新技术，并且每一项高新技术又处在不断完善和进一步提高之中，因此它的内涵与外延也在不断发展和完善。此外，高新技术属于经济学范畴，经济生活不断发展变化，也要求高新技术相应地发生变化。因此，在探讨高新技术的含义时，首先要看到它是一个历史的、发展的范畴，而不能把它绝对化、静态化。

1.2.2　高新技术企业

国外一般对高新技术企业的认定是建立在产业分类的基础上，即按照企业所属的产业是否属于高新技术产业来认定，把处于高新技术产业领域的企业称为高新技术企业。至于哪些属于高新技术产业，则主要依据增长率、产品技术性能复杂程度、研究与开发经费占销售收入的百分比及劳动的性质等因素。各国由于对高科技划分的标准不同，对其界定也不同。如美国学者认为，高科技的明显特征是知识、技术的密集度大大高于原材料、劳动力在产品中的密集度；日本学者认为，高科技是以当代及未来的高端技术为基础建立起来的高新技术群，主要包括微电子技术、计算机技术、软件工程、光电子技术、通信技术、空间技术、电子机械技术和生物技术。

国内学者对高新技术企业的概念也有不同的界定。于晖（1997）认为，一般确认高新技术企业的基本指标包括研究开发经费占产品销售额的比例，科技人员在员工中的比重，产品的技术复杂程度；何静（2006）认为，高新技术企业是以科学研究为基础，处于当代科学技术前沿、对人类未来的经济及社会发展具有重大影响，并能推动其他学科发展的技术群体企业；伍文生（2010）认为，高新技术企业是知识与技术紧密集合的密集型知识经济实体，是由一定数量比例的科技从业人员，从事国家重点支持的高新技术领域范围内的一种或多种产品或服务的研发、生产和技术服务，拥有自主知识产权，并且企业的研发组织、管理水平、销售额与总资产成长性等指标符合国家高新技术企业认定规定的企业；周游（2006）认为，高科技企业主要是指那些以科技人员为主创办的科技含量较高，主要从事高科技产品的研制、开发、生产和服务且具有良好发展前景的企业。

在实践中对于高科技企业的界定主要是依据《高新技术企业认定管理办法》，按照该管理办法的要求，高新技术企业认定须同时满足以下条件：

（1）在中国境内（不含港、澳、台地区）注册的企业，近三年内通过自主研发、受让、受赠、并购等方式，或通过 5 年以上的独占许可方式，对其主要产品（服务）的核心技术拥有自主知识产权；

（2）产品（服务）属于《国家重点支持的高新技术领域》规定的范围；

（3）具有大学专科以上学历的科技人员占企业当年职工总数的30%以上，其中研发人员占企业当年职工总数的10%以上；

（4）企业为获得科学技术（不包括人文、社会科学）新知识，创造性运用科学技术新知识，或实质性改进技术、产品（服务）而持续进行了研究开发活动，且近三个会计年度的研究开发费用总额占销售收入总额的比例符合如下要求：

①最近一年销售收入小于 5 000 万元的企业，比例不低于 6%；

②最近一年销售收入在 5 000 万元至 20 000 万元的企业，比例不低于 4%；

③最近一年销售收入在 20 000 万元以上的企业，比例不低于 3%。其中，企业在中国境内发生的研究开发费用总额占全部研究开发费用总额的比例不低于 60%。企业注册成立时间不足三年的，按实际经营年限计算。

（5）高新技术产品（服务）收入占企业当年总收入的 60% 以上；

（6）企业研究开发组织管理水平、科技成果转化能力、自主知识产权数量、销售与总资产成长性等指标符合《高新技术企业认定管理工作指引》（另行制定）的要求。

除此之外，对高新技术企业的定义还有另外一种观点，该观点被称为"高科技产业论"（王伟强，2008），即不管企业是否拥有先进的技术，只要它涉足新兴技术产业就称它为高新技术企业。美国《自然》、《科学》等权威科学杂志所做的综合分析，现代高新技术包括以下几个方面的内容：信息技术、交通运输技术、能源利用技术、新材料开发利用技术、生物工程技术、环境科学与技术六个方面。联合国有关组织对现代高新技术的定义则另外加上了海洋技术、管理科学技术。我国科技部规定的标准更宽泛，一共有 11 项：电子信息技术、生物工程和新医药技术、新材料及应用技术、航空航天技术、现代农业技术、新能源与高效节能技术、环境保护新技术、海洋工程技术、核应用技术、其他在传统产业改造中应用的新工艺新技术。

本书认为，高新技术企业是利用高新技术生产高新技术产品、提供高技术劳务的企业，是知识密集、技术密集的经济实体和组织。也就是说，该类企业不但涉足新兴技术产业，而且是一种知识密集型、技术密集型经济实体，是高新技术产业的核心组成部分。

1.2.3　高新技术产业

从产业的特征来看，高新技术产业的内涵也是一个相对动态的概念。在不同时期、不同国家，由于高新技术的内涵不一样，对高新技术产业的认识也就不同。同一个国家或地区在不同的时期，高新技术产业的范围是不同的。过去的高新技术如今可能已经成为常规技术或低技术；今天的高新技术，随着时间的推移也将成为常规技术或落后技术。在高新技术产业内部，"高"与"新"也可以相互转化。

关于高新技术产业的界定，世界各国众说纷纭、各有侧重，尚无一个统一、精确的定义；对于高新技术也没有一个统一的评价标准。目前应用最广泛的标准有两个：一是美国商务部制定的标准，它包括四项主要指标：（1）R&D 支出占销售额的比重；（2）科学家、工程师和技术工人占全部职工的比重；（3）产品的主导技术必须属于所确定的高技术领域；（4）产品的主导技术必须包括高技术领域中处于技术前沿的工艺或技术突破。二是国际经济合作与发展组织（OECD）制定的标准，它是在国际标准产业分类产业统计的基础上，主要将 R&D 强度（R&D 经费占产值的比重）作为界定高新技术产业的标准，指出高新技术产业是指研究开发（R&D）经费占总产值的比例远高于各产业平均水平的产业。

在我国，"高技术产业"一词最初出现在 20 世纪 80 年代中期，当时在"国家高技术研究与发展计划"（简称"863"计划）中提出："有选择地在几个技术领域跟踪世界水平，建立必要的高技术产业"，并将信息技术、生物技术、新材料技术、能源技术、农业高技术、先进制造技术与自动化技术、海洋技术和民用高技术八个领域作为发展高技术的重点。显而易见，《863 计划》中所提及的高技术产业这一概念，与发达国家高新技术产业的一般概念相近。

到 1988 年国家开始实施的"火炬计划"又将高技术产业延伸为"高技术、新技术产业"，将"高技术产品"变化为"高技术、新技术产品"，并提出创办"科技型企业"，开始了高技术产业与新技术产业、科技型企业与高技术企业相提并论的情况。狭义的、一般的高技术产业演变为广义的、包括一切新技术领域的高新技术产业概念。按人们习惯的通俗理解，所谓高技术，是指跟踪世界先进水平的技术；所谓新技术，是指填补国内空白的技术。国家科技部对新技术的定义是：新型技术、创新的成熟技术和专用技术、专利技术和本国本地区没有的技术。火炬计划确定的高新技术产业包括下列九个领域：电子信息产业、新材料产业、生物技术产业、新能源产业、航空航天产业、先进制造技术产业、核应用技术产业、海洋技术产业和环保技术产业。

我国从 2000 年起采用了 OECD 对高新技术产业的定义，并根据 OECD2001 年新分类进行了调整，2002 年国家统计局印发了《高新技术产业统计分类目录》的通知，按 OECD2001 年关于高新技术产业的新分类统一了口径：高新技术产业是指那些知识、技术密集度高，发展速度快，具有高附加值和高效益、并具有一定市场规模，对相关产业产生较大波及效果等特征的产业，其中核心特征是产业的高技术密集度。高新技术产业的统计范围包括航天航空器制造业、电子及通信设备制造业、电子计算机及办公设备制造业、医药制造业和医疗设备及仪器仪表制造业等。

由于高新技术产业是一个动态的、相对的概念，因此一个国家高新技术产业的界定标准不能简单地照搬其他国家的模式，只有按照本国的国情选择和发展本国的高新技术产业，才能形成自己的比较优势，才有可能形成相应的具有国际竞争力的高新技术产业。事实上各国高新技术产业的界定标准也是不尽相同的。我国的国情是研究与开发经费投入太低，与其他一些国家相比差距较大。因此，我国在界定高新技术产业时没有严格地确定一个具体的标准界限，但是对于高新技术企业的界定则有标准，如从事高新技术产品研究开发的科技人员应占企业职工总数的10%以上，用于高新技术及其产品的研究开发经费应占本企业每年总收入的3%以上。当前，我国在确定本国高新技术产业时，是基于国际可比及从宏观管理角度出发的原则来考虑的。

1.2.4　高新技术产业化与高新技术产业

高新技术产业化，是指在需求拉动和技术推动的双重作用下，在一定的系统环境促进下，一项高新技术实现转移或转化，逐渐形成一定的商品市场和生产企业，引起资源的重新配置和产业结构变化，最终形成一个产业或产业群的过程。高新技术产业化要经过三个阶段：第一阶段，技术成果出售阶段；第二阶段，技术成果商品化阶段；第三阶段，包含技术成果的产品或技术为市场承认并传播扩散阶段。只有完成了三个阶段的全部过程，才算实现了高新技术的产业化。高新技术产业是这一过程的结果，这是一个动态的发展过程。

高新技术产业与高新技术产业化的联系与区别表现在以下几个方面：

（1）高新技术产业是在高新技术产业化过程中实现的，是在产品成熟度、生产规模、市场容量和市场稳定性等都达到相当程度或水平时逐步形成的。可以说，没有高新技术产业化的发展过程，就不会有高新技术产业的形成；反过来，高新技术产业形成后，又会为技术的不断向外扩散、渗透提供有力的产业支持。

（2）高新技术产业是一个生产高新技术产品的产业群体，是一种组织、组织结构；而高新技术产业化，是高新技术在产业内部的应用不断深化、使产品升级，或者向外部产业不断渗透、扩散，使原产品得到升级的过程，是一个动态概念。

（3）高新技术形成产业，一般都表现为由许多生产同一高新技术产品的企业的集合，形成了一定的生产规模，其产品也形成了有较大容量和较稳定的市场，即形成了产业，这一结果是该项高新技术产业化过程的结果；而高新技术产业化，既可以表现为由于该项技术的扩散应用形成了新的产业，也可以表现为该项高新技术使其他产业或产品得到了改造或升级，如一项高新技术通过引进、渗透或扩散到传统产业，进而推动了传统产业或产品的改造升级，这也成为高新技术产业化的一种方式。

§1.3 研究思路及内容结构

1.3.1 研究思路

本书以技术创新理论、产业集群理论、区域发展理论、社会资本理论等为研究的理论基础，采用多学科交叉分析的方法，将高新产业群体作为研究对象、从创新扩散的角度，探究高新技术产业生成发展的机理和规律。

本书的研究思路是依照高新技术产业的成长路线：高新技术的产品化应用形成高新技术企业—技术借助一定的介质扩散形成企业群—企业集聚发展使产业规模扩大。基于这个发展路线需要研究以下问题：高新技术企业生成的条件是什么？如何才能使企业集聚发展？目前在创新扩散中存在哪些障碍？形成怎样的创新扩散机制才能促进产业发展？研究中将高新技术产业放在整个区域经济运行系统加以考察，找出高新技术产业成长中的机制体制障碍。

通过对河北省区域系统内高新技术产业成长状况的观察，发现它具有生物成长的一般特性。为此，本书选择以产业生长过程为观察路线，考察区域系统环境、生长要素及环境要素间相互作用的行为及方式。调研结果表明，产业生长各要素间能否相互融合（发挥作用）受区域创新环境和社会资本的影响，是导致区域差异出现的重要原因；产业生长速度主要受产业内不同组织形态下技术扩散效应和政府政策的影响。由此得出结论：在影响高新技术产业生长的诸多因素中，创新环境、社会资本、技术扩散和政府制度设计是四个重要因素，本书重点从这四方面对各要素的作用机理进行研究。

1.3.2 研究内容与结构

本书以技术创新理论、产业集群理论、区域发展理论、社会资本理论等为理论基础，采用多学科交叉分析的方法，将高新产业群体作为研究对象、从创新扩散的角度，探究高新技术产业生成发展的机理和规律。观察结果表明：产业生长过程中各要素间能否相互融合发挥作用受区域创新环境和社会资本影响，是导致区域差异出现的重要原因；产业内不同组织形态下技术扩散效应和政府政策，影响产业生长速度；在影响高新技术产业生长的诸多因素中，区域创新环境、社会资本、技术扩散和政府制度设计是四个重要因素。本书重点从这四方面对各要素的作用机理进行阐述，其内容结构如下：

第1章，绪论。首先介绍本书的研究背景，根据现实问题需要及已有研究不足确定研究的切入点，明确本书的研究内容及研究方法，提炼出创新点，并对本书涉及的相关概念进行界定。

第2章，理论基础与研究综述。由于本书目的是从创新扩散角度探究区域高新技术产业的发展规律，因此首先对技术创新理论、产业升级理论、区域集聚理论等相关内容进行介绍；然后在系统梳理大量国内外文献的基础上，归纳及评析已有研究成果，说明本书的研究重点。

第3章，高新技术企业成长过程与产业生态系统构成。首先，依据调查结果对高新技术企业成长过程情景进行描述，分析高新技术企业成长中的行为主体与成长过程模型。其次，介绍高新技术产业的形成类型与发展过程，提出高新技术产业发展符合生物成长的一般特性，由此按照生物成长原理，对产业生存发展的条件进行描述。通过与生物成长过程的对比，提出：企业是产业生成的细胞，孵化器是产业成长的保育员，人才、资金等要素供给是产业成长的营养剂，高校、科研院所、金融及风险投资机构是营养源，企业群体网络是产业成长的生物链，制度、人文环境等是产业成长的土壤，政府政策是产业成长的催化剂。最后，利用生态学理论，根据高新技术产业形成过程和模型，刻画了高新技术产业生态系统构成和成长特性。

第 4 章，高新技术产业生长的系统环境。将区域创新环境分为宏观、中观、微观三个维度，认为区域经济与社会环境是产业生长的外部条件与资源约束，是产业发展的宏观环境因素；企业创新行为是产业演进的微观基础与发展动力，是产业发展的微观环境因素；区域内企业及产业间的相互联系与作用构成产业发展的变速函数，是产业发展的协同因素；三者的合力促进了高新技术产业的成长。本章依据对企业的实际调查结果，从上述环境因素中筛选出主要因素并将其作为基本的评价指标，以河北省和我国东部各省（市）高新技术产业为例，利用面板数据和计量模型进行实证研究，找出制约河北省高新技术产业发展的关键因素。

第 5 章，高新技术产业生长的社会资本。为进一步分析创新网络的作用，将"社会资本"引入到产业生长系统，认为社会资本作为一种隐性资源在高新技术产业成长过程中发挥着重要作用。社会资本是在一定的地域文化及制度规范下、基于企业间的交易合作及企业家社会关系所建立起来的相互信任的社会网络。本章分别从社会资本的信任机制、要素获取机制、创新扩散机制三方面分析社会资本对产业成长的作用原理，并以安平丝网产业集群为例进行实证研究，分析构建和培育社会资本对产业成长的作用。

第 6 章，高新技术产业集群组织形态与技术扩散效应。本章从产业集群的组织形态入手，揭示出产业生态系统内不同组织形态所导致的分工方式差异、技术能力差距、技术溢出途径不同对创新扩散的影响；通过构建企业间物种竞争模型和动态博弈模型，进一步说明对企业创新行为及产业发展速度的影响，找到创新动力缺失的原因；通过实证研究，分析了高新技术产业集群组织形态对技术扩散效果的影响；最后提出通过构建合理的产业组织架构解决合作创新的问题，以此作为突破高新技术产业成长困境的一条路径。

第 7 章，高新技术产业生长中政府作用评价。从高新技术产品的公共品性质及外部性出发，分析政府介入的必要性及公共政策的类型，并利用河北省数据对税收优惠政策的整体效应进行评价及分析，找出现有政策存在的不足并提出改进建议。

第 8 章，总结与展望。归纳全书的主要内容及观点，指出需要进一步探讨的问题和研究方向。

全书整体结构框架见图 1.1。

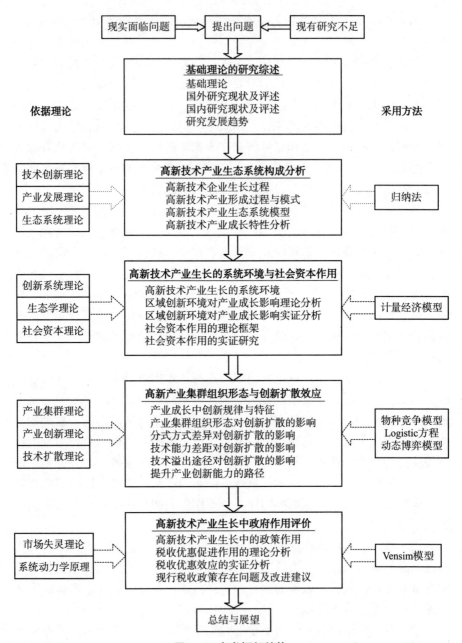

图 1.1　全书框架结构

§1.4 研究方法及创新之处

1.4.1 研究方法

科学的方法对于得出正确的结论有着重要的意义，本书在研究中采用了以下方法：

（1）多学科交叉分析方法。以经济学、管理学理论为指导，综合运用技术创新理论、产业成长理论、生态演化理论、区域发展理论、社会资本理论、系统论等建立分析研究框架。

（2）文献阅读与调查访问相结合的方法。在广泛收集掌握各类相关资料和有关数据的基础上，对相关领域国内外研究动态进行总结，理清相关理论的发展脉络，在总结归纳的基础上确定本书的研究框架。同时，为使理论观点有更充分的事实依据，结合课题研究进行了实地调查和专家访谈，并对国内外典型案例的成长过程进行分析。

（3）系统研究与重点研究相结合的方法。由于高新技术产业发展是一个复杂的系统过程，需要运用多种理论去分析各种现象间关系，揭示其内在机理，因此在建立理论体系时，注重强调完整性和全面性；而在对理论进行验证时，突出重点问题的研究。

（4）理论研究与实证研究相结合的方法。在分析高新技术产业生长系统环境、社会资本作用、不同组织架构下技术扩散效应时，首先采取定性研究的方法建立起理论模型，然后运用多种实证方法对理论进行验证。采用面板数据模型评价了主要环境要素对高新技术产业的影响；利用实际案证验证了社会资本在高新技术产业成长中的作用；运用系统动力学 Vensim 模型对政府的政策效应进行了评价。实证中所采用的验证性材料有的是直接调查而得，有的是从其他渠道（如统计公报、文献资料）间接而得。

1.4.2 创新之处

与以往相关研究成果相比，本书内容的创新之处主要体现在以下方面：

（1）依据实际调查结果，描绘出高新技术企业成长过程情景图及成长过程模型；按照生物成长原理，对高新技术产业的生存环境及成长条件进行了系统刻画，构建了高新技术产业生长系统模型，揭示出系统内各主体及与环境要素间相互作用的行为模式及企业在特定区域集聚的原因。

（2）从产业生长系统环境因素中筛选出主要因素并将其作为基本的评价指标，通过建立面板数据计量模型对各要素的作用进行测度，寻找出制约高新产业发展的关键因素。将"社会资本"引入产业生长系统，认为它作为一种隐性资源在产业生长过程中发挥着重要作用；从信任机制、要素获取机制、创新扩散机制三方面构造起社会资本作用机制理论模型，并通过实证给予了验证。

（3）通过构建企业间动态博弈模型和物种竞争模型，揭示了产业生态系统内不同组织形态所导致的分工方式差异、技术能力差距、技术溢出途径不同对创新扩散的影响，找到了企业创新动力缺失的原因及对高新技术产业发展的影响，提出构建合理的产业组织架构作为突破高新技术产业成长困境的一条路径。

（4）利用系统动力学 Vensim 模型评价了高新技术产业税收优惠政策的总体效应，以此证明政府制度设计在高新技术产业成长中的作用，分析了现行政策的缺失并提出相应的对策建议。

第 2 章

理论基础与研究综述

§2.1 相关理论分析

高新技术产业发展涉及多个研究领域，产业经济学、区域经济学、发展经济学及制度经济学都有所涉及，产业演进理论、集聚与增长极理论、技术创新理论等成为研究高新技术产业成长的理论基础。

2.1.1 产业演进理论与高新技术产业成长

高新技术产业的出现是产业升级的必然结果，学者们分别从技术周期、组织结构与行为、生物进化演化、制度变迁等角度对产业升级的原因进行了研究。

技术周期论认为产业升级是由技术创新衍生出新的产业所导致的。美籍德国科学家格·门施继承和发展熊彼特的技术长波论，把迫使社会通过创新寻求出路的窘境称为"技术僵局"。按技术周期论观点，在某一时段内市场容量是相对固定的，当技术的发展与市场容量不相适应时，就会寻求技术突破，由此导致产业升级或形成新的产业。

以梅森、贝恩和谢勒等人为代表的产业经济学者，从产业组织的"结构—行为—绩效"出发研究产业演化问题，形成 SCP 分析范式。战略分析专家波特教授秉承了产业组织学派的 SCP 范式，从产业环境和资源因素方面探讨了产业的演化机制，提出了产业演化是五种竞争力的合力结果（潜在进入者、购买方、供应方、生产替代品的公司、产业内竞争对手），并通过各个作用力的相对强弱来改变产业的边界而使产业发生扩张或萎缩。波特（1997）认为，产业中现存在公司和新进入公司的投资决策都有助于产业的演变。

随着博弈论分析工具的成熟，博弈论被用以研究组织个体间的相互作用，通过建立经济主体之间的互动关系策略模型，打开了企业成长的"黑箱"（邓俊荣，1998）。博弈论发展到 20 世纪 80 年代末期，人们发现这些模型与现实的情况还是有很大的差距。一方面因为用这些模型来解释经济现象让人感觉过于理性，另一方面也难以知道怎样的模型适用于怎样的情况。为了解决这一问题，演化概念逐步渗入博弈思想中，形成演化博弈。最早将演化思想引入博弈论的并不是数学家或经济学家，而是生物学家梅纳德·史密斯和普瑞尔（Maynard smith）。在梅纳德·史密斯（Maynard Smith）的《演化和博弈论》（1982）一书中，清楚地指出了基于博弈理论的经济演化过程中的选择问题。演化生物学中的"群体选择"和"间断均衡"等概念，有助于解释产业组织合作、间断创新、新企业涌现等现象。

到 20 世纪末期，演化理论运用到产业发展研究，1982 年纳尔逊和温特（Nelson & Winter）出版的"经济变迁的演化理论"被视为演化经济研究的"圣经"，从这部著作被引用的频率就可以得到验证。纳尔逊和温特（Nelson & Winter）认为，一个经济问题从演化角度的分析框架必须具备如下几个特征：（1）系统是一个动态演化的过程，演化研究着重于研究系统状态的变化，系统为何、如何达到某一状态；（2）系统演化的结果具有一定的因果性，但同时还具有相当的不确定性；（3）通过系统选择的特征具有一定的惯性，因为很多变量在相当长的时间内有一个非常清楚的运动轨迹或模式；（4）新奇性（创新）的存在（Nelson Richard R，Winter Sidney，1980）。纳尔逊和温特（Nelson & Winter）的演化理论问世后，相继有一系列相关研究成果出现。与纳尔逊和温特集中于探讨企业惯例发生变化的演化过程不同，威廉姆森集中于研究如何解释组织形式对市场的替代；而肖特尔和萨格顿集中于研究制度得以形成和保持的自发演化过程。通过文献梳理发现，研究最多的还是用演化理论来考察技术进步和技术创新过程，这些研究为制定相关经济政策（如技术政策、创新政策等）提供了理论指导。可以说纳尔逊和温特（Nelson & Winter）的演化理论开创了一个与传统经济分析方法不同的新的理论分析框架（J Stanley Metcalfe，1999）。

受生物生态学的影响，企业成长、产业演进使人们联想到了生物进化，因此许多学者试图模拟生物进化研究来探讨产业演进的过程，后来又分为较为相似的两支，分别是经济进化论和组织生态论。两者的主要区别是：经济进化论把演化过程看作一个被动过程，而组织生态论更强调演化过程中企业主动性适应行为的作用，更为真实地分析了企业角色及与环境相互作用的行为模式。

经济学大师马歇尔用进化论对产业演进做了精辟的分析。他把每个产业看作是由一系列规模、年龄、知识、组织等不同的异质企业所组成的，而且产业结构不是由外部条件决定，而是在经历一个渐进的历史发展转变过程后逐步形成的。马歇尔指出："单个企业的成长和衰落是经常性的，而一个产业则可以经受长期的波动，甚至会出现长期平稳向前发展的态势。就像一棵树的叶子会长大、成熟、飘落许多次，而树却可以年复一年地不停的向上长一样"。马歇尔对产业演进的研究是建立在企业成长理论基础上的，他认为企业不仅要创造一种内部组织，而且要创造一种外部组织，外部组织的创建需要一定的时间和投资。继马歇尔之后，还有一些学者在进化理论基础对产业发展进行了相关研究。总结进化论学者的主要观点，他们认为在企业成长过程以及企业的新陈代谢中，通过创造外部组织使产业获得了分化和进化。

产业组织演化涉及动态演化过程研究，这和生物进化学的研究在很多方面是相似的。受达尔文"自然选择学说"和拉马克生物进化思想的影响，人们在认识经济演化的机制上产生分歧。达尔文主义解释演化的动力在于选择力量的作用，个体变异策略是不可遗传的；而拉马克主义则承认个体变异策略的可遗传性，用个体的发展变化来解释演化的动力机制，这一观点为纳尔逊和温特（Nelson & Winter）所借鉴，他们声称其经济演化理论"既考虑了获得特性的遗传，又考虑了在逆境刺激中变异的适时出现"。

制度经济学的观点则认为：产业演进与分工、交易成本密切相关（交易成本本身也影响分工），交易效率越高、分工演进越快，因此产业变迁的根本原因之一是劳动分工和制度安排的变化（伍山林，1999）。分工的演进直接推动了产业中间品的增多，增加了中间品贸易的层次，也意味着原来的产业分解成更多的产业，如互联网大大降低了市场交易的成本，使传统商业一分为二（实体店铺与网上商城）；另一方面，市场交易成本的降低，意味着企业规模的缩减，专业化程度的提高。因此，交易成本的降低也促进了产业的分化，缩短了产业链的长度，使新产业的数量增加。

2.1.2　区域集聚理论与高新技术产业成长

随着世界经济愈来愈呈现出集聚化发展的特征，产业集聚已成为获取区域竞争优势的决定性因素，相关的理论研究也应运而生。

法国著名经济学家佩鲁强调推动性产业在区域经济发展中的巨大作用，提出了增长极理论。他认为 20 世纪的经济应当作为一种"力"的网络、而不是交换的网络来研究，经济中存在着一种支配力，这种支配力量来自于创新型企业和推动性主导产业；它们不仅自身迅速增长，而且通过乘数效应推动其他经济部门的增长。佩鲁指出，"增长极"一般通过四个方面对区域经济增长发挥作用：（1）技术的创新与扩散；（2）资本的集中与输出；（3）产生规模经济效益；（4）形成"凝聚经济效果"。作为推动区域经济发展的增长极具有两种效应，即"极化效应"（集聚效应）和"扩散效应"。当推动性产业的生产增加导致其他活动产生时，就发生集聚效应。这里所说的其他活动可能是推动性产业的投入品供给活动（上游），也可能是推动性产业的产出品需求活动（下游）。因此，当政府将某种推动性产业植入某一地区后，将产生围绕推动性产业的集聚，再通过集聚效应与扩散效应，导致地区经济的增长。各地高科技产业园区的建设就是增长极理论的现实应用，通过促进新产业发展和带动传统产业升级，推动了地区经济的发展，成为区域经济的增长极。增长极理论侧重于"推动性产业—集聚—经济增长"的研究。集聚形成的路径可以是自下而上的，也可以是自上而下的。因此联合国贸发会议（UNCTAD，1998 年）把高新技术产业集群分为两大类：依靠内生力量自发形成的集群（自下而上）和依靠外生力量人为形成的集群（自上而下，如科技园、孵化器和出口加工区）。

对于为什么会形成产业集聚，传统及现代经济理论都做出了解释，一般认为主要有三大来源：外部经济、集聚经济和竞争优势。马歇尔（1920）从外部经济的角度考察了产业集群现象，韦伯（1909）则从微观企业区位选择的角度阐释了产业集群现象。马歇尔与韦伯的著述均出现于凯恩斯宏观经济理论诞生之前，传统的古典理论仍然占据着上风，政府干预尚不像日后那样盛行，因此自发形成的集聚机制是主流，即认为产业空间上的集聚是自下而上的，是通过企业对集聚好处的追求自发地形成的。

波特（1998，2002）从竞争优势角度研究了产业集群问题。波特认为产业地理上的集中是竞争导致的，集聚有助于提升产业竞争力和国家竞争力。提升国家竞争力有四项关键因素：生产要素，需求条件，相关与支持性产业，企业的战略、结构和竞争对手；再加上两个附加要素：机会和政府，构成了完整的钻石模型。波特认为，四项关键要素关系到一个国家的产业或产业环节能否成功，其中任一项因素的效果必然影响到另一项的状态。通过这些关键要素，可以评估国家环境对产业竞争的可能效果，也会引导企业创造并保持本身的竞争优势。

从马歇尔到波特，他们对聚群现象的研究虽然侧重点各有不同，但都对企业与周围环境的关系进行了研究，一个共同的特点是强调集群经济的空间环境。他们认为集群的出现可以使经济活动在地理上相对集中，可以降低物质交换的成本；同时随着聚群的深化，不仅可以降低各种物质成本，而且各种非物质成本如信息、服务以及通讯等费用都会降低。企业集聚不仅仅可以降低生产成本，而且在对外竞争中可以形成比较优势。

20 世纪 70、80 年代以后，随着美国、法国、英国、德国以及意大利等许多国家和地区一批快速发展的新产业集聚区的出现，高新技术产业集聚成为研究热点。这些地区大多由中小企业集聚而成，它们之间形成一种有效的合作网络，所产生的内生力使当地经济迅速增长，这种新型空间集聚现象引起了人们的广泛关注。由于时代的变迁，产业集聚不再仅仅停留在外部规模经济上，信息时代激烈的市场竞争和各种不确定性，导致在制造业中出现柔性专业化及其空间组织形式，因此形成这种以中小型企业为主导、在专业化分工基础上既竞争又联合的新型产业区。许多学者认为，本地网络和根植性是新产业区的主要识别标志（本地网络是指区域内行为主体间的正式合作以及在长期交往中所形成的相对稳定的非正式交流关系，可以减少企业生产经营的不确定性；根植性是指地理上接近和集聚所创造的一种文化力，它能够促进技术和制度的创新，减少交易费用），由此形成了新产业区理论。

新产业区理论对高新技术产业的集聚发展给出了很好的解释。这一理论从知识经济背景下的知识和技术要素出发，强调集群的竞争优势在于区域的创新能力，强调区域产业增长或衰退的重要因素是特定的资源和制度背景及企业间的非市场关系，如信任、习俗、文化结构和非编码化的知识，这些都具有促进创新、鼓励企业家精神和有利于降低交易成本的作用。

由于不同学者所处历史经济环境不同，研究的视野和角度不同，对产业集群的形成机制给出的解释也有所不同，单纯依靠某一理论难以做出完整科学的回答。英国科学大臣塞恩斯伯认为，成功的集聚主要基于如下10个关键因素：（1）强大的科学基础；（2）浓厚的创业文化；（3）极强的商业意识；（4）日益加强的企业基础；（5）吸引关键人才的能力；（6）资金的易获性；（7）基础设施的便利；（8）有效的商业支持和接近大的公司；（9）充足的熟练劳动力；（10）支持性的政策环境。这一观点比较全面地概括了快速发展的高新区成功的原因，也为高新区的发展建设提供了理论指导。

2.1.3　技术创新理论与高新技术产业成长

由于知识、技术等要素在高新技术产业发展中处于核心地位，技术创新及扩散是高新技术产业形成及发展的动力，因此以熊彼特理论为基础的创新理论成为高新技术产业发展的重要理论基础。

从技术创新角度研究产业发展，具有代表性的人物是美国哈佛大学的阿伯纳西（W. A. Bernathy）和麻省理工学院的厄特拜克（J. M. Utterback）。他们从20世纪70年代起，对产品创新、工艺创新和组织结构之间的关系作了一系列认真的考察，以产品生命周期理论（PLC）为基础，通过对许多行业和创新案例的分析，发现三者之间既遵循着不同的发展规律、又存在着有机联系，它们在时间上的动态发展影响着产业的演化，由此提出产业创新的动态过程模型，简称 A－U 模型（William J Abernathy and James M Utterback，1973）。

A－U 模型认为：企业的产品创新和工艺创新是相互关联的，在产业成长的不同阶段，对两者的侧重有所不同，企业的创新类型和创新程度取决于产业成长的不同阶段；根据产业组织的演化特征，将其划分为流动阶段、过渡阶段与特性阶段。在产业发展早期即流动阶段，企业创新的焦点是产品创新；行业发展进入过渡阶段，主导设计开始出现，创新的重点从产品创新转向以降低成本和提高质量为目标的工艺创新；主导设计的形成，使得行业发展进入一个相对稳定的发展阶段，创新以渐进性产品创新和工艺创新为主。

传统 A－U 模型描述了一个特定技术轨道上产品创新和工艺创新的分布规律和一般过程，即同一代产品在技术生命周期中技术创新和产业发展之间的关系。然而产业的发展是由一代接一代具有各自不同生命周期的产品演化过程的集合。根据 PLC 理论，一代产品技术生命周期的完结，并不表明一个产业的完结，而是由于根本性技术创新的出现使产业得到了质的提升，即产业由原来的技术轨道跃入到了一个新的技术轨道，新一代产品替代了老一代产品，并沿着新的技术轨道开始了又一轮的产品技术生命周期。这种依次替换的一代接一代的产品技术生命周期的有序组合，构成了产业发展的历史轨迹，形成动态的产业创新模型，可将其称为改进的 A－U 模型。从内容上看，这种模型突出了技术根本性创新与产业跳跃式升级的关系；从时间跨度上看，这种模型强调的是产业发展的全部过程而不是某一代产品的生命周期。

A－U 模型表明的是技术创新和产业发展之间的内在关系。其中传统 A－U 模型反映了在特定技术轨道上的技术创新与产业发展的内在关系，是一种短期的产业创新动态过程模型；改进的 A－U 模型是从产业演变的全过程来考察技术创新与产业发展的内在关系，是一种长期的产业创新动态过程模型。

小结：综合以上对相关理论的描述总结，产业演进理论从技术周期、产业组织结构与产业行为、生物进化、制度变迁等角度对高新技术产业形成发展的原因进行了分析；集聚理论从外部经济、集聚经济、竞争优势以及本地网络和根植性等方面解释了高新技术产业集聚发展的原因；A－U 模型揭示了技术创新和产业发展之间的内在关联。虽然各种理论的侧重点各有不同，但对高新技术产业的发展均有指导意义，是本书内容研究所依据的主要理论。

§2.2　国内外研究现状综述

2.2.1　国外研究现状

在竞争日益加剧的全球化时代，科学技术日新月异，创新能力直接决定着国家和区域竞争能力的高低。越来越多的学者认识到高新技术产业发展依赖于区域创新系统，发挥创新网络的整体作用，不断保持产业集群的创新优势与竞争优势，越来越成为决定区域经济增长的关键。因此进入20世纪 90 年代以来，无论是政府还是学术界对高新技术产业集群及其创新网络研究给予了特别的关注。众多学者将创新、技术的变化与产业发展结合起来，分析创新系统（Lundvall，1992）与区域经济增长的关系，由此引发了人们对产业集群及创新网络研究的高潮。

就已检索到的国外主要文献，萨克森宁通过对美国硅谷和 128 号公路地区的创新集群的对比研究，总结了创新集群形成的原因和特征；哈立德·纳德维（Khalid Nadvi，1995）以印度班加罗尔高新技术产业集群为案例，分析了创新网络在中小企业成长中的作用；Marceau 通过对澳大利亚的实证研究得出缺乏生产网络和创新网络是澳大利亚产业结构不协调、产业关联水平较低的原因；卡佩洛·罗伯塔（Capello Roberta，2002）认为就高新技术集群而言，小企业的激进创新深深依赖于劳动力的周转率和衍生机制，强调高新技术产业区内集体学习的缄默性知识转化作用；巴斯（Bass，1998）以对政府主导为特色的日本产业园区的研究，总结了其中的经验与教训；马克·洛伦森和沃尔克·曼克（Mark Lorenzen & Volker Mahnke，2002）对高新技术知识集群和跨国公司研发的全球化趋势进行了分析，指出在知识集群中布局研发部门的决定因素是网络关系、地方专业化劳动力市场、制度和机构的专业化，并讨论了不同模式的优缺点；詹姆斯·H. 洛夫（James H. Love，2001）从英国、德国及爱尔兰的数家公司中采集数据，建立模型对企业研发、网络式联系、技术转移三个因素对创新产出的影响进行了回归分析；弗朗哥·马雷尔巴（Franco Malerba，2002）提出行业系统是由一系列产品以及为这些产品的发明、生产和销售而执行市场与非市场功能的一系列节点构成，其节点包括个人及各种组织，它们通过联系、交换、合作、竞争和控制等进行相互作用；保罗·J. 巴尔托什（Paul J. Bartos，2007）着重对高新技术产业的创新能力与生产效率关系进行了实证分析；特里沃·巴克（Trevor Buck，2007）对高新技术产业的创新绩效与技术溢出渠道进行了研究，重点分析了发达国家的技术溢出对中国高新技术产业发展的影响作用。

通过对国外相关研究文献的系统总结，发现从创新角度的研究是近年的重点，其内容主要集中在以下几个方面：

1. 集群式创新研究

所谓集群式创新，是指以专业化分工和协作为基础的一系列相关联的产业及其实体，通过地理位置上的集中或靠近，以文化融合、协调的社会关系等为联结纽带，产生创新集聚效应，从而获得创新上的优势。这种创新是一种多企业单区域的创新网络组织形式，网络中的节点数量较多，而且分布在同一个地理区域内。与单个企业创新不同，集群创新能力的大小不仅取决于某个创新个体，同时也取决于产业集群的结构和共生机制，取决于集群内部组织间知识的生产与分配，取决于对基础知识的依赖和利用程度，取决于完成创新并产生经济价值的整个系统。巴普蒂斯塔和斯旺（Baptista & Swann, 1998）、巴普蒂斯塔（Baptista, 2001）通过实证研究，发现集群内部的企业比外部孤立的企业创新能力更强，这一点对发展中国家来讲更为重要。有研究表明，在发展中国家，产业集群的创新能力可能更取决于集群内部的创新结构，而发达国家的产业集群创新能力主要由企业的创新和扩散来实现（Bell and Albu, 1999）。并且一些研究表明，智力密集、风险资本、基础设施、信息服务等因素并不与创新过程必然发生联系，创新是很多行为主体通过相互协同作用而产生技术的过程，因此必须重视创新环境、创新网络、创新系统的构建与理论探讨（Castells & Hall, 1994）。

2. 创新环境研究

佩兰（Perrin, 1989, 1991）定义创新环境（Innovative Milieu）为一种空间集聚体，在这种集聚体内，通过行为主体在多边交易过程中的学习和在不断创新的学习系统中的集聚，使创新网络得到发展。在创新学习过程中，企业被看成是具有某种资源开发能力的集体组织，这不同于新古典理论中的那种同质的、单纯追求效用最大化的生产组织，它们是异质的，大量利用异质的投入并通过自身和同伴的"双重反馈循环"不断进行学习型创新。此后欧洲区域创新环境研究小组也提出了"创新环境"的概念（1991, 2000），他们的概念主要指文化环境。"创新环境"概念将空间集聚现象与创新过程相联系，其研究强调产业区内创新主体的集体效率，强调创新行为的协同作用，强调社会根植性。哈特和萨米（Hart & Simmie, 1997）研究发现，在创新中，创新厂商集聚在特定地区，但通常它们保持彼此独立运作，集聚区域内厂商利用的是区域内良好的环境特质。帕德莫尔和吉布森（Padmore & Gibson, 1998）分析了以产业集群为基础的区域创新系统的构成，提出了环境—企业—市场要素模型。创新与地方产业集群关系的研究不仅丰富了区域发展理论，也扩大了创新研究的视野。其实，创新环境就是一种社会体系，是在某一区域内形成并随技术进步不断调整的各种社会关系的总和；创新就是经济主体之间社会行为的结果

（Alexander Schwery & Vicente F. Raurich，2004）。必须看到，创新环境理论虽然对一些地区的创新活动进行了描述，但是对创新活动发生的原因及差异解释并不充分，它实质上只是一种现象描述，没有充分论证创新企业与创新环境的相互作用方式。

3. 创新网络研究

网络是指在一种相互理解和信任的环境中，处于同样等级不同层次的合作伙伴之间的一种长期关系。网络的出现被认为主要是战略利益上的考虑，而不是成本上的考虑；即希望利用和实现技术与其他方面相互弥补的协同效应。因而，创新网络不是固定的等级制度安排，而是相对松散的、非正式的、含蓄的、可分解的和能重新组合的相互关系体系。布列松（Bresson）提出的"相互依赖假设"认为，创新倾向于通过经济网络的前向和后向联系集聚在一起，经济条件（例如网络中供应商和用户的密度）作为限制和激励因素使得创新活动在不同的地区发生差异。伦德瓦尔（Lundvall，1988）持类似观点，他认为前后向的协调与合作为创新集成准备了必要的资源（尤其是知识资源），供应链上的知识共享一直被认为是创新的重要来源。鲍德温和斯科特（Baldwin & Scott，1987）认为，中小企业之间有效的合作网络产生了一种内生创新力，这种创新揭开了路径依赖与改变技术轨迹的能力。由此可见，创新网络是一种各经济主体旨在获得和分享资源的制度安排，它在一定程度上能够弥补厂商所缺乏的内部知识和资源，从网络合作和网络学习效应中获益。通常创新和学习网络是随着产业集群而形成的。

4. 创新扩散研究

技术扩散是技术创新过程的一个重要环节，扩散可以从两个方面来理解，一方面是指技术创新成果在企业内部的传播或扩散，即企业通过生产规模扩大将技术创新成果反复应用，使技术成果的应用范围越来越大；另一方面则是技术向企业外部传播或转移，即一项科技成果从一个企业转移到另一个企业，从一个产业转移到另一个产业，从一个地区或国家转移到另一个地区或国家，不断在不同的企业或国家得以再应用。本书研究中所涉及的技术扩散主要指后一类。如果技术创新成果不能实现扩散，就无法推动产业及社会经济的发展。

技术扩散是指技术创新从扩散源向潜在采用者扩散的过程，随着扩散过程的进行，扩散源也会逐步的扩大，新的采用者也会变成扩散源的一分子。由于产业技术特征不同，不同产业技术创新扩散的过程也不尽相同，同种创新技术也可以有不同的扩散方式。如根据扩散主体的不同，可以分为以企业为主的扩散和以政府为主体的扩散。以企业为主的扩散，根据技术流向的不同，又可以分为技术引进和中心企业向外围企业扩散两种模式；以政府为主体的扩散，可称为科技推广模式，这种模式就是政府通过科技政策，在相关政府部门的协调指导下，对企业的技术创新扩散进行的直接或间接干预。政府可以通过一些政策手段，比如提供资金、提供各种优惠政策、进行政府采购等来直接或间接地影响技术创新的过程，进而影响到高新技术产业的发展。

除上述几方面外，从区域创新能力及影响方面的研究也深受关注，主要侧重于以下几点：（1）区域创新运行机制，目前取得共识的主要观点为学习机制；（2）区域创新模式研究，通过区域内企业、R&D 机构等与其他区域进行合作而实现的区域合作创新模式研究；（3）区域创新演化过程研究，主流观点认为区域创新系统的发展演化与自身已有的发展基础密切联系，具有过程相关性。

显然，基于创新的研究对于区域特色高新技术产业集群健康发展和整体竞争优势的提升具有十分重要的意义和作用，是研究的焦点和前沿内容，这为本书研究切入点的确定提供了方向。需要注意的是，由于已有理论大都来自西方国家，其研究背景与研究对象与我国当前经济发展所处阶段及时代背景有所不同，因此在借鉴已有理论进行研究时，必须要结合我国特定区域经济发展的特点与实际情况。

2.2.2　国内研究现状

近年来国内学者依据相关理论，结合我国高新技术产业现状做了大量相关研究，从不同角度提出了问题诊断及解决方案。通过文献收集和整理，发现研究内容可分为以下几个方面：从微观角度，对高新技术企业的产生发展问题的研究（吴添祖等，2000；杨轶等，2000；祁顺生，李国伟，2006；郑海航，王西麟，2006）；从区域角度，对某一区域（或高新区）高新技术产业发展水平及影响因素的评价分析（盖文启，王缉慈，1999；刘友金，黄鲁成，2001；覃成林，2000）；从宏观角度，研究政府在促进高技术产业发展过程中的作用（范德成，周豪，2007；张德刚，

1999；陈柳钦，张琴，2005；宫靖，2008）；从创新的角度，研究制度创新、组织创新、区域创新系统等对高新技术产业发展的影响；从技术溢出角度，研究高新技术产业受外商直接投资及对传统产业升级的影响（江小涓，2004）；从集聚经济角度，对高新区的形成发展、类型特征及高新技术产业集群的形成机理进行分析（倪卫红等，2003；綦良群，李楠，2007）；从投入角度，研究人力资本、风险投资机制等对高新技术产业发展的影响（柳卸林，张杰军，2004；傅毓维等，2007）。在进行文献检索时选取若干与高新技术产业理论研究相关的关键词进行搜索，发现关于创新、集聚、风险投资、高新区和政策等问题研究的集中程度较高，是高新技术产业理论研究的热点问题，下面选取与本书研究内容紧密相关的几个方面具体分析。

1. 高新技术产业集群现象研究

20世纪90年代以来，随着以北京中关村为代表的高新技术产业集群的快速兴起及在区域经济中扮演的重要角色，集群现象成为我国理论界关注的焦点；地理学、经济学、管理学及社会学等学科对这一现象都极为重视，纷纷从不同角度展开研究并取得了大量成果。

仇保兴（1998）对集群的形成过程、制约因素及其创新意义和演化趋势进行了较为系统和全面的分析，他从专业化分工的角度分析了企业集群的形成机制，从产权、市场结构、产品和要素市场以及人文环境等方面分析了集群形成发展过程中的制约因素。

刘军国（2001）认为产业集聚是报酬递增的加速器，集聚降低了交易费用，促进了企业协作，形成了报酬递增和分工不断深化的机制，因而使集群具有不断自我完善的机制；他把协作纳入报酬递增理论体系，构建了报酬递增的微观机制模型。

王缉慈（2001）主要从创新和网络的角度对产业集聚现象进行了研究，她在《创新的空间：企业集群与区域开发》一书中，系统概括了产业集聚与新产业区理论，并以国内外典型产业集群发展为案例，讨论了产业集聚与区域创新的关系。王缉慈认为产业集群是有利于创新的空间产业组织形式，她强调产业区应着重于创建将企业灵活性与来自网络的稳定性和支持性相结合的新型组织。

邱成利（2001）从社会学角度探讨了制度创新对产业集聚的作用机制，认为制度创新所引致的交易成本降低为产业集聚提供了深层次的保障；他提出为了促进产业集聚和推动区域经济发展，应加快有利于产业集聚的正式制度和非正式制度的创新。

盖文启（2001）讨论了同一产业或相关产业中柔性专业化企业的聚集问题，分析了对交易成本降低、创新功能增强，区域竞争力提高的重大影响。盖文启（2002）还较为系统地研究了区域创新网络，运用规模经济和范围经济、交易成本、竞争优势、创新等理论建立起区域创新网络理论分析框架，并以此解释了产业集聚和新产业区创新网络的发展。

叶建亮（2001）是从知识溢出角度分析聚集现象的，他认为知识溢出是导致集聚的重要原因，它决定集群的规模、影响集群组织内企业的生产函数；知识溢出还导致集群内部产品的类同和恶性竞争的发生。宁钟（2001）的研究角度也属于此类，他把空间经济因素引入技术追赶模型，分析了技术追赶、吸收能力和人力资本积累之间的关系，并对国家光电子信息产业进行了分析。西北大学的勒辉（2006）也从知识溢出角度分析了高新技术产业集聚区产生的动因，他认为与普通制造业的产业集聚不同，高新技术产业集聚区的产生与知识溢出的空间特性、知识溢出机制有密切的关系，分析了企业层面的知识溢出形态及知识溢出机制，论述了知识溢出对高技术产业集聚的促进作用，并采用双对数计量经济学模型测度了高新技术产业集聚与技术创新的相关性。

魏守华（2002）的研究是从区域经济发展理论出发，他认为产业集群既强调了区域分工，又进一步加强了区域内各种资源的整合能力，尤其是技术进步和技术创新的作用，因而集群理论是优于梯度推移理论、增长极理论和地域生产综合体理论的新型区域经济发展理论。

浙江工业大学楼杏丹《高新技术产业集群发展创新组织模式研究》（2005）一文，在分析高新技术产业集群演变趋势及其特征的基础上，探讨了高新技术产业集群形成和发展的机理，在已有高新技术产业发展模式基础上提出了构建多维创新系统组织模式的内涵。

关伟、胡艳慧（2007）在《区域高新技术产业发展的集群网络化模式》一文中指出：成功的高新技术产业集聚区的成功并非区域内生产要素的简单叠加，而是区域内各种生产要素的有效组合及其形成的紧密集群网络，文中运用社会网络理论探讨了区域高新技术产业集群网络的层次结构及网络作用机制。

在实证研究方面，朱翔（2005）以长株潭地区的典型高新技术产业为例，通过分析集群中各企业之间的产业链关系，描述了高新技术产业的集群模式，进而总结出卫星围绕型、平台共享型和产业关联型三种典型的高新技术产业集群发展模式；武汉理工大学曹丹红（2007）重点探讨了新竹科学工业园区与中关村的发展模式，对开发区产业集群发展模式进行了比较与总结，揭示了国际著名开发区产业集群发展的经验及启示；哈尔滨理工大学李楠（2007）通过与一般产业集群对比，对高新技术产业集群的形成机理和集聚效应进行了比较分析。

2. 高新区形成及在区域经济增长中作用研究

高新技术集聚区的形成分为两种模式：自上而下式和自下而上式；高新技术产业园区的形成在很大程度上是政府作用的体现，因此应属于自上而下式，它们的形成发展又有一些不同的特征与规律。

1994 年，王缉慈教授在中日韩三国工业国际会议上发表的题为"The marking of new industrial in China: Insights in to the development zones phenomenor"的文章，探讨了我国出现的开发区现象和发展中存在的问题，且在同年出版的《现代工业地理学》一书中介绍了新产业区的概念，并结合国内各区域发展的实际进行了实证分析与探讨。王缉慈（1998）认为，高新技术产业开发区是区域发展的增长极和技术的孵化器，她分别运用增长极理论和孵化器理论解释了产业园区对区域经济的带动过程，这对区域发展问题的研究具有重要的指导作用。

1997 年，河南大学的李小建博士针对有关新产业区基本特征的国际争议，提出以形成时间、规模、部门结构、联系程度和根植性五个因素作为判别产业区发展的定性或定量指标。

顾朝林、赵令勋通过对国外高新技术园区、创业中心发展的比较研究，认为高新技术园区在进行区位选择时要重点考虑智力密集程度、开发性技术条件、信息资源、基础设施条件、生产生活环境等，这对高新技术产业园区的建设具有很强的指导作用。

张明之在《高新技术产业开发区——知识经济时代区域经济发展的新增长极》（1998）一文中指出，高新区成长为区域经济发展的增长极通常要经历两个步骤：第一步，高新区以极化聚集效应为主，积蓄力量以获取自我发展的动力；第二步，当高新区积聚了一定的技术势能、与周围地区产生一定的技术势差时以扩散效应为主，推动整个区域经济的持续协调发展。

蔡莉教授将高新技术园区的功能概括为集聚功能、孵化功能、扩散功能、渗透功能、示范功能和波及功能六部分，同时指出这六大功能是有机联系在一起的，首先是聚集功能，而后导致了扩散功能、渗透功能的发挥，示范功能和波及功能则是高技术园区发展的最终目标。这对研究如何发挥高新技术产业园在区域经济发展中的带动作用具有重要指导。

陈卓（2004）在《高新技术产业园区运行机制研究》一文对中外高新技术产业园区的运行机制进行了系统的比较研究，包括管理体制、"官产学"协力机制、融资机制、人才机制和宏观控制机制五个方面，系统分析了我国高新区各种机制运行的外部环境和内部条件，明确了我国高新技术园区应具备的基本条件。

李青等（2004）从区域创新视角对产业发展进行了理论探索与实证研究，分析了知识、学习过程、空间集聚、创新环境、创新网络对产业发展的作用与机理；在实证研究部分，对中国的北京中关村科技园区、美国洛杉矶电子智能社区、英国科技园区进行了案例剖析，构建出高科技产业与区域之间的互动模式。

大连理工大学刘优剑（2006）在《区域经济增长中高新技术的作用研究》一文着重从区域产业融合的角度分析高新技术促进区域经济增长的理论机理，文章从高新技术对区域生产要素、产业结构以及制度环境等几方面的影响，分析了高新技术促进区域经济增长的机理。

3. 创新与高新技术产业发展关系研究

创新是高新技术产业发展的根本，许多学者对高新技术产业的创新机制进行了研究。周叔莲、王伟光（2002）从技术创新和制度创新角度研究如何促进高新技术产业的发展，认为技术创新是高新技术产业发展的动力，制度创新是促进技术创新、发展高新技术产业的保障。

刘友金的《中小企业集群式创新研究》（2002）一文以中小企业之间的竞争与合作关系为基础，研究了由于这种关系而产生的"集体创新行为"，试图探求一种使中小企业在不损失创新行为优势的前提下，充分获得创新资源优势的技术创新有效组织形式，从一个新的视角探讨了中小企业技术创新问题。浙江大学的魏江教授（2004）在产业集群内部学习流程分析的基础上，提出了集群学习机制的三层次分析框架。

尹利军、吴声怡等（2004）从高新技术产业化创新机制的角度分析了我国高新技术产业化技术创新机制中存在的问题，提出必须从根本上确立企业是技术创新的主体，建立起高新技术研究开发新机制，完善高新技术的引进、消化吸收和再创新机制，才能促进高新技术产业的发展。

池仁勇的《区域中小企业创新网络评价与构建研究》（2005），从中小企业创新网络入手，揭示了创新网络的特征与功能，从不同角度对创新网络进行了分类，理论上分析了创新网络中结点的功能与作用。生万栋、王淼（2006）对高新技术创新网络的创新能力和构建因素进行了分析，他们在理论模型的构建中将风险资本列为创新网络的一个必不可少的要素，在网络的运行机制分析中认为一种完善的网络运行机制应该能够维持网络中企业基于重复交易而建立起来的持续性的稳定的联系，并提出了具体的运行措施，为我国高新技术企业进行网络构建进行合作创新提供了参考。

孟芳、曹兴（2007）在《我国高新技术产业技术创新发展模式研究》中，运用二元差距模型对高新技术企业技术创新的路径进行了数学模拟，详细地分析了我国高新技术企业六种技术创新发展模式及运用情况，并针对每一种创新模式进行了案例分析。

林兰（2007）的《技术扩散与高新技术企业技术区位研究》一文，从技术区位角度系统阐述了企业在不同空间尺度上的区位指向，论证了技术扩散与空间尺度、技术扩散与高新技术企业布局之间的关系；在实地调研基础上，借助地理信息系统模型与数学模型，对高新技术企业的技术扩散路径、方式、强度和创新水平等进行了分析，深入研究了企业空间集聚的动力和机制以及跨国公司在技术溢出中的作用。

陈学光，徐金发（2007）在《网络能力、创新网络及创新绩效关系研究》一文，从企业创新网络的"质"和"量"两个方面，结合社会学关于网络特征的相关理论，提出了测度创新网络的六个维度构成：关系强度、关系久度、关系质量、网络规模、网络范围和网络异质性，并对创新网络对创新绩效的影响进行了实证分析。

2.2.3　研究评述与发展趋势

综观国内理论界关于高新技术产业发展的研究，其内容涵盖了高新技术产业集群内涵、影响因素、内在机理，高技术产业与创新的关系，高新技术产业与区域经济增长的关系以及典型高新区发展实例探究等，这些前期成果为指导我国高新技术产业发展实践及进一步的理论研究奠定了良好的基础。由于高新技术产业发展是一个复杂的系统过程，随着现实中新问题的涌现，还需要进行不断的深入研究，这样才能使认识逐渐深化。以往研究在以下方面还存在一些局限性：

一是这些研究大多将高新技术产业作为一个整体，从结果上进行描述性、比较性分析，而基于产业成长过程和技术发展轨道的动态过程性研究较少；二是对产业的形成、发展、培育机制，产业发展过程中的要素融合机制、技术扩散机制以及区域内相互依存的"技术生物链"等方面，还缺乏针对性的分析研究。尽管有些学者从外部性等方面分析了高技术企业集群形成的机理，但对为什么集群出现在某些特定地区，或为什么一些集群能发展进化，而另一些则衰落或难以发展起来等重要问题没有给出满意的解释。在大多关于我国高新技术产业发展的地区差异研究中，都直接或隐含地假定，各地的技术资源禀赋（如科研人员、专利的数量、研究开发的投入等）对高新技术产业发展具有决定性影响，若仅是如此，如何解释在技术存量上并不具有比较优势的深圳、广州、苏州等地区能够在高科技产业上超越沈阳、西安、南京、武汉等科技资源重镇？

另外，已有研究一般是从静态上针对一个地区高新技术产业集群的现状展开分析，而对集群演化路径的研究还不够深入，无法为区域经济整体的协同发展提供强有力的理论支持。

总之，目前迫切需要研究的关键问题在于：如何从区域创新能力提升的视角使科技创新要素（资源）有效融合和科技创新效率提高？如何构筑有利于高新技术产业发展的创新机制及组织模式？

由于不同的经济或社会关系（网络、组织间的关系）对创新的影响越来越大，而创新又是高新技术产业发展的根本，因此基于创新网络及社会关系的研究越来越重要。根据对现实问题需要及近期研究趋势的考察和分析，判断未来的研究将更加注重以下两个方面：

（1）更加注重网络性组织在高新技术产业发展中的作用。20世纪80年代形成的企业网络理论在承认企业成长依赖于市场和技术的基础上，又引入网络性资源依赖的概念，将研究视角指向企业与市场之间具有网络结构特征和多样性制度安排的广阔中间地带（即网络性经济组织），更加注重组织间协调在企业创新中所发挥的作用，从而将原有的企业和市场二层次制度分析框架提升为市场、网络和企业的三层次制度分析框架。对高新技术产业来讲，由于其发展水平受一定空间内各种经济主体互动的区域产业创新网络的影响，因此本书将"创新网络"纳入区域产业发展的分析框架，有助于解释现实中产业发展的问题。

（2）更加注重非正式制度在高新技术产业发展中的作用。高新技术产业集群的出现是正式制度和非正式制度共同作用的结果。正式制度也称为正式规则或正式约束，是指一系列有利于创新的政策法则（包括政治规则、经济规则和正式契约）以及由这一系列规则构成的等级结构关系；非正式制度也称为非正式规则或非正式约束，它是人们在长期交往中无意识形成的，具有持久的生命力，并构成代代相传的文化的一部分，主要包括价值信念、伦理规范、道德观念、风俗习性、意识形态等因素。非正式制度同正式制度一样，都对经济发展产生重要影响，但它们的作用方式和影响效果有所不同。一般来讲，非正式制度的影响是长期的、缓慢的，是不易察觉的，通常并不表现在表面层次上，而是体现在更深层次、通过反复发生而起作用，这也因此导致了长期以来理论界对于具有"潜流作用"的非正式制度对经济发展的作用关注不足。事实上，社会经济文化因素是形成区域发展差异的一个基础，并且正式制度会由于非正式制度的滞后而使其实施成本大大上升。因此，理论研究不仅要关注物质资本或技术资本，更要把注意力放到创建有利于发挥人力资本作用的制度体制、社会文化环境等方面去。探索集群文化的形成、发展以及非正式合作或非正式交易在产业集群中的作用，对于高新技术产业发展具有重要意义，因此，本书将"社会资本"概念引入高新技术产业发展的分析框架，以便更加深刻的理解社会资本作为一种隐性资源对区域经济发展及产业成长的影响，可以在一定程度上弥补这方面研究的不足。

第 3 章

高新技术企业成长过程与
产业生态系统构成

高新技术产业形成和发展要经历从萌芽—成长—壮大的过程。在这个过程中，经历了高新技术出现、高新技术产品形成、高新技术产品生产、高新技术产品扩散等阶段，最终形成高新技术产业。在高新技术产业形成和发展过程中，高新技术是源头和动力，高新技术企业是基本构成单元和微观行为主体，高新技术产业是宏观表征和最终形态。高新技术企业新技术产品生产行为和高新技术企业间技术扩散行为，形成了高新技术产业。其形成过程一般是：高新技术—高新技术产品—高新技术企业—高新技术产业。因此，要分析高新技术产业系统的形成过程和构成，必须分析高新技术企业这个微观主体是如何通过新技术产品的引进、生产和扩散，实现其成长和发展壮大的。

§3.1　高新技术企业成长过程情景

考虑到不同类型企业成长过程可能会有所差异，因此分析高新技术企业成长过程首先要对企业进行分类。企业类型的划分有多种方法，基于本书的研究目的，主要根据创业主体类型和技术特性分类。从高新技术企业创业主体看，一类是自然人创建，另一类是法人组织创建；从技术特性看，可分为光机电一体化、新材料、电子信息等具体行业。下面分别就这两个分类对高新技术产品和高新技术企业生长过程关系进行刻画。

3.1.1　不同成长源的高新技术企业成长情景分析

通过对高新技术企业创建过程的调查了解，发现一类是创业者个人（或几个创业者所组成的创业团队）依据某项技术或专利进行成果商业化活动，完全独立地创建企业，这类企业我们定义为自然人创业型；还有一类是法人组织创建，又分两种情况：一种是在已定型组织的基础上衍生出新的附属企业，它比原有企业具有更高效率的企业组织体系，对市场需求能做出快速反应，在保持原有企业总体创新能力的基础上进一步增强了吸引社会资本的投资能力，体现了企业的成长性，这类企业我们定义为组织衍生型企业；另一种是因产品、技术、市场营销模式、组织管理体系等原因而陷入困境的传统企业，通过引进新技术而转变为高新技术企业，或者是科研院所通过改制等方式转变成企业，这类企业我们定义为战略重组组织变革型。由此，高新技术企业创业主体可归结为三类模式：一是自然人创业型；二是组织衍生型；三是战略重组组织变革型（见图3.1）。通过对各类企业的实际调研，这三种不同类型企业的创新成长情景分别如图3.2、图3.3、图3.4所示。

通过对不同创业主体高新技术企业成长情景的分析，发现具有如下特点：

（1）高新技术企业主要由拥有技术、市场、资金、社会资本等资源优势的自然人或组织创建，中小型企业中由具有技术资源优势的自然人创建的占多数。部分在国有企业或科研院所工作且具有创业精神的科技人员，由于原单位存在活力不足、管理滞后、激励约束机制失灵等弊端，便有了

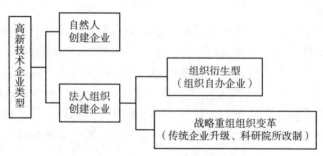

图 3.1　高新技术企业创建类型划分

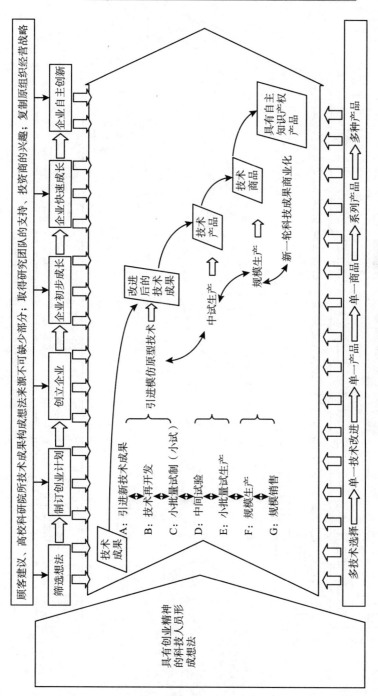

图 3.2　自然人创业型企业成长情景

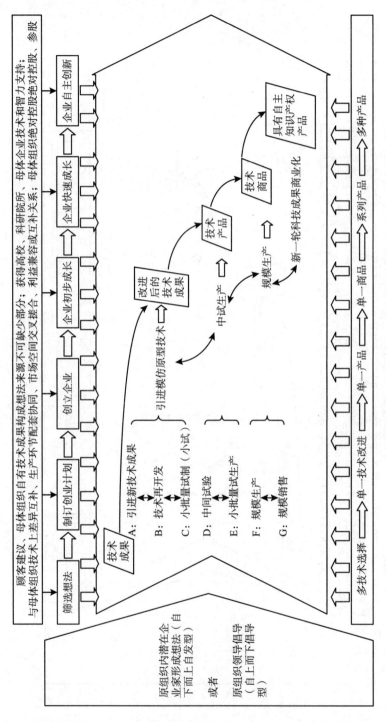

图 3.3　组织衍生型企业成长情景

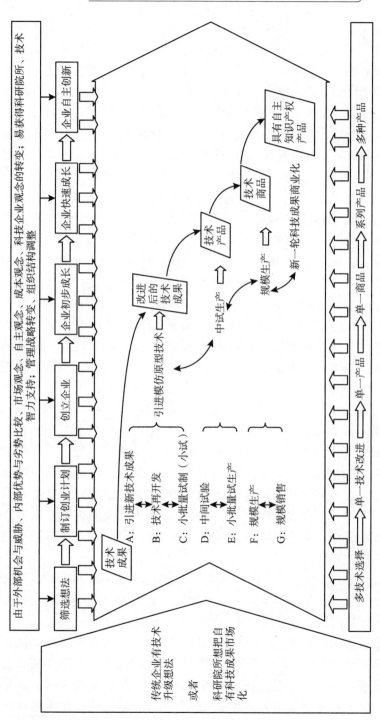

图 3.4　战略重组组织变革型企业成长情景

自己创建企业的想法。这些创业者通过对技术、市场以及产业前景的三重洞察，在经济利益、技术进步、市场需求的推动下，离开原有组织而创建企业。或者原组织内潜在企业家为了掌握更多的自主权或为了更多地利用原有组织的资源，将对技术、市场、产业前景的三重洞察的结果及想法向组织内上层领导汇报，经过高层领导决策由组织出资创建各类公司（如全资子公司、控股公司或者参股公司）；这类由组织创建的企业，一般由提出构想的科技人员进行运营管理，原组织通常作为股东参与一定的管理决策。无论是自然人还是组织创建的企业，科技人员或者以之前所在企业的客户反馈信息（原组织生产的产品的缺陷）为想法，或者为将高校、科研院所的科技成果市场化等为出发点，促使创业者进入创业计划阶段。创业者不可能拥有创办企业的所有资源，为了获得他人的资源支持或者资源投入，创业团队要将自己的创业商业计划与资源拥有者、持有者进行充分沟通，创业伙伴或投资商了解到企业的经营计划及商业前景后，才可能有兴趣、有信心为创业者提供需要的资源。可以说，商业计划书作为企业起步阶段的必备文件，不仅为企业的成长确定下比较具体的方向和重点，使员工了解到企业的经营目标；更重要的是，可以使企业的出资者以及供应商、销售商等能够了解企业的经营状况和经营目的，说服出资者能够为企业的进一步发展提供资金。

（2）基于不同创业主体所创建的企业在资金来源、经营管理方式、技术成果来源上有所不同。从资金来源看，由于高新技术企业具有风险较大、成长不稳定的特征，因而资金供给方为了规避风险，在产品市场前景不确定的情况投资非常谨慎，因此企业在创建初期普遍面临资金短缺的困难。在对部分中小企业创始人的调查访谈中了解到，自然人创建的企业，其原始资金多由创业者个人的资金积累以及向亲朋好友借助的资金构成；而组织创建的企业，其原始资金多由组织以占有股份的形式注入。

从经营管理方式看，由于自然人创建的企业大多是由技术人员创建，他们缺乏充足的企业管理经验，因此通常会复制原组织的经营管理方式；而由组织创建的企业则会与母体组织形成互补的生产经营方式。

在高新技术企业成长过程中高新技术产品是企业成长的关键。从企业技术产品来源看，组织衍生型企业主要从原来的企业以及相关的研究所和实验室获得技术，通过衍生企业实现了科学技术从科研院所向企业的转移。在自然人创建企业中大多是技术人员创建，掌握核心技术的科技人员，在对技术、市场、产业前景三重洞察后引入资金创建企业，通过对产品的研发生产使企业快速成长，这类企业的创始人也是各自领域的专家，他们将专业技术带到了企业，通过技术的产品化、商业化实现了技术转移；而只拥有普通大众技术的技术人员，通常从外部引入科技成果，经再开发后投入生产，同样促进了企业的成长。

3.1.2　不同行业的高新技术企业成长情景分析

高新技术企业成长是以科技成果商业化为主要内容，其成长过程不仅具有传统企业的一般特征，也具有自身的成长特性。根据对具有不同技术特性的生物制药、电子信息、新材料、光机电一体化四大技术领域企业的调查结果，从科技成果商业化角度描绘出企业成长过程图，如图3.5、图3.6、图3.7、图3.8所示。

通过对不同技术特性高新技术企业成长情景的描述，发现不同行业由于技术特性不同存在一些差异（如不同行业对中间试验阶段要求不同），但这些企业的生长过程都经历了技术成果引入、技术再开发、中试生产、规模（批量）生产几个环节。

（1）引进新技术成果或引进新技术工艺。企业对新技术成果的洞察、选择以及引入，直接影响企业的技术水平，是科技成果商业化的出发点。这一阶段的核心主体是企业，参与主体包括提供信息与咨询服务的科技中介、高校、科研机构等。这一阶段的主要任务是：对技术、市场以及产业前景的三重洞察，对新技术成果进行技术经济分析、筛选，选择适合本企业发展、符合产业发展规划、有市场前景、易于商业化的科技成果。

（2）新技术成果再开发。引入新技术成果后，能否将引进的技术成果改进并形成具有本企业自身特点的技术，取决于对新技术成果的再开发。这一环节以企业内部力量为主，研发人员的技术水平决定企业消化吸收技术成果的能力；同时企业联合高校、科研院所的本领域专家对技术成果进行评估、技术指导，制定本企业技术开发的详细需求及商业技术书，进行新技术再开发的试验研究，最终在各方面力量协助下形成原型、样机。

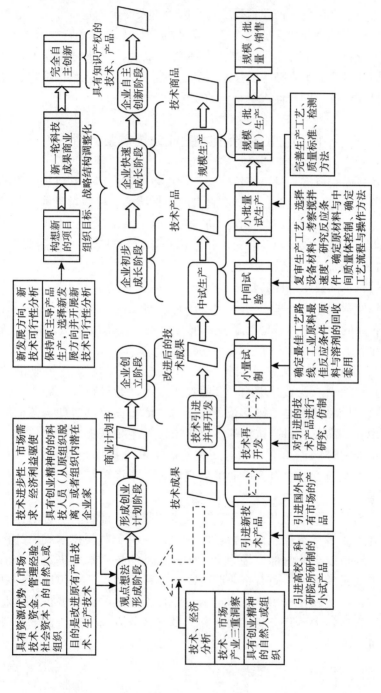

图 3.5 生物与制药技术企业成长情景

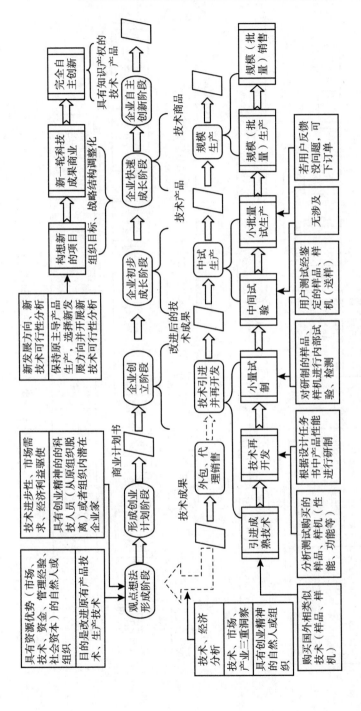

图 3.6　电子与信息技术企业成长情景

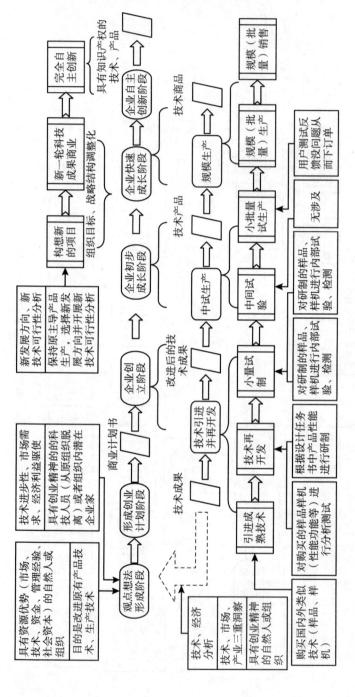

图 3.7 光机电一体化企业成长情景

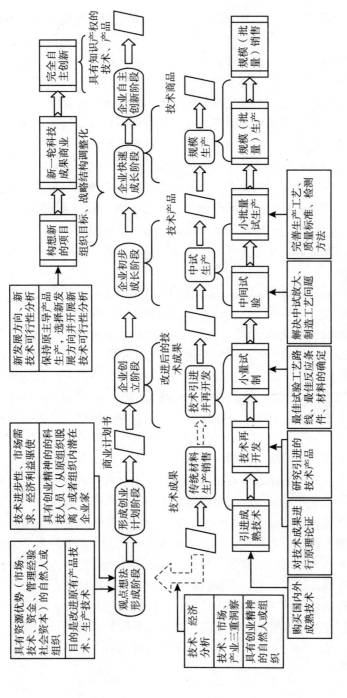

图 3.8 新材料技术企业成长情景

（3）中试基地建设。中试阶段是试验室研究成果转化为现实生产力的桥梁与纽带，由于在当前体制下，高校、科研院所不可能也没有足够的资金投入中试和产业化生产，许多企业也由于种种原因不敢或不愿意投入资金进行中试，因此，这一环节参与主体主要有科研院所改制的企业、工程技术研究中心，企业将试验技术中试放大，加强技术成果向生产力转化的中间环节，缩短成果转化的周期；或根据潜在用户以及科研院所、高校专家对产品进行检测、鉴定的结果，进而改进产品。

（4）新技术产品推广。新技术产品推广的目的为了使产品或工艺被各种市场要素接受，实现新技术产品的价值，获得市场利润份额。新技术产品推广工作是企业行为与市场行为相结合的活动。企业需要联合用户、合作制造商、供应商、销售商、金融保险机构、政府相关部门等，调动各方力量获取互补资源，改变潜在用户观念，刺激市场、鼓励需求，大力推广新技术产品。

（5）新技术持续商业化。为了巩固并保持技术产品的领先地位及市场占有率，企业一方面需要扩大技术的应用领域并实现技术升级，另一方面通过寻找新的技术成果发现新的创新点。此外，企业需要与用户、相关供应商保持密切的联系，通过用户反馈信息满足不断发展的消费者需求，以取得技术优势。为了适应企业外部用户群体的变化以及企业内部规模、技术、组织结构的变化，企业自身要进行战略调整和组织创新。在这一阶段组织变革非常重要，有的企业就是由于没能及时调整组织战略而导致企业的衰亡。

基于上述认识形成了本章内容结构：首先，以高新技术为切入点，分析不同类型、不同行业的高新技术企业新技术引入、消化和吸收过程，从而对高新技术企业成长过程情景进行刻画，以分析高新技术产品生产和高新技术企业成长之间的因果关系；其次，分析高新技术企业技术产品应用过程（如技术搜索、技术引入、技术再开发和批量生产等）各个阶段企业行为方式和行为特征，从而进一步刻画高新技术产品是如何一步步促进高新技术企业成长的；再次，根据高新技术产品和高新技术企业之间的关系描述，分析高新技术产业的形成过程、动力和模式；最后，引入生态学概念，将高新技术产业视为生态系统，描述该系统的成长特征、成长要素和成长模型，从而对高新技术产业生态系统进行全面的总结。

§3.2　高新技术企业成长行为主体及过程模型

根据上述对高新技术企业生长情景的描述，可以看出高新技术企业成长过程是高新技术产生到高新技术产品批量生产的过程，整个过程和高新技术产品密不可分，该过程可分为：对新技术成果洞察—新技术成果引入—新技术成果再开发—新技术产品中试生产—新技术产品规模化生产—二次创业6个子过程。本节就这6个子过程中高新技术企业的行为方式和特征进行进一步的刻画，以分析高新技术产品和高新技术企业成长之间的关系。

3.2.1　新技术成果搜索过程及主体

高新技术企业的成长离不开对新技术成果洞察，这一环节是企业技术创新的起点。"三重洞察"是指对未来较长时间内的产业发展趋势、技术以及技术成果、产品市场需求三方面进行观察，在现行经济、政策及科技发展环境下对产业前景、技术、市场反复研究，其目的是寻找出具有市场前景、可商业化的技术成果。企业要根据洞察结果，制定出符合企业技术发展需求的商业计划书，并通过进一步的审核、评估，将经过技术经济分析筛选出的技术成果引入到企业。只有通过"三重洞察"，才能获得技术与产业和市场的结合点。

提高企业对市场需求、产业发展前景以及新技术成果情况的"三重洞察"能力，制订出符合本企业技术发展需求的商业计划书，是高新技术企业成长创新的第一步。高新技术企业"三重洞察"过程是以企业为主体，联合高校、科研院所、用户等多方资源，整合吸收社会各方意见最终制订出企业商业计划书的过程，如图3.9所示。

3.2.2　新技术成果引入过程及主体

高新技术企业新技术成果引入环节离不开资金、信息、市场、人力等资源的投入。具体过程是：企业首先将科技成果"三重洞察"的结果整理

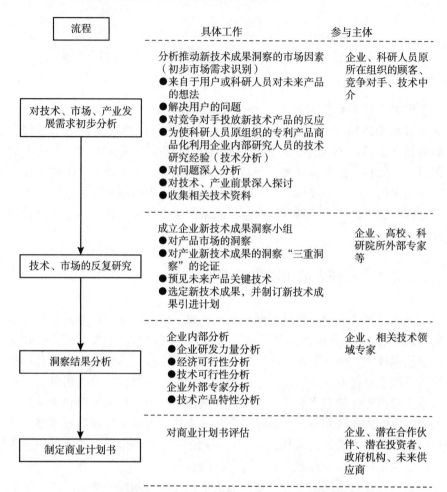

图 3.9　高新技术企业新技术成果"三重洞察"过程及主体

成报告，由企业领导立项审批，并同时给企业领导就新技术成果选择、引入、再开发的重要性、必要性、可行性和收益性进行释疑，企业领导拿到报告后再次结合企业实际经济情况组织论证，如果不能通过则驳回重新进行"洞察"；如果论证通过，则联系科技中介以及技术成果单位、政府等相关部门，协调整合科技资源、投入资金实施技术成果引入工作。高新技术企业"新技术成果引入"过程如图 3.10 所示。

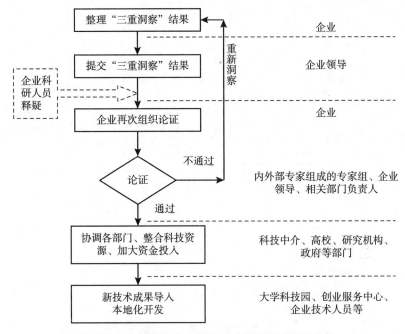

图 3.10 高新技术企业新技术成果引入过程及主体

3.2.3 新技术成果再开发过程及主体

为了最大程度实现新技术价值增值并保持产品持久竞争力，新技术成果引入后不能直接投入生产，而是需要结合企业自身力量对核心技术进行再开发，才能真正消化吸收再创新成为一项能够增值的成熟的生产技术。有些高新技术企业由于缺乏研发平台、专业技术人才和开发资金三个困境导致新技术成果再开发不成功，企业要高度重视技术再开发环节，积极协调企业内外资源，集成各种互补资源，加大新技术再开发投入力度。如图 3.11 所示。

3.2.4 新技术中试过程及主体

新技术成果再开发成功后不能马上进入市场，需要经过中试生产环节，因为一是新技术成果试验开发后离工业化生产还有很大一段距离，而中试环节是联系试验室与工业化生产的桥梁。二是小批量试生产是对工业

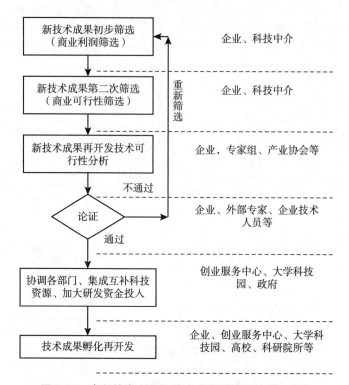

图 3.11　高新技术企业新技术成果再开发过程及主体

化阶段的产品试制、试销，其目的是为了示范新产品，对产品使用进行测试，从而发现新产品存在的问题，了解顾客对产品的市场反应，获得产品市场反馈信息，从而获得产品改进的设想。

目前，中试在我国并未得到足够的重视，"中试空白"现象比较严重。因此，建立行业性中试生产基地并进行产品小批量试生产，具有以下优点：发现工业化生产中潜在的问题以及不稳定的因素。中试生产是新技术推广的缩小版，具备了新技术产品的所有特性，这样在小批量试生产期间通过对产品试制、试销就能充分暴露出新技术产品进入市场出现的不稳定因素和问题；完善生产工艺流程，便于科学的生产。中试生产需要企业研发人员与生产人员合作进行，目的是为以后规模（批量）生产工艺流程做生产准备。这一阶段的过程如图 3.12 所示。

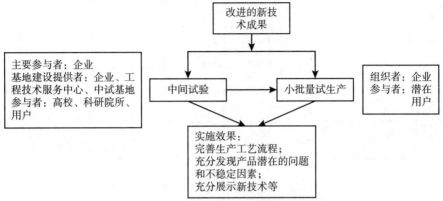

图 3.12　高新技术企业新技术中试过程及主体

3.2.5　新技术产品规模生产过程及主体

新技术产品规模（批量）生产环节是为了推动产品进入市场从而获得利润，是企业以及新技术价值增值的主要环节。经过成功的中间试验和产品试制、试销，新技术产品经过销售进入规模（批量生产）环节。这一阶段需要企业采取如图 3.13 所示的新技术推广策略，并同时充分调动政府立法决策部门、供货合伙人、用户、竞争对手、金融机构、保险机构等各种市场要素建立新技术产品推广的长效机制，这些代表各自利益的市场要素共同承担把新技术产品推向市场的业务，如图 3.14 所示。

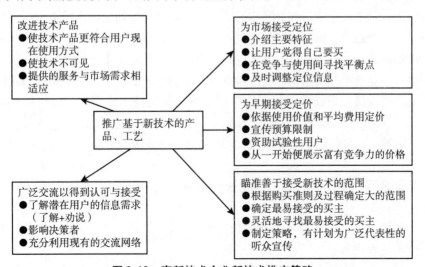

图 3.13　高新技术企业新技术推广策略

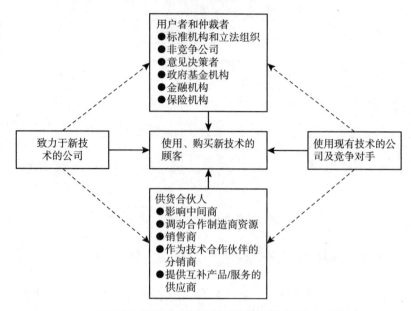

图 3.14　推出新技术时需要调动的市场要素

3.2.6　高新技术企业二次创业过程及主体

　　新技术产品进入市场之后，高新技术企业为了保持持久的技术竞争力，企业进入二次创业环节需要进行组织创新、战略转型，实施组织变革解决因规模扩张带来的企业管理、结构问题，并采取以下措施延长技术寿命：一是可通过加快企业关键技术的快速进步、保证各合作方的利益、与用户建立良好的信赖关系等方法来促进技术应用，巩固技术产品在市场中的地位；二是通过在原有技术产品基础上加入新技术、增加产品新功能、技术移植到其他产品上等方法，为技术寻找新的应用领域来扩大技术应用，寻找技术新用途；三是通过控制最终产品的基础研究、经常检查工艺/部件关键技术，把握关键技术，使技术具有竞争力，确保企业的长期发展利益。

3.2.7　高新技术企业成长过程模型

　　根据上述对高新技术企业成长过程的描述，得出高新技术企业成长由六个子过程构成：
　　（1）对新技术成果洞察的子过程。在新技术成果洞察阶段，企业创业者或者拥有技术研究经验，或者为解决以前组织中客户问题，或者为改善原有组织内部产品性能，对技术和市场反复研究，通过对新技术成果、产品市场需求、产业前景的三重洞察，制定出符合本企业发展的商业计划书。

（2）对新技术成果引入的子过程。在新技术成果引入阶段，企业通过科技中介力量引入国内外具有市场前景的样品、样机，或者对高校、科研院所经过小试的产品进行预测、评估、决策，选择适合本企业发展的新技术成果。

（3）新技术成果再开发的子过程。在新技术成果再开发阶段，以企业内部技术人员为主要研发力量，辅以高校、科研院所专家力量对新技术成果进行孵化、分析与再开发，在企业内部形成技术的转化与积累。这一阶段形成的是改进后的技术成果，如果新技术成果再开发不成功，则需要重新寻找新的技术成果。

（4）新技术产品中试生产的子过程。在新技术成果中试生产阶段，不同的行业有不同的要求，生物医药与材料行业侧重中间试验环节，而光机电一体化和电子信息行业则侧重于用户测试环节。企业在这一阶段为解决两个问题，一是解决生产工艺的问题，二是产品进一步检测的问题；经检测没有问题的产品才会向外发布、销售。

（5）技术产品规模化生产的子过程。在新技术成果规模化生产阶段，企业调动各市场要素，促使产品或工艺被市场接受，实现新技术成果向商品的转化，从而获得市场上应有的市场份额。

（6）高新技术企业二次创业的子过程。新技术成果经历了规模（批量）生产阶段以后，新技术价值得到了增值。企业由于规模的扩张，需要更多的资金投入到生产当中；同时随着竞争对手越来越多，企业技术需要升级。为了保持持久的技术竞争力，企业需要通过组织创新、战略结构调整解决因规模扩张带来的企业管理、结构问题，并寻找技术新应用范围，扩大技术应用领域，实现二次创业。

高新技术企业成长是上述六个子过程的有机整合，任何环节不可缺失。各子过程之间有效链接，克服整个过程中存在的诸多问题，才能实现新技术产品价值增值。而价值增值的过程就是高新技术企业的技术创新、组织创新、制度创新和战略结构调整等各方面工作全面提升的过程，最终会实现企业的充分成长和壮大。由此，将高新技术企业成长过程模型表现为以企业为核心主体、多主体共同参与、六个关键子过程、五个环节链接的过程，如图 3.15 所示。

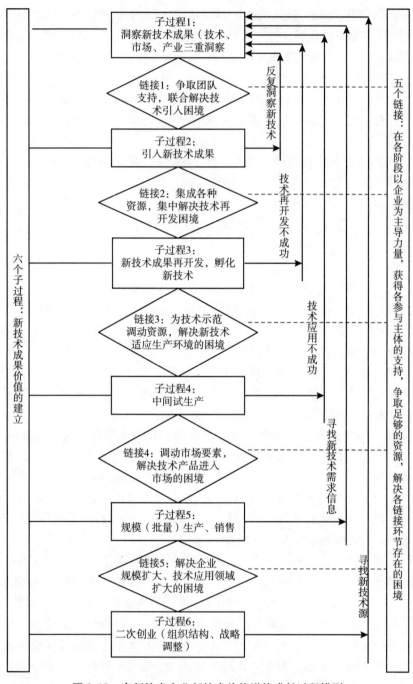

图 3.15 高新技术企业新技术价值增值成长过程模型

从图 3.15 模型可以看出，高新技术企业成长过程具有以下特性：（1）高新技术产品是高新技术企业成长的源头和动力；（2）高新技术企业成长离不开企业之间以及企业和其他创新主体间的互动；（3）高新技术企业成长具有阶段性；（4）高新技术企业成长过程具有多重反馈特性。

§3.3　高新技术产业形成过程与模式

3.3.1　高新技术产业的形成过程

高新技术产业发展要经历从萌芽—成长—壮大的过程。高新技术产业的萌芽状态是从高新技术出现开始，经过将技术转化为产品，并通过新产品的生产带动部分企业的形成和发展，最后在技术扩散效应下形成企业簇群。其形成过程一般是：高新技术—高新技术产品—高新技术企业—高新技术产业。由此看出，高新技术产业的形成必须经过三个阶段：（1）高新技术的产生；（2）技术产品化；（3）技术商业化、产业化。高新技术产业是高新技术商业化及产业化的结果。如图 3.16 所示。

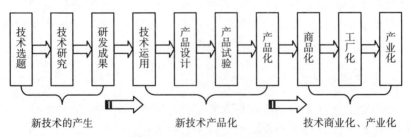

图 3.16　新技术产业化过程

在产业形成过程中，最为关键的是技术的产业化，它决定了企业到产业的跨越。一直以来，人们往往将高新技术产业的形成过程看做是单向的，然而研究发现，实际上高新技术产业的形成过程可以是循环的。也就是说，高新技术企业可以通过高新技术产品的生产带动一批企业（前向一体化企业和后向一体化企业）的发展，从而形成一定的产业规模；而产业的发展又可能通过集聚效应等形成产业集群（如硅谷），产业集群又会通过扩散效应和溢出效应等带动高新技术企业的发展，进而形成一个循环，如图 3.17 所示。

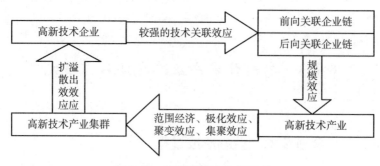

图 3.17　高新技术产业的形成

3.3.2　高新技术产业形成的动力

任何一个新的产业都是随着生产力的发展和社会分工的深化而逐步形成和发展起来的，高新技术产业的形成有其内在的动力和依据。由于产业本身是复杂的社会经济系统中的一个子系统，单从某一方面难以解释高新技术产业形成的动力机制，必须将产业置于社会经济这一大系统中，通过对系统内各种作用力及其相互关系的分析，才能寻找到产业形成的真正动力。根据对产业演进影响因素的综合分析，可以发现高新技术产业形成的主要动力为：技术创新推动、市场需求引导、分工深化牵引。

1. 技术创新推动

从历史的角度考察，技术是人类社会进步的主要推动力，也是产业创新的催化剂，高新技术产业的形成首先是技术创新的结果，技术创新是高新技术产业形成与发展的主导力量。正如生物进化中重大的基因突变孕育出新的物种一样，重大的技术创新也会孕育出全新的产业，并使传统产业进化分化进而引发产业革命，从而涌现一个新兴产业群。从技术革命到产业革命的时间可能相当长，但从发展趋势看，这种周期有缩短的趋势，技术的自然进化有加速发展的趋势。

18 世纪以来，人类历史上发生的几次重大技术革命都直接推动着产业革命，促进了新产业的形成和发展。第一次技术革命，出现了纺织机和蒸汽机，纺织技术的突破促进了纺织产业和纺织机械制造业的诞生；蒸汽机制造技术的突破，出现了一系列以蒸汽技术为主导的技术群和产业部门；第二次技术革命核心内容是电的发明，随着电气技术的广泛应用出现了一大批新兴产业部门，如电化工、电机、家电、冶金、石油加工、内燃机和汽车等；第三次技术革命是以计算机技术为代表，它所提供的技术手段推动着计算机产业、光纤通信、新材料、生物工程、宇航等产业的发展；第四次技术革命是以信息技术和智能技术为核心、一系列高新技术群为主要内容的综合性技术变革，推动着高新技术产业的发展，标志着信息时代的到来，知识经济的开始。每一次产业革命都为下一次技术革命提供了新的能量和物质基础，使技术系统在更高的平台上实现新一轮循环。上述过程如图 3.18 所示。

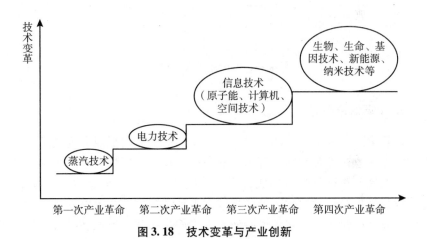

图 3.18　技术变革与产业创新

从技术创新的具体过程来看，技术创新是企业将各种生产要素进行新组合的行为，其核心是将技术发明应用于生产实践。一项新的技术发明，经过企业家的产业化创新，将其转化为市场需要的产品，并随着这项技术的转移、转让、推广和广泛采用，向产业链上下游延伸，逐渐形成企业群，从而成为一个新兴产业。随着技术的创新和产业化，企业在创造性满足消费者需求的过程中获得了丰厚的创新利润，这种利润会成为一种信号，诱使更多的企业从事创新活动。随着更多企业的创新和模仿，新技术得以推广与扩散，逐渐形成企业群。与此同时，当主导产品创新形成后，必然要求上下游企业为其做配套生产和销售活动，从而在产业链上进行了上下游的延伸，一个新兴产业就这样形成并逐步获得了发展。因此可以说新兴产业的形成与发展过程是新技术、新产品的产业化、规模化、普及化的过程，如图 3.19 所示。

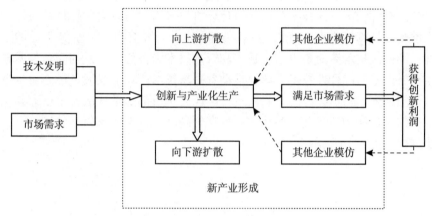

图 3.19　新产业形成过程模型

2. 市场需求引导

市场需求是社会生产的前提和目的，任何产业的形成和发展都需要以市场需求为立足点和归宿。高新技术产业必须适应市场需求的变动趋势而产生和发展，否则就难以形成；或者形成了也不具有生命力。一般而言，随着经济发展阶段的演化，社会需求水平和结构也随之不断发生变动。在一定的发展阶段上，特定的潜在新需求将逐步萌芽、形成和扩大，这种潜在新需求的逐步成长，客观上要求新产业来为之生产新的产品，以满足其需求，从而形成了对新供给力量的强大拉力。在需求拉力的作用下，生产新产品或提供新服务的企业将逐渐出现并发展起来，在一定条件下，这些新企业的群体就可能发展成为新兴产业，成为一种新的供给力量（陈刚，2004）。在这里，新的需求力量的拉动，不能离开以技术创新为基础的产品创新，就如同以技术创新推动的新兴产业也不能够离开市场需求力量一样，这两者是一种互动、联动的力量，只有彼此相互作用，才能够形成新兴产业，如图 3.19 所示。

美国麻省理工学院的马奎斯（D. Marquis）等人抽样调查了 567 项不同的案例，认为只有 1/5 的技术创新是以技术本身的发展为来源的，3/4 的技术创新是以市场需求或生产需求为出发点的（刘友金，2001）。由此看来，市场需求是技术创新的主要诱因，满足需求获取利润是技术创新的动力，也是高新技术产业形成的根本原因之一。

3. 产业分工深化衍生促进

随着社会经济系统的发展和演变，社会化生产一方面进一步走向专业化，另一方面要求更进一步地提高协作化程度。专业化协作化程度的提高要求分工更加细化、深化。分工的细化产生三种作用力：一是分工细化使中间产品层次增多，生产的迂回程度增加，为产业创新提供了可能。当需求规模达到一定程度，生产厂商达到一定数目，则原来的产业可能分化为若干产业；二是分工细化促进了专业技术与知识的积累，中间产品层次数目的增多也增加了知识与技术的积累，这种作用力通过系统传递到技术圈，促进了技术创新；三是分工细化诱导了服务业的增长、企业组织形式和资本市场的创新。产业间的部门分工和产业内的环节分工不断深化，这样新兴产业就在产业体系运动过程中不断衍生出来。

高新技术产业的衍生主要有两种形式，其一是原有产业的深化，其二是技术创新所引致的新产业产生。原有产业的深化，即原来属于一个大产业门类，但随着市场的变迁、需求的转化、产业技术的升级，原有的产业会进一步细化分工，特别是高技术创新引起原有产业分化出一些新兴产业；而第二种情况与技术创新主导的新兴产业形成一致，是由于技术创新并逐步实现产业化、规模化以及技术的扩散和传播，使得一个新的产业产生，如图 3.20 所示。

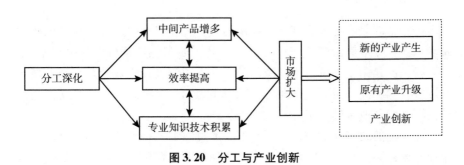

图 3.20　分工与产业创新

3.3.3　高新技术产业群落形成模式

我国高新技术企业大部分集中于各地区的高新技术开发区内，这既是在区域优势的基础上进行政策和战略选择的结果，也是国际性产业结构调整和国际分工的市场运作结果。从我国高新技术产业的形成模式来看，高新技术产业最初形成的路径大致有以下三种：一是本地自发形成；二是政府培育形成；三是外资带动形成。

1. 本地自发型

自发形成的高新技术产业，是在市场需求变化、技术进步和企业竞争过程中，通过市场的作用，有关企业与机构自发地建立高新技术企业，进而聚集成群发展成为产业。如中关村就是依托高校与市场作用而自发形成的，是科研院所兴办的科技型企业和民营科技企业的聚集地。由于该类产业是基于强劲的市场需求而建立，因此产业的生存能力、抗外界干扰能力、应变能力比较强，具有自我发展、自主创新的能力。

2. 政府培育型

这一类型产业主要由政策驱动形成，在一些知识密集的地区，国家利用教育与科研机构和企业建立联系，构建一些高新技术产业园区，从而使该地区的高新技术产业在规划中发展，天津高新技术开发区就属于此类。这类产业属于政府关注范围内的，可能对国民经济整体或者对国际竞争有重大影响，在政府的倾斜性政策扶持下获取必需的生产要素条件，促使这类高新技术产业逐步成长壮大，形成一个相对独立的产业领域。

3. 外资带动型

一种情况是当地高新技术产业由为外资企业提供生产外包服务的企业带动形成，一般为沿海外向型出口加工区，如东莞计算机设备生产基地；另一种情况是由于外资植入、跨国公司在我国的投资企业及配套企业所带动形成，如天津开发区电子通讯产业、昆山 IT 产业，它们的发展都与海外投资者的产业带动分不开。

在一定的政策环境和市场环境下，通过以上三种方式，国内高新技术企业开始逐渐出现。在市场竞争机制的作用下，在一定区域内会形成一些核心企业。这些核心企业的出现，一方面能够衍生出生产相同或相近产品的企业，或因模仿学习效应引发新企业的产生，从而形成集群效应；另一方面，由于核心企业对上下游配套商的需求较大，能够引发产业关联效应，使配套企业向该地集聚或引发新的上下游企业的建立。这种产业集群效应和产业关联效应，最终促进了我国高新技术产业的形成和发展。我国高新技术产业发展的过程可以归结为图 3.21。

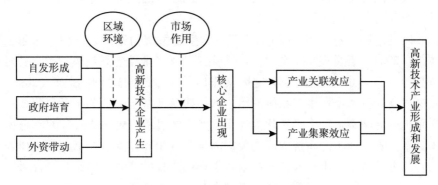

图 3.21　我国高新技术产业形成路径

§3.4　高新技术产业生态系统构成与成长特性

3.4.1　高新技术产业成长的生态学特征研究

我国有众多不同级别的高新技术产业园区，有的发展较快而有的发展缓慢，其中的原因是什么？这需要从高新技术产业生长的环境条件开始入手分析。通过对典型区域高新技术产业生长系统的调查及分析，发现产业成长具有生物成长的一般特性，由此本节依据生物成长原理，通过建立产业生态系统模型描绘刻画高新技术产业成长所需具备的生态系统环境。

经查阅相关文献，发现国内外有多位学者从事过类似研究。1999 年，美国加州大学的大卫·范高德（David Finegold）教授在他的论文《Creating Self-sustaining High – Skill Ecosystems》（创造可持续的高技能生态系统）中，以加利福尼亚地区生物制药公司和计算机硬件与软件公司集群发展为案例，提出了高技术生态系统（High-skill Ecosystems，简称 HSE）框架，并指出知识创造和扩散过程是高新技术企业簇集的核心。范高德（Finegold）提出，要形成可持续发展的高技术生态系统，必须具备的四个关键要素是：催化剂、营养供应机制、支持性环境以及企业相互依存的网络。从生命科学的角度理解，催化剂是激起生命反应的事件或外部刺激；营养物质可保持生命的持续成长；良好的支持环境是指一系列有利于年轻生命成熟的环境条件；高水平的相互作用网络使之成为一个系统而非仅仅是一组各自分离的个体。

以范高德（Finegold）提出的高技术生态系统为基础，国内学者赵玉林等（2003）在此基础上勾画了一个高新技术产业生态系统模型图，并对范高德（Finegold）的四个关键因素作出进一步的阐述；宋敏等（2003）在探讨高新技术产业生态系统的组成和结构特征基础上，分析了科研成果在系统中从孕育、产生到转化为现实生产力的过程；史瑶瑶（2007）分析了高新技术产业生态系统内部的关键因素及其相互作用。在借鉴前人研究的基础上，本书将生物成长与高新技术产业成长的环境、要素、条件进行比照，按照生物成长原理构建高新技术产业生态系统模型，以此来描述高新技术产业生长必须具备的条件。

3.4.2 高新技术产业生态系统构成要素

按照生物生长原理，生物成长的基本要素必须由物种及支持物种生长的土壤、阳光、空气、水、养料以及必要的生长和繁殖空间，这些是生物体生长的环境要素。对比生物成长过程，高新技术产业生态系统主要由以下要素构成：

（1）高新技术产业的细胞——高新技术企业。由不同企业组成的物种群落在高新技术产业生态系统中是最复杂的生命主体。企业群落的主体是高新技术企业，它是高新技术产业生态系统的核心。企业通过对高新技术成果的消化、吸收和转化，实现能量流、信息流、资金流、技术流的传递及扩散，从而推动了企业种群规模的扩大。

（2）高新技术产业成长的育苗箱——孵化器。社会生态系统和自然生态系统有类似之处，又不能完全类比。企业孵化器的角色就是自然界生态系统中所没有的，因为自然界里的孵化都是物种为了繁衍自己的后代而进行的活动。企业孵化器的作用是发现和培育那些幼小的有潜力的物种，使它们度过高死亡率的幼年期。企业孵化器就像是一个育苗箱，又类似生物界中袋鼠的保育袋。孵化器与科研机构、风险投资公司以及政府部门有着密切联系，通过帮助新创企业吸收科技成果和风险投资，培育企业家人才，在生态系统内为其营造一个营养丰富、环境优越的生长环境，等企业具有一定的生存能力后再将其移植出去。

（3）高新技术产业成长的营养剂——人才、资金、知识、技术。只有具备了充足的营养供应，才能为生命体提供持续成长的动力。由于创新是高新技术企业生存的基础，而创新所需要的资金、人才、技术、知识就成了企业成长的养料，缺少了这些基本的要素投入，高新技术企业将无法生存。

（4）高新技术产业成长的营养源——高校、科研院所、金融及风险投资机构。营养源是高新技术产业生态系统中营养剂的提供者，主要包括高校、科研院所、金融和风险投资机构，它们为企业种群提供了必要的科技成果、资金和人才。人力资源的供给者——大学及科研院所，不仅为高新技术生态区的形成提供了最初的强力催化剂，而且以其源源不断的人才供应成为其可持续发展的人才资源库。高校和科研院所是高新技术活动的起点，放眼国内外，高新技术生态系统几乎无一不是以高校和科研院所为依托的。例如硅谷的兴起就离不开斯坦福大学的推动，这种现象并不是偶然现象，从硅谷到波士顿 128 公路区、日本筑波科学城、法国索菲亚科技园、新加坡科学园、中国中关村科技园等，无一例外都将其产业园区选择在了距离大学、科研机构比较近的区域，以便充分利用其提供的人才和科技成果，而这些都是高新技术产业成长的关键要素。金融资本的供给源是金融机构和风险投资公司，它们为那些高风险、又具有潜在高回报的创新型企业提供持续发展、关乎生命的营养源——金融资本。同时，风险投资者提供给高新技术企业的不只是资金支持，他们还提供管理、金融、市场、法律和技术等方面的咨询和服务。由于这些咨询服务建立在多年的行业经验基础之上，并且是那些新创办的企业所缺乏的知识，因此可为企业提供一些至关重要的帮助。

（5）高新技术产业成长的助长剂——中介机构等服务性组织。在高新技术产业生态系统群落中有一些物种它们并不直接从事高新技术的吸收转换活动，它们的作用只是促进吸收和转换，通过给众多企业提供咨询和服务，加快企业的成长，起着助长剂的作用，这就是中介机构。这里所说的中介机构包括律师事务所、会计师事务所、信息咨询服务公司、商务代理公司等组织，它们通过提供专业性服务，弥补企业在某些方面知识的不足，降低企业风险，加快企业科技成果转化的速度和效率，促使企业成长。

（6）高新技术产业生长的土壤——制度、人文环境。正像幼小的生命需要支持性的环境以避免有毒化学物质和恶劣气候的摧残一样，众多新型的高新技术企业只有处于一个适宜的环境中才能形成簇集并茁壮成长。在一个日益全球化的市场中，成功的高技术企业集聚成长的一个基本条件是良好的基础环境。这里的基础不仅仅是传统意义上的交通及通讯设施等，更重要的是要具有利于高新技术产业成长的制度及人文环境，推崇创业、鼓励创新、风险共享的文化法律环境。只有创造出一种宽松的制度、文化环境，才有利于高新技术企业的衍生和成长。

（7）高新技术产业成长的催化剂——政府政策。催化剂指能够促使活体反应的某些事件和外部激励因素。在高新技术产业成长的过程中，政府的鼓励引导政策无疑具有催化剂的作用，加快了高新技术产业的成长速度。

（8）高新技术产业成长的生物链——企业群体网络。很多地区拥有以上所述的各种要素，如有实力的大学、好的基础设施、充足的人力资源和金融资本、有利的政策支持等，但高新技术产业成长仍旧缓慢，分析其原因，是由于缺少企业间高度合作、利于学习和知识交换的合作网络。因为在高新技术产业生态系统中，一个显著的特征是处于这一区域的参与者之间在一定程度上是相互依存的，如同生物系统中生物链一样，任何一个生命体的生存和发展都要依赖于与上下游生命体之间的联系所形成的生物链。

3.4.3 高新技术产业生态系统及生长模型

按照生态系统原理，一个完整的生态系统是由生命系统和生命支持系统构成，二者缺一不可，这些由上述生态系统中的构成要素组成。生命系统包括物种和由多种物种组成的生物群落；生命支持系统包括土壤、阳光、空气、水、养料以及必要的生长和繁殖空间，这些是生物体生长的环境。缺乏这些必要的生存要素、场所和空间，生物就得不到生长所需要的能量和物质，也就难以生存下去。作为高新技术产业的生态系统同样如此，产业内的企业群落（生命系统）及其赖以生存的环境（生命支持系统）构成了高新技术产业的生态系统。

高新技术产业生命系统包含上游企业群落（高等院校、科研院所、高新技术企业的研发部门等），中游企业群落（创业服务中心、从事工程设计开发的企业及部门、孵化器等），下游企业群落（高新技术产品的生产制造厂商及部门、经销商等）和用户（高新技术产品最终的市场）；高新技术产业生命支持系统由资源（技术、人才、资金、信息）、经济文化社会环境（与产业发展相关的政策法规制度、工业化基础、教育状况、相关产业发展状况、文化等）、支持性组织（信息咨询公司、银行、风险投资公司、中介服务性组织等）。

按照生态学原理，在一个生态系统中，生命体产生的每种物质都被另一种生命体的新陈代谢所耗用，物质流的循环是生态系统保持稳定的重要条件，因此在高新技术产业生命系统构建中，价值由上游企业群落通过中游企业群落、下游企业群落流向市场，同时信息也反方向流回上游企业群落。产业生命系统与产业生命支持系统之间的资源源源不断的相互流动形成了一个完整的生态系统，模型中需突出各个要素之间的联系与物质交换，由此构建出高新技术产业成长的生态系统模型，如图 3.22 所示。

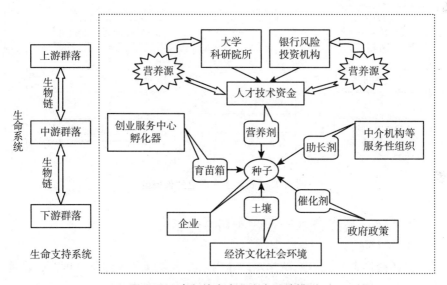

图 3.22　高新技术产业生态系统模型

上述高新技术产业生态系统包括以下几种功能：信息流动功能、价值增值功能、生态逆转功能、企业群落集聚功能、产业扩散功能、资源再生功能等。

➢ 信息流动功能，使生态系统各部分生命能不断获得生存、成长所需的信息资源。

➢ 生态逆转功能，使生态系统能一直沿着有利于产业成长的方向进化。

➢ 价值增值功能，使高新技术产业实现其生存的经济性。

➢ 企业群落的集聚功能，使产业的规模不断扩大，产业生命系统中的群落构成不断趋向复杂化。

➢ 生态系统的扩散功能，包括资源的扩散和种群的扩散，资源扩散促进了高新技术产业与传统产业的融合，种群扩散有助于整个高新技术产业成长。

➢ 资源再生功能，保证了生态系统的自我调控能力。

上述功能需要通过图 3.23 三个作用机制，来保证高新技术产业生命系统不断获取自身发展所需的各种资源，实现生态系统的良性循环，促进高新技术产业的生长。

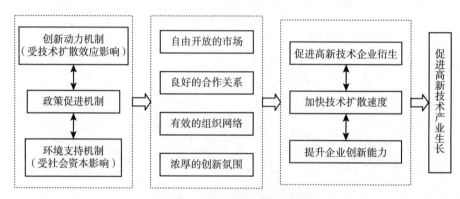

图 3.23　高新技术产业生长模型

3.4.4　高新技术产业成长特性分析

同传统产业相比，高新技术产业内部技术要素的集约化程度高，主要表现为智力密集、技术密集、高风险、高投入和高收益等，这在某种程度上决定了高新技术产业成长的内在规律。高新技术产业的成长是以创新为基础、以扩散为条件、以集群发展为特征、以中小企业为支撑、以政策作保障，由此构成了高新技术产业的成长特征。

1. 技术创新是高新技术产业生存的基础

高新技术产业的成长归因于它的基本单位——高新技术企业的产生及发展。如果把高新技术企业比作一个个细胞，那么高新技术产业就应该是一个组织。没有细胞的健康成长和发展繁殖，组织就难以保持其生存的活力和动力，而这些都依赖于创新活动的存在。

产业发展的表现一是产业规模的扩大，企业数量增加，在国民经济中的比重增大；二是产业创新能力提高。产业发展不仅表现在规模上不断扩张，层次上不断上升，更重要的是会不断涌现出新的产业，使产业从质的方面扩张。因此，研究高新技术产业的发展问题，首先应该从技术创新和技术进步入手。技术创新与产业发展的关系如图 3.24 所示。

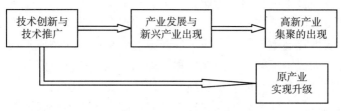

图 3.24　技术创新与产业发展

纵观产业发展的历史，不难看出，每一个新产业都是在技术革命和技术扩张的基础上形成的（见本章 3.2 节分析），可以说技术创新孕育了新产业的萌芽。在科学技术发展日新月异的今天，技术创新对高新技术产业的意义更为重要，因为：

（1）技术创新是高新技术企业生存和发展的必然选择。美国福特公司前总裁亨利·福特说过："不创新，就灭亡"。技术创新是企业在激烈的市场竞争中求生存、求发展的必然选择，对科技型企业来说更是如此。任何一种产品都有其生命周期，都要经历孕育、形成、成长、成熟和衰退与死亡的过程，最终被另一种新产品所代替，高新技术产品也不例外。在高科技时代，激烈的市场竞争，迫使企业必须不断进行技术创新，才能在激烈的市场竞争中保持优势并取得胜利，技术创新是企业立命生存之本。当生产某种产品的企业经过技术创新，其产品在市场上具有了垄断性，其高额的利润将吸引其他企业模仿；此时市场的竞争程度会加剧，整个产业的生产能力将会呈现过剩的局面，企业利润开始下降。在这种情况下，企业只有通过持续的技术创新才能维持生存和发展。由此可见，技术创新关系着企业的生死存亡。如图 3.25 所示。

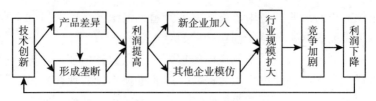

图 3.25　企业持续创新过程

（2）技术创新是提高产业竞争力的关键因素。技术创新是技术进步的重要途径，而技术进步则是产业竞争优势的重要来源之一，是产业竞争力的关键和核心因素。技术创新的作用主要体现在以下几个方面：①技术创新可以有效地提高生产效率，减少生产中的劳动消耗和物质消耗，使产品成本下降，而成本下降是企业保持和取得竞争优势的重要因素；②技术创新能够有效地提高产品的质量和性能，使产品在竞争中具有质量优势，不断开拓市场空间，并为开创品牌优势提供基础；③技术创新是新产品开发的重要基础，通过新产品开发可以改善产品市场供应结构，保持和扩大产品市场占有率；④技术创新对企业管理和组织创新有促进作用。美国是当今世界高新技术产业最发达的国家之一，特别是信息、软件、航空航天、新材料、医药、环保等高新技术产业在全球位居前列，具有很强的国际竞争力，美国的高新技术产业的发展是以科学技术发展为基础的。正因为美国高度重视技术创新，始终保持很强的研究与开发能力，使美国在高新技术多数领域的研究与开发一直处在世界的最前沿，为其高新技术产业的发展提供了强有力的技术支撑，使美国的高新技术产业在国际市场的激烈竞争中一直处于有利的地位。

（3）技术创新能提高经济效益。首先，技术创新能够克服产品的市场疲软。产品疲软包括竞争性疲软和结构性疲软。竞争性疲软即产品并非处于衰退期，只是因为在技术水平、产品质量乃至售后服务上不能满足用户需求而造成产品销售困难；结构性疲软即产品由于结构不合理而造成产品没有市场。无论哪种疲软都是由于没有按照市场的需求进行产品创新的结果。技术创新有助于企业克服此类问题，使企业产品更加适应市场对产品质量和性能的要求，满足用户对售后服务的要求，提高企业产品的市场竞争能力和市场占有率，以达到提高经济效益的目的。其次，技术创新可以改善产品的性能，提高劳动生产率和资源利用率，其结果会降低生产成本，提高企业利润，使企业经济效益提高。

综上所述，创新对高新技术产业发展的作用表现在以下几个方面：一是使企业效率和效益提高。创新开发了产品，改造了工艺、开拓了市场，节省了资源，节约了成本，这些都给企业带来效率和效益的提高。二是促进企业规模的扩大。企业创新实现了企业效率和效益的提高，提高了企业的竞争能力，促使企业快速成长，高速扩张，规模不断扩大。三是促使企业数量的增多。现代科学技术的发展，使社会分工越来越细，专业化程度加深。企业创新促进了企业快速发展，也使得企业内部的一些分支机构独立成为新的企业。企业的技术创新对全社会的技术创新也起着带动效应的作用，一些创新者利用自主创新或合作创新的技术成果，设立一些新的企业，使企业的数量不断增多，从而实现企业群聚，进而推动高新技术产业的形成。由此看出技术创新是高新技术产业形成发展的基础。

2. 技术扩散是高新技术产业成长的条件

产业形成不仅要依靠技术创新，还要依靠技术扩散。因为产业需要同属性的活动，如果这种活动规模过小必然会被其他产业所覆盖，不能独立，为其服务的专业市场和产业政策也难以形成，所以产业的形成必须具备一定的规模。而产业规模必然是在技术充分扩散，有较多相同属性活动的前提下完成的。结合熊彼特的技术创新浪潮学说，可以认为技术创新呈现波浪前进的过程是创新—扩散—创新的过程，在创新—扩散过程中形成了产业。借鉴张耀辉在《产业创新的理论探索》一书中的描述，这一过程可表述如图3.26所示。

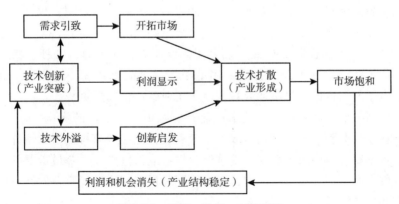

图3.26　创新—扩散—创新周期

产业的形成是从某些重要的创新活动出现开始的，因为这些活动适应了需求的潜在变化，创新可以将这些潜在需求释放出来，让消费者感觉到新的产品或服务对他的重要性，从而带动越来越多的消费者接受这一产品，在这一过程中率先创新企业获得了垄断利润。每个创新企业都希望能够完全控制垄断利润，但事实上这是不可能的，因为企业无法完全控制技术创新的外部性，垄断利润总会随着创新扩散而消失，企业必须不断创新，才能保持垄断利润。在成功实现了技术创新获得产业突破后，可能仍然没有脱离原来的产业，只有在出现大规模的技术扩散，产业才能完全独立出来，产业进入稳定期。在创新者获得利润的同时，吸引了跟随者进入市场，创新者也可以将技术出售转让，在扩散之中形成产业。

3. 集聚发展是高新技术产业的生态特征

截止到 2012 年，我国已有国家级高新技术开发区 105 个。纵观这数百个高新技术开发区，不论是自发形成，还是由政府规划建立，其发展成功者具有一个共同的特征：通过形成产业集群来获得区域创新优势，进而推动了高新区的发展。

美国的硅谷是世界上最成功的高新技术产业开发区，也是知识经济的发源地。硅谷坐落在加利福尼亚州内，靠近著名的斯坦福大学，从旧金山出发往南相距 50 英里。硅谷并不是因为硅比别的地方多而得此名称，而是因为其半导体工业群集而闻名天下。101 公路就像穿越硅谷的一条动脉，沿线聚集了高达 8 000 多家电子科技公司和软件公司。

英国的苏格兰科技区位于苏格兰中部，也是闻名世界的高技术区，该地区集聚了大量电子生产企业和相关的科研开发和销售公司，现已成为英国乃至欧洲的电子工业生产基地。其集成电路产品占英国的 79%、占欧洲的 21%，该地区拥有 250 家电子公司，就业人数 4.5 万，并拥有大量咨询、广告、销售服务公司；工业用电子产品、信息系统、国防和空间产品、电子元器件的生产就业人数占电子工业就业量的近 80%。

印度的班加罗尔是高新技术产业开发区中又一成功的案例。近年来，印度在软件业和服务业的出口取得飞速发展，许多国家将其视为榜样。班加罗尔主要是集中研究和生产计算机软件，成为世界上一个最重要的计算机软件生产、加工和出口基地，很多跨国公司都到这里投资，发展自己的研究和生产业务。

中国台北的新竹科技工业区也是成功的一例。1980 年台湾当局在距台北 50 英里的地方划出一大块地来发展高新技术产业。经过短短 20 年的开发，它已发展成为全世界最大的半导体硬件加工基地，和美国、日本这些半导体生产的领先者分享市场，其中，跻身于世界 PC 机市场之林的宏基公司就诞生于此。

其他的高技术开发区，诸如法国的昂蒂布，主要是从事电脑及其相关产品的研究与生产；芬兰的赫尔辛基，主要是从事通讯产品和电子产品的研究与生产；以色列的特拉维夫，主要是从事电子技术、通讯技术、计算机软件的研究和生产。可见，这些成功的高技术开发区具有明显的产业空间集聚特征。

在当前国内许多高新技术产业园区看到的也是高技术企业集聚发展的现象，如基因群落、软件园、通信城等，都是高新技术企业集群的很好例证。

较传统产业而言，高新技术产业具有更明显的集群特征，这主要是由高新技术产业的知识密集、信息密集等特征决定的。建立在最新科技成果基础之上的高新技术企业，要生存和发展，需要有把握市场信息、持续研发和知识创造的能力，而大多数高新技术企业规模较小，无法在孤立状态下准确地把握市场信息，也没有力量独立培养高素质的知识员工和进行大范围的基础研发，这一矛盾促使高新技术企业集群的产生。因为集群内企业地理上的彼邻，一方面使得集群内企业信息收集的成本节约，集群内企业之间形成的协同效应和叠加效应，使得集群具有敏锐的获取信息和对庞大信息加工及解释的能力，企业间的正式或非正式的关系网络又使得信息在集群内高效、低成本的传递；另一方面，集群具有很强的知识溢出效应，同单个处于孤立状态的企业相比，集群内的高新技术企业很容易找到自身发展所需的高素质熟练员工；集群内企业的分工与合作也大大提高了研发的效率和成功率；集群内企业间的模仿学习加速了技术创新成果在高新技术企业中的应用。一项新的技术创新成果一旦在集群内某一企业中首次使用，这一成果会很快"传染"给集群中的其他企业，从而促使整个集群整体技术水平的提高。如图 3.27 所示。

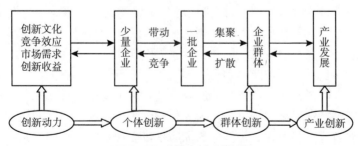

图 3.27　集聚与产业发展

通过对发展成功的高新区集聚特点的分析，发现高新技术产业集群形成和发展的条件归纳起来主要有三条：资源集聚、专业化分工与合作、知识（技术）的共享。其集群形成过程大体可描述为：在一个特定的地理空间内，由于存在创新资源（如大学、科研机构等）或其他偶然性因素使企业形成"集聚"；集群中的企业在长期的交易合作中产生信任；而信任和联系的存在促进了交易费用的降低和新企业的不断诞生，也进一步促进了专业化分工；同时由于集群中更易产生知识（技术）的外溢，一方面促进了知识（技术）的共享，另一方面在市场的作用下又促进了新企业的诞生。由于不断有新企业诞生（孵化），集群规模越来越大。上述过程说明，从系统论观点看，集群是在地理空间的基础上借助于社会空间而发挥经济空间特性的一个动态过程，是三个空间（经济空间、社会空间和地理空间）的统一，由此得出高新技术产业集群形成模型（如图 3.28 所示）。

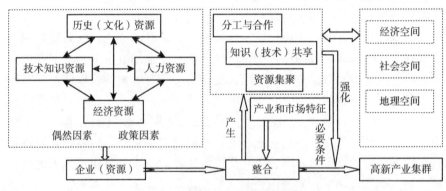

图 3.28　高新技术产业集群形成模型

资料来源：根据蔡宁、吴结兵：《产业集群与区域经济发展》（2007）第 60 页图改造而得。

图 3.28 同时说明了产业集群的竞争优势主要是由经济优势、社会文化优势和地理优势所组成。"经济优势"主要体现在"报酬递增"和"集聚经济"上；"社会文化优势"则主要体现在"创新"上；"地理优势"主要体现在新企业的诞生（孵化）上。"经济优势"是核心，"地理优势"是基础，"社会文化优势"起促进作用。

总之，高新技术产业集群的形成是企业为了追求一种或几种竞争优势自发聚集到特定区域的结果。作为一种融合了市场组织与企业组织两者优势的新型产业组织形式，集群化的优势具体表现在以下几个方面：

（1）学习和创新优势。集聚可增强企业的技术创新与吸纳能力，企业间紧密的联系加速了信息交流，群内企业几乎可以同步吸纳消化各种创新成果，通过学习和模仿实现自身的更新和升级。同时由于集群内垂直联系的企业、水平竞争的企业、中介机构、教育与研究部门、有经验的顾客在地理上的集中，加快了科研成果的研发与推广。

（2）成本优势。一是环境成本低。集群内企业在地理空间上相对集中，可以充分利用基础设施等公共产品的规模经济优势，减少分散布局所需的额外投资，实现在相同供给水平下公共基础设施和服务平均使用成本的降低。二是信息成本低。集群区域内企业相对集中，一般都与健全的市场联结在一起，便于企业根据市场的变化捕捉最新的市场技术信息，借助网络状的人际关系将信息高效传播，节约了搜寻信息的时间和费用。三是配套成本低。产业集群中众多企业在专业化分工的基础上协作发展，由于市场竞争激烈，对分工更细、专业化更强的产品和服务的潜在需求相应增加，集群内部各个不同形式的专业化企业仅是整个产业链中的一个环节，这些企业共处一个区域，有利于降低企业之间配套产品的采购、运输和库存费用，从而提高产业集群整体生产效率。四是交易成本低。产业集群内企业在空间上相对集中，大大降低了每次交易的费用；同时共同的产业文化和价值观有利于建立以合作与信任为基础的社会网络，使企业间交易顺畅，有效地降低了交易成本。

（3）市场优势。产业集群的市场优势是吸引企业在特定区域集聚的另一个重要因素。首先，成熟的产业集群基本上都是生产性企业与流通性企业共同构成的共生性企业集群，它们之间是互相促进的关系。专业市场的形成发展促进了产业群的发展，产业集群的发展为专业市场的形成提供了条件。其次，企业集中在一起，可以克服单个企业无力承担巨额广告费用的弊端，集中广告宣传的力度，利用群体效应形成"区位品牌"。最后，单个企业可以借助集群的产业规模直接参与国际竞争，由于产业集中化程度高，集群内的企业往往在价格、质量和交货期上有很大的竞争优势，为企业走向国际化经营开辟道路。

（4）外部经济优势。产业集群作为一个特殊的空间集聚体，追求集聚的外部经济效应是其成长的重要动力之一。集群内企业呈现相对集中的地理空间布局，多个同行业企业共享当地的辅助性生产，共同的基础设施和服务、劳动力供给和培训所带来的成本节约，从而形成外部规模经济效应；集群在精细的专业化分工的基础上协调运作，成员企业通常包括上游的零部件、机械和服务等专门投入的供应商和下游的客商，以及各侧面延伸到互补产品的制造商、从事各类技能和技术培训的公司。这样越来越完善精细的组织结构使集群内企业的配套成本降低，而改善后的配套环境又吸引着更多的企业进入集群，如此形成良性循环，从而实现集群外部的范围经济效应。

产业集群还可以减少资源获取和资源转换的障碍，在集中管理和升级各种资源时获得更大的发挥空间，使高度集聚的资源和生产要素处于随时可以利用的状态。集群中的企业相互交易、相互合作、相互竞争和相互信任，形成共生的关系网络，集群可凭借这样的关系通道进行各种资源的交流与分配，使经济要素和资源的配置效率得以提高，达到效益的极大化。产业集群正是这样有效地实现了资源的整合，如图 3.29 所示。

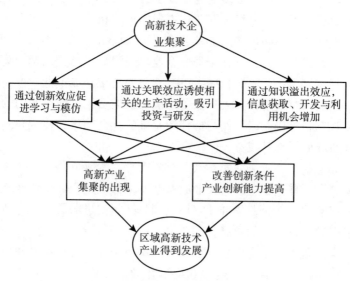

图 3.29　企业集聚效应

4. 中小企业是高新技术产业的重要支撑

高新技术产业形成发展过程中，科技型中小企业发挥了重要作用。正是众多科技型中小企业的集聚形成了外部规模经济效应，推动着高新技术产业的快速发展。从许多国家的企业构成看，中小企业的数量一般占企业总数的90%以上，如美国为98.4%，联邦德国为99%，法国为95%。从总产值构成看，中小企业产值占各国总产值比重不低于40%。如美国为48%，联邦德国为47%，法国为40%，日本为53.2%。从企业就业人数看，中小企业占职工总数的比重一般在50%以上。为数众多的科技型中小企业，构成了高新技术产业发展的主体。

硅谷是当今世界最负盛名的高新技术产业集聚区。硅谷大部分企业为中小企业，85%的公司雇员总数不足100人，雇员总数在1 000人以上的公司有92家，只占10%左右。我国的高新技术产业集聚区也与硅谷类似。从我国高新技术产业比较集中的国家级高新区统计数据来看，按营业总收入规模分类，2007年高新区共有企业48 472家，其中产业规模大于1亿元的大企业数量有5 051家，只占企业总数的10.4%，而收入小于500万元的小型企业为25 189家，占51.96%，大企业在高新技术企业的数量中只占很小的比例，绝大部分为中小企业。

高科技企业发展的客观规律表明，具有龙头作用的大型企业往往也是从科技型中小企业发展而来的。科技型中小企业通过自筹资金、自主经营、自我组合、自负盈亏、自我发展的方式从小到大，滚动发展。高科技领域由于技术的发展日新月异，企业在发展过程中面临激烈的技术竞争和市场竞争，只有那些应对能力强的企业才能发展成为大企业，成为高科技领域的龙头。目前美国已经成功的一些大公司，如微软、英特尔、IBM都是从小企业开始不断发展壮大起来的。从美国高科技产业发展情况来看，大约10%的科技型中小企业通过自身发展逐渐成为比较有实力的企业。类似的例子在国内也有很多，像联想、四通、北大方正等，都经历了从小到大的发展历程。高科技产业的发展，仅有几个大企业是不够的，还需要有一大批具有活力的科技型中小企业在竞争中成长，在竞争中壮大。只有形成了企业群体，才能成为真正的产业。

中小企业在高新技术产业发展中发挥了重要作用，这得益于它们的创新体制。科技型中小企业具有机制灵活、贴近市场、创新效率高的优势，使科技型中小企业的创新成本相对来说较低。由于公司规模小，便于技术人员之间的交流，可以共同解决技术上的关键问题；由于组织结构新型灵活，有利于技术创新。正因为如此，中小型企业在世界高新技术产业发展中发挥了不可替代的作用，如美国55%的创新成果是由科技型中小企业来完成的。科技型中小企业还在技术扩散中扮演着重要角色，成为高新技术成果转化和扩散的重要力量。

5. 政府政策是高新技术产业发展的重要保障

高新技术产业的发展过程，在产权、融资等方面具有许多与传统产业不同的内在规律。在高新技术产业发展的初期，服务于传统产业的市场机制，在短期内还不能提供高新技术产业发展所需的生产关系，如果仅仅依靠市场机制的自然演化，高新技术产业的发展速度势必相当缓慢。另外，国家、地区间高新技术产业发展水平极不平衡，全球化的国际竞争势必会使高新技术产业发展较为成熟的国家和地区压制水平较低国家和地区的发展。因此在高新技术产业发展的初期，政府扶持是完全必要的。

从国外发展的成功经验看，各国在高新技术产业发展的初期，政府都起到了重大作用。如美国在高新技术产业发展初期成立的中小企业管理局（Small Business Administration），通过为中小企业投资公司（Small Business Investment Company）提供 1:4 配套低息贷款的形式，解决新成立的中小高科技风险企业的融资难问题；通过政府采购的方式，支持科技企业的发展。

在国内，从北京、上海和深圳等高新技术产业发展水平较高的地区看，在发展的起步阶段，地方政府都扮演了重要角色。如为解决起步阶段民间风险资本的不足，三地政府部门都成立了政府背景性质的风险投资公司，直接进行风险项目的投资；为吸引投资和增强处于创业期和成长期的高技术企业的自身积累能力，三地的政府都实行了幅度较大的税收优惠、减免和财政补贴政策。从对北京、上海和深圳地区的调查中可以看到，多数被调查者认为（上海 66%，深圳 60%，北京 35%）当地高新技术产业发展较快的一个关键因素是起步阶段政府的扶持。政府扶持的方式既可以是财政税收政策的倾斜，也可以是资金的直接支持；既可以是制度的规范完善，也可以是基础设施的建设；这些都为营造高新技术产业成长所需的环境提供了帮助。

§3.5　本章小结

本章以高新技术引入为切入点，将高新技术产业的成长路径归纳为高新技术—高新技术产品—高新技术企业—高新技术产业，重点刻画了高新技术企业成长过程模型和高新技术产业生态系统构成。主要研究成果有：

第一，刻画了高新技术企业成长的过程模型。将高新技术企业视为高新技术产业的基本构成单元和微观行为主体，分析不同类型、不同行业的高新技术企业新技术产品引入、消化和吸收过程，从而对高新技术企业成

长过程情景进行刻画，以分析高新技术产品生产和高新技术企业成长之间
的因果关系；

第二，分析了高新技术企业技术产品引入和生产过程特征。将高新技术企业新技术产品引入过程划分为六个阶段，这六个阶段视为一个多主体参与、多重环节链接的新技术产品价值增值过程，并重点描述了各个阶段高新技术企业行为方式和行为特征，从而进一步刻画高新技术产品的引入和生产过程是如何一步步促进高新技术企业成长的。

第三，分析了高新技术产业的形成过程及形成模式。认为高新技术产业的形成过程是高新技术的产品化、商品化、产业化过程，其形成过程一般是：高新技术—高新技术产品—高新技术企业—高新技术产业。由于高新技术产业是在高新技术基础上形成的，因此，依据技术创新的动力来源将高新技术产业的形成动力分为技术创新推动形成和市场需求引导形成。在我国，高新技术产业最初形成的路径大致有本地自发形成、政府培育形成、外资带动形成三种，对不同路径的形成特征进行了分析。

第四，认为高新技术产业发展符合生物成长特征，按照生物成长原理描述了产业生存发展的条件：高新技术企业是产业形成的细胞，孵化器是产业成长的保育员，人才、资金等要素供给是产业成长的营养剂，高校、科研院所、金融及风险投资机构是营养源，企业群体网络是产业发展的生物链，制度、人文环境等是产业生长的土壤，政府政策是产业成长的催化剂，由此描述了产业成长应具备的条件，说明了高新技术产业集群形成的机理，并在此基础上构建了高新技术产业成长的生态系统模型。

第五，依据对高新技术产业生长状况的实际观察，得出高新技术产业成长过程具备的特征是：创新是高新技术产业生存的基础，扩散是高新技术产业成长的条件，集群发展是高新技术产业的生态特征，中小企业是高新技术产业的重要支撑，政府政策是高新技术产业发展的重要保障。

根据本章的分析及对河北省区域系统高新技术产业生长状况的调查，可以得出这样的结论：一个区域高新技术产业成长是多种要素与环境相互作用的结果；促使产业生长的各要素间能否相互融合（发挥作用）受区域社会资本影响，是导致区域差异出现的重要原因；产业生长速度主要受产业内和产业间技术扩散效应及政府政策的影响。由此说明，在影响高新技术产业生长的诸多因素中，生长环境、社会资本、技术扩散和政府制度设计是四个重要因素，本书后面章节将重点从这四方面对各要素的作用机理展开论证。

第 4 章

高新技术产业生长的系统环境

本章和下一章将对高新技术产业生长的系统环境进行分析，以回答高新技术产业发展的区域差异是如何形成的，主要解决的问题是：高新技术产业在某一区域快速发展的条件和要素是什么，何种因素会影响产业的发展。针对该问题，主要通过对区域创新系统的剖析来回答。

§4.1 促进产业生长的区域创新系统

高新技术产业是创新的产物，其生存和发展首先需要具备的是创新的氛围。之所以创新型企业在特定区域集聚，就是因为这些区域良好的创新情景的存在。创新情景是指在一定地理区域内，可以促进生产系统、经济行动者结合起来，促进本地化学习的产业文化。创新情景不仅包括行为主体之间的相互依赖关系，更包括创新要素相互作用过程中所体现的质量和效率，而这些都是通过创新系统发挥作用。

4.1.1 创新系统的含义

创新系统是指与知识创新和技术创新有关的机构和组织构成的网络系统，是为技术和技术创新服务的，通常包括知识创新系统、技术创新系统、知识传播系统和知识应用系统等。根据研究层面的不同，又分为国家创新系统、区域创新系统、产业创新系统、企业创新系统。

国家创新系统（NIS）的核心是实现国家对全社会技术创新能力和效率的有效推动、扶持与激励，其主要构成部分是企业、科研机构、高等院校和政府（即官、产、学、研，如图 4.1 所示）。NIS 最初由弗里曼、纳尔逊和伦德瓦尔等在 20 世纪 80 年代后期提出，他们给出的国家创新系统的一般性分析框架，将创新理论的研究推向了一个新的视野。

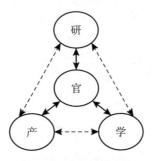

图 4.1　国家创新系统

　　区域创新系统（RIS）是借鉴国家创新系统的理论和方法，将区域经济理论与创新理论相结合，研究特定经济区域的创新问题。RIS 的概念首先由英国卡迪夫大学库克（Cook）教授在 1992 年提出，他试图从区域的角度找到创新的空间动态特征；而真正完成区域创新系统框架的则是瓦特（De Vet）和奥玛依（Ohmae）。一般讲，RIS 由区域内的企业、大学、科研机构、政府、科技中介机构及金融机构等构成（见图 4.2）。RIS 的特征是以区域创新资源为基础，是推动新知识或新技术产生、流动和扩散的组织网络和制度安排。

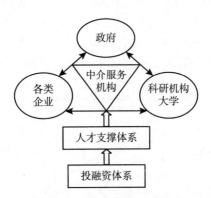

图 4.2　区域创新系统

　　产业创新系统是指以产业链为基础、以企业为主体、以市场为导向所建立的企业内部、企业之间以及企业和政府、社会的联系网络

（见图4.3），其主要功能是推动产业内新技术或新知识的产生、流动、更新和转化，达到增强企业创新能力、实现产业升级和提升竞争力的目的。产业创新系统不仅避免了国家和区域创新系统的行政区域边界与经济区域边界不一致的状况，而且考察了专业化基础上的产业部门在创新过程中的技术转移和供需联系，因此在实践中，产业创新系统作为国家创新系统的子系统发挥着重要作用。

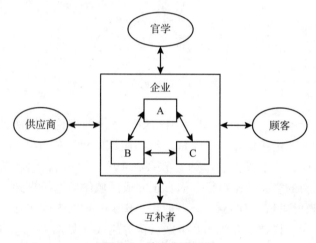

图4.3　产业创新系统

　　企业创新系统是创新系统的核心和基础。企业作为技术商业化的载体，是以技术创新与技术应用为主，同时进行知识的传播扩散，因此企业创新系统是以新产品和新技术的开发并实现产业化为主要内容的开放式系统，主要围绕技术的创新及实现过程来构建（见图4.4）。

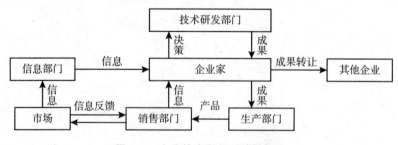

图4.4　企业技术创新系统的构成

上述分析表明，不同层面的创新系统有着不同的功能与特征。一个地区高新技术产业的生存发展是以区域创新系统的建立运行为基础，因此下面着重对区域创新系统进行分析，以说明高新技术产业区域差异形成的原因。

4.1.2　区域创新系统的特征与构成

区域间存在着资源条件、技术条件、经济基础、社会环境、制度环境等方面的差异，区域创新系统建设成为解决区域经济增长的重要途径。

1. 区域创新系统的特征

库克认为区域创新系统主要是由在地理上相互分工与关联的生产企业、研究机构和高等教育机构等构成的区域创新性组织体系；我国学者盖文启认为，区域创新系统是区域网络中各个结点（企业、大学、研究机构、政府、中介组织等）在相互协同作用下创新与结网，并融入区域创新环境中组成的创新系统。尽管学者们关于区域创新系统的概念不尽相同，但都认为 RIS 是在一定地理区域内促使知识快速扩散、学习和实践的经济政治制度联系。区域创新系统具有以下特征：

（1）RIS 是建立在各主体互动基础上的。区域创新系统（RIS）是建立在系统内各主体间积极互动基础之上的。互动包括学习、结网和联盟，互动是创新的源泉。弗里曼认为，结网和交互作用对创新的形成、引进、改进和扩散都有着深远的影响；伦德瓦尔认为，是用户和生产者之间的交互作用促成了创新，创新的实质是一个交互作用的学习过程。RIS 为企业之间的互动提供了一个平台和一套机制，在这个平台和机制下，创新主体的交互作用能够提高区域内企业的创新绩效，促进创新主体之间的合作研究和开发，扩大技术在产业内以及产业之间的转移。

（2）RIS 是不断演化的。RIS 的演化观强调，一个区域要想发展，必须对其各种知识和技术进行必要的变革，相应地，也要不断改善现有制度以适应改变了的知识和技术的发展。由于技术演化具有路径依赖的特点，一个由于历史偶然性导致的技术会沿着一定的"技术轨道"发展，从而有可能锁定到某一发展道路上。而要避免这种锁定的最好方式是，通过制定各种制度鼓励技术的多元结构，并努力促进系统内不同层次的技术主体之间的积极互动学习。

（3）RIS 根植于区域文化及区域社会资本。如果说互动是 RIS 的基础，演化则是 RIS 的本质，而根植性就是 RIS 的土壤和环境。非贸易的相互依赖、基于诚信的网络和共享、规范与诚信的社会资本是 RIS 形成与发展的重要条件。只有在这样条件下形成的 RIS 才有助于企业与部门之间的合作，才能促进技术的溢出，促进知识和技能在企业之间的转移，使各企业能够共享知识，支撑区域经济发展。

2. 区域创新系统的构成

由上述区域创新系统的特征可以看出，区域系统的创新不仅包括区域内各个行为主体作为结点及其所连接的网络创新，还包括区域内各种环境因子的创新。即区域创新系统是区域创新网络与区域创新环境的有效叠加而成的系统，即：

区域创新系统（RIS）= 区域创新网络（RIN）+ 区域创新环境（RIM）+ α

α 指区域内的一些不确定因素。

早在 1991 年，欧洲创新研究小组（简称 GREMI）中的主要成员卡玛吉尼（Camagini）在《创新网络》一书中就曾指出，区域创新网络与区域创新环境是两个有区别的概念，但它们同时影响到新产业区经济的发展。1997 年，GREMI 成员雷米吉奥（Remigio）等在《The Dynamics of Innovative Regions：The GREMI approach》中进一步认为，区域创新网络根植于区域内社会文化背景的过程中，随着网络的创新，将会推动区域创新环境的改善，即区域创新网络与区域创新环境之间是有机的互动促进关系。也有很多学者在研究中将区域创新网络等同于区域创新环境，本书认为这是两个有区别的概念，创新环境注重于创新的基础和背景，而创新网络注重于区域创新的组织结构及联系。

（1）区域创新环境。区域创新环境是高新技术产业发展的必要条件。1994 年一项对美国硅谷和 128 公路两个高技术综合体区域创新环境的研究说明，硅谷之所以能够凭借不断的技术创新而一次次争取主动、长盛不衰，就是因为它具有不同于传统产业组织的灵活开放的区域创新环境；而128 公路却由最初的优势地位渐落到后来的停滞和被动，这归咎于其高技术企业遵循本地传统工业的发展路径，虽然多从小公司创业，但站稳脚跟后即模仿大公司技术，扩大生产规模，以价格战展开竞争，以致大大降低了持续创新能力。

区域创新环境概念最早是由 1985 年在法国成立的欧洲创新研究小组

（GREMI）提出的。他们在对包括第三意大利在内的欧洲 15 个区域和美国硅谷等地研究的基础上，认为区域发展以及大量的企业在地域空间上的集聚，与其所在区域内的社会人文环境密切相关。艾达洛（Aydalot）认为，本地环境（他主要指社会人文环境）作为创新的孵化器（Incubators）对于创新的产业具有决定性作用。而马伊拉特（Maillat）则认为，创新环境的内容不仅仅包括区域内的企业对于生产问题和市场机会的共同理解以及企业家精神、企业的行为模式、企业利用技术方式等，也包括了企业外部的技术、文化、技能、劳动力市场等非物质的社会文化因子。而且创新环境不仅仅是区域行为主体之间相互依赖的性质，更包括他们相互关系过程中所体现的质量和创新速率。因此，区域创新环境应该包括两方面的含义：①促进区域内企业等行为主体不断创新的区域环境（静态的环境）；②为进一步促进区域创新活动的发生和创新绩效的提高，区域环境自身随着客观条件的变化随时进行的自我创新和改善的过程（动态的创新环境）。这样就将区域环境的内容完整的包括进来。盖文启认为，新产业区的发展更依赖于区域内环境的动态变化与创新。

（2）区域创新网络。区域创新网络概念是在区域创新环境基础上发展来的。1988 年管理学家哈利略（Jarillo）发表的《战略网络》一文引起了管理学界对网络问题的广泛重视；1994 年，罗斯威尔（Rov Rothwell）在《产业创新：成功、战略和趋势》中，首次提出了网络创新模式，他认为由各种节点组成的网络必然是当前创新的主流形式。如果说罗斯威尔的网络创新概念是在研究日本创新系统中得到启示的话，那么区域创新网络的概念则是库克（Cook）等人对美国硅谷、加拿大、128 号公路等案例研究中概括出来的。库克（Cook）等人的研究发现，区域环境不仅仅是创新依赖的资源环境，而且是一种社会网络体系。在区域内部，企业、学术界、中介机构和政府部门内部及其相互之间结成了相互错杂而又相对稳定的关系，区域创新网络正是在这样的基础之上发展起来的。

高新技术产业的发展需要创新网络支持。由于技术创新是一个极其复杂的过程，单个企业难以支配创新的全过程，因而企业与外部的联系就显得十分重要。处于在创新过程中的企业不是孤立的，他们处于由客户、供应商、竞争者、大学、科研机构以及其他机构构成的社会网络中。在区域创新系统中，企业是技术创新的主体，也是创新投入、产出以及收益的主体，是创新系统的核心；大学与研究机构、其他企业、政府、中介机构以及金融机构等行动主体构成了技术创新支持系统。企业、学术界、中介机构和政府部门等主体之间结成了相对稳定的交互错杂关系。这种关系既包括正式的合作关系，如联盟、公平竞争、结成纵向价值链等，也包括非正式的各种交流、接触，如各种俱乐部，兴趣小组等，有时更强调非正式网络的作用。而知识则是区域创新网络中流动的主要内容，企业在空间上集聚使知识、特别是意会知识的交流成为可能，并因此成为创新的动力源泉。

高新技术创新中的知识可分为两类：一类是可以编码的知识，主要包括 know-what 和 know-why 等信息方面的知识；另一类是不能编码、只能"干中学"的知识，主要包括 Know-how 和 know-who 等方面的意会知识（诀窍）。由于在知识产品的生产、分配和使用中，学习过程起着特别重要的作用，特别是意会知识只能通过"干中学"获得，因而学习过程对区域创新网络有着高度的依赖。区域创新网络能够增强不同行为主体之间的信任，使这种学习过程更易实现，从而促进技术的创新、扩散和知识的积累，提高了各行为主体伴随竞争环境变化调整自身行为及发现新问题、新方法的能力。

4.1.3　区域创新环境、创新网络与产业成长

如上面所说，区域创新网络与区域创新环境具有不同的含义，但两者都对高新技术产业的发展产生重要作用。区域创新环境、制度及规则促进了创新活动的产生，形成了创新的"空气"；而区域创新网络的培育和发展进一步完善了区域创新环境，提高了创新效率。区域创新网络与区域创新环境相互交融、协同作用，共同推动产业的创新与发展。

综上分析得出：一个地区高新技术产业的发展，是以创新环境为基础、以创新网络为平台，通过网络内成员的互动学习、并有赖于企业的空间集聚而实现的产业升级过程。这一过程是由参与产业活动的多主体共同完成的创新过程，是促使产业结构变化和区域经济发展的过程。在这一过程中，区域创新环境影响创新主体行为，区域创新网络影响创新效率，两者的共同作用决定了区域高新技术产业的发展水平。本章重点分析的是区域创新环境的作用，下一章将重点分析创新网络的作用。图 4.5 描述了区域创新系统下的高新技术产业发展过程。

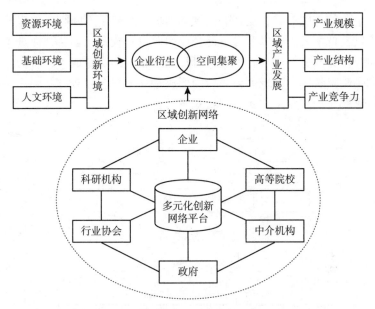

图 4.5　区域创新系统下高新技术产业发展

图 4.5 所要强调的是，区域创新系统框架下的产业发展是一个技术—经济—社会过程，重视区域内参与产业创新活动的各主体之间形成的网络及互动关系，强调知识学习、知识创造、知识应用和知识扩散在高新技术产业发展中的关键作用，阐明它们不能脱离区位条件等特定的区域经济社会背景等空间因素。

由于区域内和区域间各产业的相互依存和相互竞争关系，以及技术和市场的快速变化，会使区域内原有的产业优势和产业结构不断受到区域内外各种变化及不确定性的影响，因此区域产业的创新性发展是一个持续不断的过程，需要不断适应和应对各种环境的变化。

§4.2　区域创新环境与高新技术产业生长关系理论模型

环境是创新所必需的，在环境中是否有大量具有创新精神的企业家、是否有大量新技术、地方企业是否存在密切联系、能否得到高素质劳动力、制度环境是否有利于创新，都是决定高新技术企业衍生、发展的因素。从企业的角度来看，良好的区域创新环境有利于不断吸引外来的企业和投资以及技术人才，可促进本地企业的诞生、成长、创新，促进本地企业之间合作关系更加长久和巩固，可降低区域内的交易成本，有助于培育创新的企业家队伍。区域创新环境的形成是政府与企业双方共同作用的结果，其形成与相互作用方式如图4.6所示。

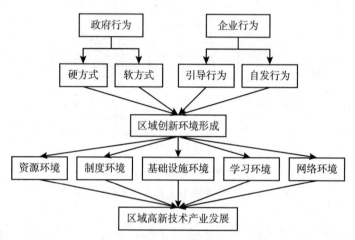

图4.6　区域创新环境的形成与作用方式

根据波特钻石模型（Diamond Model），我们将影响高新技术产业生长的环境因素分为：生产要素、市场需求、相关产业的支持、企业创新能力以及政府因素和国际环境，如表4.1所示。

表4.1　　　　　　　　高新技术产业生长的环境因素

环境因素类别	具体因素
资源环境	人力资源、知识资源、天然资源、资本资源、信息资源等及其可获得性
需求环境	市场上产品或服务的需求结构和需求规模以及这两者的变化趋势
产业内企业及企业之间的联系	企业战略、企业实力、企业组织结构、R&D能力、创新积极性、创新方向、创新深度，企业之间的竞争合作关系
政府作用	政府产业政策，对产业创新与发展的干预方式和程度，产业共性技术、关键技术及前瞻性技术研究
相关产业	上下游产业技术、规模及发展趋势
国际环境	国际同类产业技术、组织、管理发展状况，市场的国际化，国际竞争与合作

4.2.1 区域创新环境要素与产业成长关系分析模型

产业是相对于整个国民经济体系与企业微观主体的一个中观层次的概念。产业是具有同一属性企业和市场行为的集合。从系统的观点看，上述影响高新技术产业发展的因素可以分为三个层次：宏观经济与社会环境的变化构成了产业生长的外部条件与资源约束，是产业发展的宏观系统因素；企业的创新行为构成了产业演进的微观基础与发展动力，是产业发展的微观动力因素；区域内高新技术产业与其他产业间的相互作用与影响构成了产业发展的变速函数，是产业发展的协同因素。高新技术产业发展是经济系统原生态的发展结果，微观动力因素、产业协同因素与宏观系统因素三者的合力促进了高新技术产业的发展。由此高新技术产业发展的环境可从宏观、中观、微观三个维度来观察，如图 4.7 所示。

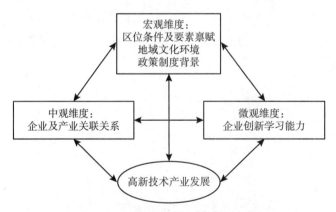

图 4.7 高新技术产业发展的多维度观察

宏观层面：区域的宏观环境与制度影响高新技术产业的产生与成长。区域环境包括规范的制度体系、一定的基础教育背景与人才优势以及技术基础，区域拥有的自然资源、文化传统与基础条件等。

中观（产业）层面：从产业层面来说，只有在市场需求的拉动及技术的推动下不断创新，产业内能够提供各种专业化技术服务、能够不断吸引专业人才和关联企业、能够嵌入全球价值链以及具有高度灵活性信息流的集群，才能使产业快速成长，这些取决于企业及产业之间的关联关系。

微观（企业）层面：从企业层面来讲，高新技术产业的生成及发展主要取决于企业家的创新意识及企业的创新学习能力。如果拥有一个具有强烈创新意识的企业家群体，就会不断有新技术出现及新企业诞生，则产业发展能具有持续的活力；反之，如果压抑创新，阻碍新企业的创立，则会影响产业正常的新陈代谢，不利于其成长。因此企业的学习与持续创新能力是高新技术产业发展的微观层面因素。

4.2.2　区域创新环境要素分解与研究假设

根据影响高新技术产业发展的三方面因素，提出高新技术产业生成与发展动力因素的圈层分布模型（见图4.8），即从企业层面、产业层面到区域宏观层面的因素布阵图。产业生成与发展的动力因素圈层布阵模型不是只针对某一特定产业或某一特定区域的，而是试图囊括尽可能多的产业，试图找出其动力因素作用的一般规律。在该模型中，企业层面因素包括企业家创新意识、企业创新学习能力；产业层面为市场、技术、社会网络三大动力因素；区域宏观层面为资源环境、人文环境、基础设施、政策制度等动力因素。这些因素相辅相成、共同作用，驱动着产业生成及发展。

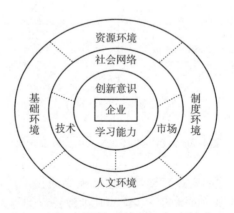

图4.8　产业生成与发展主要动力因素模型

在产业生成与发展的动力因素组合中，各动力因素与产业发展之间的关系究竟如何，这是本模型所要解决的核心问题。因此将模型具体化，提出一系列假说性命题，反映各影响因素与高新技术产业成长之间的相关关系。

● 企业家能力：高新技术企业的生成与发展离不开熊彼特意义上的企业家，高新技术产业的形成总是与一群有创新意识的企业家身影相随，由此得出：

命题 1：企业家创新意识越高，高新技术产业成长越快。

● 企业创新学习能力：高新技术产业的生成与发展取决于知识的积累、技术的创新与扩散，而这些又是由企业的创新学习能力决定的，由此得出：

命题 2：企业创新学习能力越强，高新技术产业成长越快。

● 社会资本：高新技术产业发展受企业融合区域内外要素资源的能力和企业间的相互学习能力的影响，这取决于社会资本的建设，由此得出：

命题 3：社会资本越高，高新技术产业成长越快。

● 政府政策：政府对高新技术产业生成与发展所起的作用取决于在其制定的直接政策和间接政策，这些政策包括金融支持、税收激励、配套措施等。

命题 4：政府的支持力度越大，高新技术产业成长越快。

● 研发强度：技术创新是高新技术产业生成与发展的一个重要诱因，研发支出往往是产业生成与发展不可或缺的动力因素，这里以区域 R&D 支出的绝对数或相对数衡量研发强度。

命题 5：研发支出越多，高新技术产业成长越快。

● 基础设施：区域的基础设施情况直接影响企业生产销售产品和与外界联系的成本，是生产要素所有者在某区域从事投资活动必须考虑的先决因素。

命题 6：基础设施越完善，高新技术产业成长越快。

● 人文环境：由于区域人文环境直接影响企业的人力资源状况、内部协调成本和对外交易成本，因此投资者对投资区域的人文环境非常注重，这是高新技术产业生成和发展的软要素。

命题 7：人文环境越适宜，高新技术产业成长越快。

4.2.3 关键影响因素选取

为了分析上述各因素对高新技术产业发展的影响程度，就要建立模型依据实际数据进行定量评价，首要的一步是选择评价指标及评价方法。

由上面分析可知，一个区域高新技术产业发展受宏观、中观、微观多方面因素的影响，为了寻找高新技术产业发展区域差异形成的主要原因，需要根据实际调查的结果筛选出关键因素。据中国企业家调查系统 2008 年进行的企业技术创新制约因素调查，结果显示创新人才缺乏是第一位的因素，有 59.4% 的企业经营者选择此项；其他依次是：创新资金引进渠道不畅（40.7%）、缺乏鼓励创新的市场环境（36.8%）、难以获得合适的技术（25.4%）、创新风险与收益不对称（24.7%）、创新动力不足（23.2%）、难以选择创新目标（20.1%）、缺乏健全的创新组织体系（20.1%）和知识产权保障不力（16.1%）（见图4.9）。

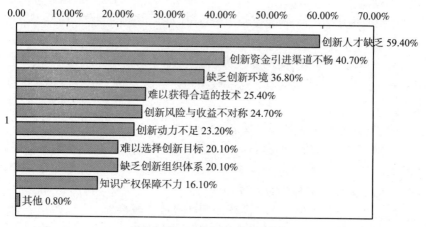

图 4.9　技术创新制约因素调查

为了突出重点，依据上述调查结果，选取其中前四位因素作为影响高新技术产业生长的主要因素，即创新人力资源、创新资金渠道、创新技术来源和创新市场环境。

在确定了关键因素后，还要分别选择代表这些因素的评价指标。

（1）科技人力资源（创新人才）。根据本书的研究目的，创新人才指从事知识创造、技术研发、技术推广应用等方面的人员，包括从新技术产生直至推向市场全过程中参与创新活动的人员，因此用区域科技活动人员数来代表。

（2）创新资金渠道。创新资金来源可以有多个渠道，本书所要反映的区域差异形成原因中地方政府的政策制度起了很大的作用，因此创新资金以反映政府支持的地方财政科技拨款额代表。

（3）创新市场环境。创新的市场环境可以通过区域市场发育程度来反映。因为区域市场化程度是由企业市场化、政府行为市场化、产品市场化、要素市场化、市场中介组织发育和法律制度环境几方面综合而成的，其发育程度影响创新行为的产生，因此可将其作为创新的环境指标，用区域市场化指数来代表。

（4）技术来源（技术能力）。一个地区的技术来源或技术能力可用一定时期内产生的专利数代表。专利数分为申请量和授权量，专利类型又分为发明、外观设计、实用新型三种，考虑到高新技术产业发展受发明专利的数量及转化情况的影响最大，因此选择发明专利授权量作为影响高新技术产业发展的技术方面指标。

由上述分析，得出影响高新技术产业发展的四个主要指标，见表4.2。

表 4.2　　　　　　　　　　　主要研究指标及测度方法

因素	指标
科技人力资源	各地区科技活动人员数（X_1）
政府支持	各地区财政科技拨款额（X_2）
技术来源和技术能力	各地区发明专利授权量（X_3）
外部市场环境	各地区市场化指数（X_4）

4.2.4　研究方法

由于实际可收集到的有关高新技术产业时间序列统计数据时间较短，可我们又需要找出高新技术产业发展区域间的差异，在这种情况下，面板数据模型是一种比较适宜的方法，这种方法也是学者们在进行区域或行业比较时常采用的一种方法。例如潘彬、杨光（2008）参考宗武浩（Tsung－Wu Ho，2001）的面板数据模型，利用面板数据分别考察了东、中、西部地方政府各项支出对居民消费的影响；方国斌、马慧敏（2007）利用中部地区六省的面板数据，分析了中部各地区劳动生产效率的差异和投入的影响差异；潘文卿（2003）采用面板数据模型，对 1995～2000 年外商投资对中国工业部门外溢效应进行了研究，分析了东中西部地区的技术水平、人力资本、基础设施建设、地理位置和自然资源等因素对外商投资溢出效应中的影响；黄智淋，俞培果（2007）利用面板数据模型，分析出 31 个地区的技术创新活动对经济增长作用的影响；祝丽芳（2008）利用面板数据模型，分析了我国大陆 29 个省、市、自治区 R&D 投入、FDI 知识溢出及国际贸易知识溢出对我国区域创新能力的影响。这些学者利用面板数据模型分析得出的结论具有说服力，由此说明面板数据模型用于分析该类问题时具有适用性和科学性。

由于面板数据可以很好地容纳和控制不可观测的个体单元集之间的异质性，可以充分利用更多的变量和数据信息，减少变量之间多重共线性的产生，从而构造和检验比单独使用横截面数据或时间序列数据更为贴切的行为模型，反映出被研究对象在时间和截面两个维度上的变化规律，有利于更深入地进行经济分析。结合本书所研究的问题，高新技术产业发展的时间相对较短，难以得到时间较长的数据，利用面板数据可以较好地弥补时间序列较短的弱点，因此决定采用面板数据模型进行计量分析。

1. 面板数据

所谓面板数据（Panel Data）是指对 N 个个体的可观测特征 y 进行 T 次观测所得到的数据集，记为 y_{it}，其中，$i = 1, 2, \cdots, N$，表示观测个体；$t = 1, 2, \cdots, T$，表示观测期。

面板数据一般符合如下线性关系：

$$y_{it} = \alpha_{it} + x'_{it}\beta_{it} + u_{it}, \quad i = 1, 2, \cdots, N \quad t = 1, 2, \cdots, T$$

其中，N 表示面板数据中个体截面成员的个数，T 表示时间序列的最大长度，参数 α_{it} 表示模型的常数项，β_{it} 表示对应于解释变量向量 x_{it} 的 $k*1$ 维系数向量，k 表示解释变量的个数，u_{it} 是第 i 个单元在时刻 t 的干扰项。

用矩阵形式可以表示为：

$$y_i = \begin{bmatrix} y_{i1} \\ y_{i2} \\ \vdots \\ y_{it} \end{bmatrix} \quad u_i = \begin{bmatrix} u_{i1} \\ u_{i2} \\ \vdots \\ u_{it} \end{bmatrix} \quad X_i = \begin{bmatrix} X_{i1}^1 & X_{i1}^2 & \cdots & X_{i1}^k \\ X_{i2}^1 & X_{i2}^2 & \cdots & X_{i2}^k \\ \vdots & \vdots & \vdots & \vdots \\ X_{it}^1 & X_{it}^2 & \cdots & X_{it}^k \end{bmatrix}$$

还可以将面板数据表示为如下矩阵形式：

$$y = Xb + e$$

其中，$y = \begin{bmatrix} y_1 \\ \vdots \\ y_N \end{bmatrix}$，$b = \begin{bmatrix} \alpha \\ \beta_1 \\ \vdots \\ \beta_k \end{bmatrix}$，$X = \begin{bmatrix} X_1 \\ \vdots \\ X_N \end{bmatrix}$

2. 面板数据模型

面板数据模型一般可以分为三种类型：无个体影响的不变系数模型、含有个体影响的不变系数模型即变截距模型和含有个体影响的变系数模型。

（1）无个体影响的不变系数模型，也称为联合回归模型或混合回归模型（Pooled Regression Model），是建立在假设不同的个体之间在时间上不存在显著差异，在截面上也不存在显著性差异的基础上的。对于该模型，截距项 α 和 $k \times 1$ 维系数向量 β 均相同，将个体成员数据堆积在一起作为样本数据，利用普通最小二乘法（OLS）便可求出被估计的参数 α 和 β 的一致有效估计。

（2）变截距模型又称个体均值修正回归模型（Individual-mean Corrected Regression Model），它假设个体成员上存在个体影响而无结构变化，并且个体影响可以用截距项 α_i（$i = 1, 2, \cdots, N$）的差别来说明，即在该模型中个体成员方程的截距项 α_i 不同，而 $k \times 1$ 维系数向量 β 相同。变截距模型又分为固定效应模型（Fixed Effects Model）和随机效应模型（Random Effects Model）。固定效应模型将个体不可观测因素看作待估参数，由截距项来表示个体间的差异；随机效应模型则假设个体间的差异是受到不可观测的随机因素的影响。

（3）变系数模型又称无约束模型（Unrestricted Model），该模型假设个体成员上既存在个体影响，又存在结构变化，即在允许个体影响由变化的截距项 α_i 来说明的同时，还允许 $k \times 1$ 维系数向量 β 依个体成员的不同而变化，以说明个体成员之间的结构变化。由于本书的研究比较符合变系数模型的以上特点，因此下面选用该模型进行实证分析。

§4.3　区域创新环境与高新技术产业生长关系实证研究

4.3.1　数据来源

为了便于比较分析，本书按照常用的区域分类方法，将我国各省、市、自治区分为东部、中部和西部三个区域。其中，东部地区包括北京、天津、河北、辽宁、上海、江苏、浙江、福建、山东、广东、海南；中部地区包括山西、内蒙古、吉林、黑龙江、安徽、江西、河南、湖北、湖南；西部地区包括广西、四川、贵州、云南、西藏、陕西、甘肃、青海、宁夏、新疆。为更有针对性的反映河北省高新技术产业发展的差距，下面仅选取与该省地理环境相似的东部 11 个地区的结果进行比较和分析。基于分析目的和数据的可获取性，按照表 4.2 所确定的四个主要指标，采集全国东部地区 2000 ~ 2012 年的面板数据进行实证分析。其中，X_1、X_2、X_3 的数据来源于科技统计网和《中国科技统计年鉴》；X_4 市场化指数是由企业的市场化、政府行为的市场化、产品的市场化、要素的市场化、市场中介组织的发育和法律制度环境的市场化五个方面的指数综合而成，其数据来源于樊纲、王小鲁《中国市场化指数——各地区市场化相对进程报告》。

需要说明的是，衡量技术能力的发明专利授权量这一指标，由于考虑到技术的转化需要一定的时间，即该指标发挥作用有一定的滞后期，因此模型中每年所用的值均取上一年的数值。

4.3.2　模型的检验和选择

面板模型可以分为三种类型：混合回归模型、变截距模型和变系数模型，其单方程回归形式可以分别写成如下形式：

$$y_{it} = \alpha + x_{it}\beta + u_{it}, \ t = 1, \ 2, \ \cdots, \ T, \ i = 1, \ 2, \ \cdots, \ N \qquad (4.1)$$

$$y_{it} = \alpha_i + x_{it}\beta + u_{it}, \ t = 1, \ 2, \ \cdots, \ T, \ i = 1, \ 2, \ \cdots, \ N \qquad (4.2)$$

$$y_{it} = \alpha_i + x_{it}\beta_i + u_{it}, \ t = 1, \ 2, \ \cdots, \ T, \ i = 1, \ 2, \ \cdots, \ N \qquad (4.3)$$

在进行面板数据模型估计时，为了使估计结果与所要模拟的经济现实偏离较小，首先应该对样本数据的解释变量参数 α_i 和 β_i 进行检验，即检验样本数据比较符合哪种面板数据模型的形式，从而避免模型设定的偏差，改进参数估计的有效性。经常使用的检验是协方差分析检验，主要检验如下两个假设：

$$H_1: \beta_1 = \beta_2 = \cdots = \beta_N$$

$$H_2: \alpha_1 = \alpha_2 = \cdots = \alpha_N, \ \beta_1 = \beta_2 = \cdots = \beta_N$$

如果检验结果接受假设 H_2，则可以认为样本数据符合混合估计模型 (4.1)；如果拒绝假设 H_2，则需要检验假设 H_1。如果拒绝假设 H_1，则认为样本数据符合变系数模型 (4.3)，反之，则认为样本数据符合变截距模型（4.2）。

进行假设检验时，可以通过 F 统计量的构造来完成。首先，将（4.1）式、（4.2）式和（4.3）式的残差平方和分别记为 S_1，S_2，S_3，则

$$S_1 = t_{yy} - t'_{xy} T_{xx}^{-1} t_{xy}, \text{ 其中, } T_{xx} = \sum_{i=1}^{N} \sum_{t=1}^{T} (x_{it} - \bar{x})'(x_{it} - \bar{x}), t_{xy} =$$

$$\sum_{i=1}^{N} \sum_{t=1}^{T} (x_{it} - \bar{x})'(y_{it} - \bar{y}), t_{yy} = \sum_{i=1}^{N} \sum_{t=1}^{T} (y_{it} - \bar{y})^2, \bar{x} = \frac{1}{NT} \sum_{i=1}^{N} \sum_{t=1}^{T} x_{it}, \bar{y} =$$

$$\frac{1}{NT} \sum_{i=1}^{N} \sum_{t=1}^{T} y_{it} \text{。}$$

$$S_2 = W_{yy} - W'_{xy} W_{xx}^{-1} W_{xy}, \text{ 其中, } W_{yy} = \sum_{i=1}^{N} W_{yy,i}, W_{xy} = \sum_{i=1}^{N} W_{xy,i}, W_{xx} =$$

$$\sum_{i=1}^{N} W_{xx,i} \text{。}$$

$$S_3 = \sum_{i=1}^{N} RSS_i = \sum_{i=1}^{N} (W_{yy,i} - W'_{xy,i} W_{xx,i}^{-1} W_{xy,i}), \text{ 其中, } \bar{x}_i = \frac{1}{T} \sum_{t=1}^{T} x_{it},$$

$$\bar{y}_i = \frac{1}{T} \sum_{t=1}^{T} y_{it}, W_{xy,i} = \sum_{t=1}^{T} (x_{it} - \bar{x}_i)'(y_{it} - \bar{y}_i), W_{yy,i} = \sum_{t=1}^{T} (y_{it} - \bar{y}_i)^2, W_{xx,i} =$$

$$\sum_{t=1}^{T} (x_{it} - \bar{x}_i)'(x_{it} - \bar{x}_i) \text{。}$$

构造统计量 F_1 和 F_2

$$F_1 = \frac{\dfrac{(S_2 - S_1)}{[(N-1)k]}}{\dfrac{S_1}{[NT - N(k+1)]}} \sim F[(N-1)k, N(T-k-1)]$$

$$F_2 = \frac{\dfrac{(S_3 - S_1)}{[(N-1)(k+1)]}}{\dfrac{S_1}{[NT - N(k+1)]}} \sim F[(N-1)(k+1), N(T-k-1)]$$

当 F_2 的值不小于给定置信度下的临界值时，拒绝假设 H_2，继续检验假设 H_1。当 F_1 的值不小于给定置信度下的临界值时，拒绝假设 H_1，采用变系数模型，反之，采用变截距模型。

k 为解释变量，$k = 4$；$T = 12$，为年；$N = 11$，为个体数。

$S_3 = 27.893966$，$S_2 = 23.852496$，$S_1 = 0.243062$，$F_2 = 23.51055$，$F_1 = 25.09279$。

当 $\alpha = 0.01$，0.05 或 0.1 时，存在 $F_2 > 10 > F_\alpha[(N-1)(k+1), N(T-$

$k-1)]$ ，因此，拒绝假设 H_2 ，而 $F_1 > 10 > F_\alpha[(N-1)k, N(T-k-1)]$ 也成立，所以，进一步拒绝假设 H_1 。

由此得出，应该采取随横截面个体的变化而改变的变系数模型。

变系数模型的基本形式为 $y_{it} = \alpha_i + x_{it}\beta_i + u_{it}$ ，其中， $t = 1, 2, \cdots, T$ ， $i = 1, 2, \cdots, N$ 。在该模型中，常数项 α_i 和系数向量 β_i 都是随着横截面的个体改变而变化的，根据系数变化的不同形式，变系数模型分为固定影响变系数模型和随机影响变系数模型两种类型。

由于本书考虑到不同的横截面个体的随机误差项之间存在相关性，即个体之间存在一定的经济联系或经济影响，应该选择不同个体之间随机误差项相关的固定影响变系数模型。由此建立 2001 ~ 2012 年东部地区高新技术产业发展受不同因素影响的面板数据模型：

$$\ln y_{it} = \alpha_{it} + \beta_{1it}\ln x_1 + \beta_{2it}\ln x_2 + \beta_{3it}x_3 + \beta_{4it}x_4 \qquad (4.4)$$

$i = 1, 2, \cdots, 11$ ， $t = 1, 2, \cdots, 12$ ， y 表示高新技术产业的发展情况，以各地区高新技术产业的工业增加值代表。其模型中每一部分所表达的含义是：代表人力资本情况的地区科技活动人员 x_1 每增加 1% ，就能带来 $C_1\%$ 的高新技术产业增长；代表地区财政支持情况的科技拨款额 x_2 每增加 1% ，就能带来 $C_2\%$ 的高新技术产业增长；代表地区创新能力的发明专利申请授权量 x_3 每增加 1 项，相应的高新技术产业增长 C_3 ；代表市场化程度的指数 x_4 每增长 0.1 ，该地区高新技术产业能够增长 $0.1 \times C_4$ 。

4.3.3　回归分析结果与讨论

由于数据中的各个地区之间存在一定的相互影响，因此，允许模型中存在横截面异方差和同期相关，将 2000 ~ 2012 年东部地区的面板数据代入模型，并使用软件 Eviews 5.1，运用 SUR（Seemingly Unrelated Regression）方法进行回归估计，分别得到东部地区的变系数回归方程。

1. 河北省回归分析结果

首先，进行河北省高新技术产业生长与区域创新环境之间的回归分析。表 4.3 给出了河北省 2000 ~ 2012 年回归分析结果。从 F 检验可以看出，显著性概率小于 0.01 ，说明总体回归方程显著，这四个变量能够解释高新技术产业生长。从 t 检验可以看出，四个变量中，只有科技经费拨款变量对河北省高新技术产业的影响显著（ $p = 0.009 < 0.01$ ），其他变量的

影响不显著，这也在一定程度上说明，河北省高新技术产业生长仍然处于靠资金要素推动的状态下，技术、市场、人才等创新要素对于产业生长的促进作用尚不明显。

表4.3　　　　　　　　　　　河北省回归分析结果

方差分析	df	SS	MS	F	Significance F
回归分析	4.000	621 340.298	155 335.075	135.346	0.000
残差	5.000	5 738.429	1 147.686		
总计	9.000	627 078.727			

	Coefficients	标准误差	t Stat	P-value	
Intercept	140.181	210.533	0.666	0.535	
科技活动人员	-0.001	0.007	-0.188	0.858	
财政科技拨款	22.807	5.478	4.164	0.009	
发明专利授权	0.515	0.318	1.621	0.166	
市场化程度	69.224	34.557	2.003	0.102	

2. 混合模型估计

表4.4给出了混合模型的回归分析结果，其中 C 代表截距项，$OUTPUT$ 代表高新技术产业总产值，RD 代表 R&D 活动人员数量，$PATENT$ 代表发明专利授权数量，$EXPENDITURE$ 代表财政科技经费拨款数量，$MARKET$ 代表市场化指数。可以看出，几个影响变量中，财政科技经费拨款因素和 R&D 活动人员因素影响显著，市场化指数和发明专利授权数影响不显著。相应的表达式是：

$$OUTPUT = 59.068 \times EXPENDITURE + 61.13 \times MARKET$$
$$- 0.001 \times PATENT - 0.003 \times RD - 1 678.725$$
$$R^2 = 0.984, \quad SSE = 106 000 000$$

表4.4　　　　　　　　　　　混合模型回归结果

Variable	Coefficient	Std. Error	t - Statistic	Prob.
C	-1 678.725	906.534	-1.852	0.066
RD?	-0.003	0.002	-1.557	0.122
PATENT?	-0.001	0.096	-0.009	0.992
EXPENDITURE?	59.068	5.266	11.217	0.000

Variable	Coefficient	Std. Error	t – Statistic	Prob.
MARKET?	61. 130	24. 489	2. 496	0. 014
R-squared	0. 984	Mean dependent var		3 208. 089
Adjusted R-squared	0. 981	S. D. dependent var		4 496. 722
S. E. of regression	2 883. 809	Akaike info criterion		18. 809
Sum squared resid	106 000 000. 000	Schwarz criterion		18. 918
Log likelihood	− 1 236. 378	Hannan – Quinn criter.		18. 853
F-statistic	47. 879	Durbin – Watson stat		0. 138
Prob（F-statistic）	0. 000			

3. 固定效应模型

表 4.5 给出了固定效应的回归分析结果，其中 C 代表截距项，$OUTPUT$ 代表高新技术产业总产值，RD 代表 R&D 活动人员数量，$PATENT$ 代表发明专利授权数量，$EXPENDITURE$ 代表财政科技经费拨款数量，$MARKET$ 代表市场化指数，BJ 代表北京，以此类推，各种表达方式分别代表北京、天津、河北、辽宁、上海、江苏、浙江、福建、山东、广东、广西、海南等 11 个省（市）。可以看出，在固定效应模型中，财政科技经费拨款因素和市场化指数因素影响显著，R&D 活动人员数量和发明专利授权数量影响不显著。相应的表达式为：

$$OUTPUT_{it} = 58.51 \times EXPENDITURE_{it} + 214.703 \times MARKET_{it}$$
$$- 0.042 \times PATENT_{it} - 7 589.42 - 6 061.82 \times D_1$$
$$+ 1 630.42 \times D_2 + \cdots + 3 659.44 \times D_{11}$$

其中，D_i 为虚拟变量。从中也能看出，河北处于中游水平。

表 4. 5　　　　　　　固定效应模型回归结果

Variable	Coefficient	Std. Error	t – Statistic	Prob.
C	− 7 589. 420	1 375. 331	− 5. 518	0. 000
RD?	0. 000	0. 001	0. 164	0. 870
PATENT?	− 0. 042	0. 056	− 0. 748	0. 456
EXPENDITURE?	58. 505	3. 459	16. 913	0. 000
MARKET?	214. 686	34. 307	6. 258	0. 000

续表

Variable	Coefficient	Std. Error	t – Statistic	Prob.
Fixed Effects（Cross）				
_BJ – – C	– 6 061. 815			
_TJ – – C	1 630. 415			
_HB – – C	1 526. 185			
_LN – – C	– 715. 017			
_SH – – C	– 3 805. 270			
_JS – – C	1 872. 342			
_ZJ – – C	– 2 706. 772			
_FJ – – C	2 302. 905			
_SD – – C	– 1 002. 840			
_GD – – C	3 300. 424			
_HN – – C	3 659. 443			
Cross-section fixed（dummy variables）				
R-squared	0. 886	Mean dependent var		3 208. 089
Adjusted R-squared	0. 872	S. D. dependent var		4 496. 722
S. E. of regression	1 607. 012	Akaike info criterion		17. 709
Sum squared resid	302 000 000. 000	Schwarz criterion		18. 036
Log likelihood	– 1 153. 780	Hannan – Quinn criter.		17. 842
F-statistic	64. 908	Durbin – Watson stat		0. 610
Prob（F-statistic）	0. 000			

表 4.6 给出了回归分析系数的估计结果及其显著性检验结果，从中可以看出，从科技人力资源来看，天津、福建和广东科技人力资源对高新技术产业的影响是显著，其他区域则不显著，说明人力要素目前已不是沿海地区高新技术产业发展的"瓶颈"。

表 4.6　　　　　　　　　　系数 β_{ii} 的估计结果

地区	β_{1i}	β_{1i}的Sig.	β_{2i}	β_{2i}的Sig.	β_{3i}	β_{3i}的Sig.	β_{4i}	β_{4i}的Sig.
北京	0. 000	0. 3926	25. 146	0. 060	– 0. 222	0. 3097	– 0. 007	0. 002
天津	0. 141	0. 005	127. 610	0. 005	0. 473	0. 222	71. 096	0. 025
河北	0. 006	0. 161	19. 063	0. 011	0. 028	0. 550	1. 611	0. 299
辽宁	0. 006	0. 243	21. 702	0. 001	– 0. 094	0. 441	1. 977	0. 384
上海	– 0. 101	0. 185	42. 274	0. 057	0. 562	0. 242	1. 659	0. 024

地区	β_{1i}	β_{1i}的Sig.	β_{2i}	β_{2i}的Sig.	β_{3i}	β_{3i}的Sig.	β_{4i}	β_{4i}的Sig.
江苏	0.026	0.178	13.606	0.019	−1.570	0.015	2.459	0.022
浙江	−0.013	0.474	61.545	0.112	−0.230	0.040	7.684	0.0430
福建	0.027	0.037	37.000	0.126	−0.559	0.032	19.233	0.364
山东	0.079	0.108	5.954	0.408	−1.135	0.180	3.622	0.204
广东	0.070	0.020	54.872	0.062	−1.117	0.029	2.118	0.012
海南	0.001	0.883	6.490	0.019	0.011	0.250	0.574	0.427

创新资金来看，除浙江、山东等省之外，大部分区域的创新资金对高新技术产业的影响显著，尤其是辽宁省，p值为0.01，说明目前创新资金仍是推进高新技术产业发展的关键因素。河北省创新资金的投入，能够显著提高高新技术产业的增长，创新资金每增加1%，高新技术产业产值增加0.19%。

创新技术来源看，技术进步对高新技术产业发展的推动作用仍不明显，各省计算的概率值大部分都在0.05以上。河北省的概率值在东部地区各省（市）中是最高的，也反映出河北省技术进步对高新技术产业的促进还有待加强。

创新环境上看，经济、科技发达地区，如北京、上海、江苏等省（市），创新环境也相对较好，体现在市场化指数指标对高新技术产业的发展起到了显著的推动作用。相对而言，河北、辽宁、福建等地区创新环境对高新技术产业发展的促进作用不甚明显。

上述分析表明，创新经费支持对河北省高新技术产业发展具有促进作用，而创新人力资源、技术创新能力和市场环境对河北省高新技术产业发展中的促进作用不明显。因此，鼓励引进和培养高素质创新人才、重视技术创新、加快科技成果转化，建设有益于创新的外部环境，是目前促进河北省高新技术产业发展水平的关键因素。与此同时，还要注重提高政府的政策绩效，使其能够发挥更显著的作用。

§4.4 本章小结

本章从区域创新系统角度探讨了创新环境对高新技术产业的影响，以此来分析区域差异形成的原因。本章将区域创新环境分为宏观、中观、微观三个维度。区域经济与社会环境是产业生长的外部条件与资源约束，是产业发展的宏观环境因素。依据对企业的实际调查，从上述环境因素中确定出关键影响指标，通过构建面板数据模型测度这些因素对高新技术产业发展的作用，以河北省为例，找出了制约河北省高新技术产业发展的关键在于创新能力和区域环境。实证结果表明，政府经费支持对河北省高新技术产业发展具有促进作用，而创新人才、技术创新能力和市场环境目前对河北省高新技术产业发展中的促进作用仍不明显，整体区域创新环境亟待改善。

第 5 章

高新技术产业生长的社会资本

一个区域高新技术产业成长壮大的首要表征是高新技术企业的增多集聚，但企业增多集聚的内在动力是什么？许多学者从外部经济等方面对集群形成的机理进行了探讨，但对为什么高新技术产业在某些特定区域发展较快没有给出充分的解释。有些地区具备发展高新技术产业所需要的基础条件，如第 4 章所分析的河北省，地处东部沿海，环绕京津两大直辖市，尤其是作为首都的北京高校林立、科研院所密集，是许多科技成果的发源地，河北省具有方便地利用这些地区的科技资源、人才资源进行创新活动的优势，并有成为这些科技成果产业化基地的便利条件，省政府对高新技术产业发展也非常重视，提供了很多科技资金支持，但河北省高新技术产业的发展依然落后于其他沿海省市，其原因是什么？本书第 4 章从宏观角度对河北省高新技术产业系统环境的分析结果表明，创新能力和区域环境在一定程度上制约了河北省高新技术产业的发展，但这些因素究竟是如何产生制约作用的？本章将从高新技术产业社会资本这一视角展开讨论。

§5.1　高新技术产业社会资本内涵界定

5.1.1　社会资本的引入

从目前的研究来看，单纯从技术结构、需求结构、要素禀赋依赖等视角的研究不足以全面理解该现象的内在成因，这需要从与成功地区的产业成长过程比较中，分析其中的差异因素，寻找其成功的原因。

硅谷的成功有目共睹，世界上很多国家都在不同程度上借鉴硅谷模式建立本国的高新区、开发区、科技园孵化高新技术企业，但没有第二个科技园区可与硅谷等量齐观。对于硬件基础设施的配套，各高新区都在日趋完善，与硅谷相差无几，但在科技创新方面只能处在望其项背的位置。据此，国内外学者都在探究硅谷成功的秘诀，以期借鉴一二。美国学者萨克森尼安的《地区优势：128 公路地区与硅谷》，对造成美国这两个主要高新技术产业基地发展差异的社会经济文化因素作了深刻的比较分析。萨克森尼安用自己的分析证明，尽管 128 公路地区与硅谷在同一市场上活动、开发相近的技术，结果却是后者蒸蒸日上、前者逐渐走向衰落，发生这种差异的根本原因在于：它们存在的制度环境和文化背景完全不同。萨克森尼安在书中写道："人们，包括硅谷人，往往都没有意识到硅谷那种合作与竞争的不寻常组合连同其他要素共同构成的制度环境给他们带来的成就"。我国学者张杰（2003）认为，广泛的社会关系网络是硅谷保持活力的根源。大量研究表明，信任和开放的心态、共同的行为规范、积极进取、高度合作的工作环境、开放的信息交流环境是硅谷成功的关键。

硅谷及其他多个成功地区的发展经验都表明，在产业成长过程中，社会资本网络、传统文化、企业文化、企业家精神等因素的影响是不容忽视的。尤其是在产业生成阶段，社会资本网络能为企业的发展提供必要的资本、土地、劳动力、信息和知识等生产要素；而在产业成长过程中，为创新而营造的创新网络往往是在社会资本网络基础上建立起来的。

通过对成功地区经验的梳理及对河北省部分高新区进行的实地调查，进一步发现在高新技术产业成长过程中，植根于社会经济系统中的社会关系网络、信任关系、制度规范以及地域文化等都起了重要作用。这说明，经济发展除了受物质资本水平、人力资源水平和相关的国家政策因素影响外，还受社会资本的影响。与传统产业相比，社会资本对高新技术产业的发展更为重要。不同区域基础条件相差无几，但在创新的速度、创新能力以及产业竞争力的形成上表现出截然不同的水平和绩效，其中一个关键因素就在于它们所拥有的社会资本水平不同。因此从高新技术产业发展所赖以生存的社会制度结构层面及所嵌入的社会信任体系（社会资本）角度入手，可能有助于解决本书所提出的问题，找到问题的端倪所在。下面就通过剖析社会资本的实质内涵，分析其对高新技术产业发展的作用机理。

5.1.2　社会资本内涵

"社会资本"一词是由经济学的"资本"概念演变而来，为了解释单纯用经济资本（包括物质资本和人力资本）所不能解释的诸多问题，学者们提出了"社会资本"的概念来弥补这一缺憾。从学术角度而言，"社会资本"是当代国际学术界的前沿问题之一，经济学、政治学、社会学等不同领域的学者都在从不同角度进行研究。虽然社会资本被众多学者广泛地运用，但一直没有一个统一的定义。

1977 年洛瑞（Glenn Loury）首次提出了"社会资本"一词，但他并没有给出明确的定义，也未进行深入的研究。法国社会学家布尔迪厄（Pierre Bourdieu）在 1980 年发表的题为《社会资本随笔》的短文是第一篇对社会资本进行系统分析的文献，随后科尔曼（James Coleman）、普特南（Robert Putnam）、波兹（Portes）等学者分别从不同角度对社会资本的内涵进行了界定。见表 5.1。

表 5.1　　　　　　　　　　国外学者对社会资本的定义

学者	社会资本的定义
Glenn Loury 洛瑞（1977）	社会资本是诸种资源之一，存在于家庭关系与社区的社会组织之中
Lin 林南（1982）	作为在市场中期望得到回报的社会关系投资，是在目的性行动中被获取的或被动员的、嵌入在社会结构中的资源
Pierre Bourdieu 布尔迪厄（1986）	实际或潜在资源的集合，这些资源与由相互默认或承认的关系所组成的持久网络有关，而且这些关系或多或少是制度化的
James Coleman 科尔曼（1992）	个人拥有的社会结构资源，它不是某种单独的实体，而是具有各种形式的不同主体
Robert Putnam 普特南（1993）	社会组织的某种特征，例如信任、规范和网络，它们可以通过促进合作行动而提高社会效率
Portes 波兹（1998）	个人通过他们的成员资格在网络中或者在更宽泛的社会结构中获取短缺资源的能力
托马斯·福特·布朗（2000）	社会资本是按照构成社会网络的个体自我间的关系类型在社会网络中分配资源的过程系统
Fukuyama 福山（2000）	是一种有助于两个或更多个体之间相互合作、可用事例说明非正式规范
World Bank 世界银行	决定一个社会各种交互作用性质与数量大小的种种制度、关系和规范
OECD 世界经合组织	网络以及共享的规范、价值观念和理解，它们有助于促进群体内部或群体之间的合作

我国对社会资本的研究较晚，大致是从 20 世纪 90 年代中期开始的，但是其应用与发展却很快，这是因为我国的社会状态与社会资本的范式有不谋而合之处。从费孝通的"差序格局"到梁漱溟的"关系本位"，无一不证明我国是一个关系取向的社会，这恰好与西方学者大多认为关系是社会资本的主要表现形式之一相契合。

国内首先对社会资本进行系统研究的是中国社会科学院的张其仔博士（1997），他结合经济学、社会学和人类学等方面的研究成果，将社会资本看做是人与人之间在信任和合作基础上形成的社会网络，将社会网络视为一种最重要的人与人之间的关系，并将其视为资源配置的一种重要方式。

香港科技大学的边燕杰先生（2002）认为，社会资本是行动主体与社会的联系以及通过这种联系摄取稀缺资源的能力。他认为，企业是经济活动的主体，是经济行为者；同时，企业也是在各种各样的联系中运行的。

周小虎（2004）将企业社会资本定义为：那些能够被企业所控制的、有利于实现其目标的、嵌入企业网络结构中显在的潜在的资源集合。

通过上述学者关于社会资本内涵的阐述，发现不同学者由于不同的学科背景、不同的研究领域和不同的研究视角，因此对社会资本有不同的界定，归纳起来可概括为四类：资源说、能力说、资源要素说和社会网络说。

尽管学者们对社会资本的定义不尽一致，但有一点是显而易见的，这就是都认识到社会关系网络作为一种资源对社会活动的重要性，而且一致认为社会资本代表了行为主体借助于社会网络或其他的社会结构来获得各种利益的能力。良好的社会资本可以培养行为主体之间的相互信任，降低交易成本，加速信息和知识的流动，提高创新能力。

5.1.3　高新技术产业成长中的社会资本

本书将"社会资本"引入高新技术产业的生长过程。由于前期的调研分析表明，产业生长中各要素能否相互融合（发挥作用）受区域社会资本影响，是导致区域差异出现的重要原因，为此将"社会资本"引入产业生长系统，分析其作为一种隐性资源在产业生长过程中所起的作用。从文献搜索来看，目前国内从这一视角的研究还较少。本书选取这一视角的依据，是基于社会资本与技术创新及产业成长之间的关系。

按照熊彼特对"创新"的定义，创新是指企业家将生产要素和生产条件的一种从未有过的新组合引入生产系统以获得超额利润的过程。熊彼特是从经济学角度来研究技术创新，突出强调了经济要素（即信息、人才、物质资料及企业家才能）的有效组合是经济发展的主要推动力。随着技术创新理论的不断深入，理论界和企业界开始从管理学的角度来研究技术创新，认为技术创新是从一种新思想的产生到研究、发展、试制、生产制造直至首次商业化的过程，它强调了"过程"与"结果"，而且在这一复杂的过程中，任何一个环节出现问题，都将导致创新的滞后甚至失败。技术创新过程是各种资源有效融合的过程，能否有效融合各种资源是企业创新能否取得成功的关键，而这种融合资源的能力与社会资本有关。

实际调查表明，企业的成功与失败与这种融合资源的能力直接相关。据 2007 年国家统计局与科技部联合进行的第一次全国工业企业创新调查显示，高新技术企业的技术创新主要受企业家创新意识、高素质人才及企业融资能力的影响。许庆瑞、王勇等（2003）对北京、上海和深圳地区高技术企业的调查也表明，企业成功的关键因素尽管在不同地区、不同阶段有所差异，但主要都集中在企业家、风险资本、人才、政府扶持、创新文化几个方面。这些研究都表明了高新技术企业获取并能有效整合创新要素资源的重要性。

技术创新是高新技术企业生存和发展的根本，而靠企业自身拥有的有限资源无法满足技术创新的要求，中小型企业更是如此。能够通过社会关系网络从外部获取创新资源对企业尤为重要。技术创新的基础是思路（Ideas），思路则来自于人们通过互相交流而产生的思想碰撞。企业通过与外部关系主体的广泛合作，不仅可以获得企业所需的资金、技术、人才和信息等，更主要的是新知识（包括显性知识和隐性知识）的获取。知识的创造和获取以及内外部资源的整合是企业提高技术创新能力的关键。

技术创新分为需求导向型及技术导向型，而需求信息及技术的获取依赖于企业与客户、供应商间的信息联系以及与高校、科研院所等机构的广泛合作，这些联系和合作是一种重要的、但不可见的资本——社会资本，它与其他形式的可见资本的融合成为创新的源泉。因此，对社会资本作用机理的研究对提高企业创新能力、促进产业发展具有重要意义。

5.1.4　高新技术产业社会资本维度界定

自从社会资本被提出后，在社会学、政治学、经济学等领域得到广泛利用，社会资本作为解释经济与社会发展的重要变量，它表现出的强大解释力已经得到了越来越多研究者的青睐。目前国内一些学者已将社会资本的概念延伸至企业层面，研究社会资本对企业发展的作用。学者们所采用的研究维度主要分为三种：一是从企业内个人关系层面对社会资本进行研究（边燕杰、丘海雄，2000；张其仔，2002）；二是从企业内部或外部联系出发对社会资本进行研究（Cooke and Clifton，2002；张方华，2004；石军伟等，2007）；三是从企业社会资本自身的特征维度出发进行研究（Nahapiet and Ghoshal，1998；Landry and Amara，2002；王霄、胡军，2005），如哈皮特或戈沙尔（Nahapiet & Ghoshal，1998）区分了企业社会资本的三个特征维度，即结构维度（Structural Dimension）、关系维度（Relational Dimension）和认知维度（Cognitive Dimension）。

除了对企业社会资本的研究，还有学者将社会资本概念延伸至产业集群或高新区，研究集群的社会资本。如范红英（2006）对高新区网络社会资本进行了研究；刘东、张杰（2006）从社会制度结构中企业网络特性入手，探寻了企业网络的内在特征差异；赵国杰、关长海、刘翠娥（2007）根据产业集群社会资本的特点，采用网络层次分析法对我国产业集群社会资本进行了评价；朱秀梅、蔡莉（2007）根据对长春市软件产业集群中102 家软件企业的调研，研究了高技术产业集群中社会资本对知识溢出的影响机理。

本书将"社会资本"引入高新技术产业成长过程研究，是将社会资本视为一种促进技术创新的要素资源，将其内涵界定为：社会资本作为一种隐性资源，是在一定的地域文化及制度规范下、基于企业间的交易合作及企业家社会关系所建立起来的相互信任的社会网络。即社会资本由地域文化与信任、制度与规范、社会网络三方面构成，它们影响着高新技术企业的衍生、成长及学习能力的提高，如图 5.1 所示。下面将分别从社会资本的三个维度对其作用进行分析。

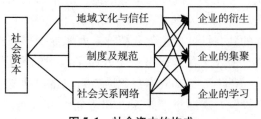

图 5.1　社会资本的构成

§5.2 高新技术产业生长中社会资本作用机理

5.2.1 地域文化与信任对高新技术产业生长的影响

地域文化及信任的形成是由其社会历史背景、意识形态、教育水平、生活方式、价值观念、宗教信仰、风俗习惯、人与人之间的交往方式等决定的。地域文化对社会意识有巨大的规范力、凝聚力和向心力作用，它具有一种无形的力量，对行为人起着间接的、潜在的和持久的影响。

对本书所研究的问题来说，地域文化首先影响的是创业者理念及创新意识。高新技术产业发达的地区都是创业者集聚的地区。在美国硅谷，来自于斯坦福大学的教师和学生创办了数千家的高科技公司；素有"欧洲硅谷"之称的英国剑桥工业园区，则集中了大量取自于剑桥大学的科研成果和活跃于各学科前沿的高科技中小企业。这种模式的形成往往是由于高新技术产业集群中的企业拥有相似的教育及社会文化背景，相似的创业经历和创业动机，易于在集群内形成共同认知的价值观和信念。如硅谷地区的鼓励创新、容忍失败、专业忠诚、重视合作的文化。英格哈特（Ingehart）认为：社会资本就是一种诚信和宽容的文化，在这种文化中涌现出大量自愿联合的网络。

在我国，江苏、浙江两省的产业集群在国内具有一定的典型意义，它们都是以特色产业集群带动了地方经济的发展，而社会资本在集群发展中都起到了重要作用。浙江的产业集群主要是由具有血缘、亲缘、地缘关系的家族企业构成，它们依靠家族社会关系网络而迅速发展，这种模式的形成是自发的、内生的，带有强烈的自组织特征，其动力来源于民间力量和浙江的传统文化。浙江文化的渊源是源远流长的永嘉文化，强调个性、功利、竞争和进取。传承了永嘉文化的浙江人，注重个性、个体及个人能力，表现出很强的独立性及自主创业精神。人多地少、资源贫乏、再加上缺少国家的投资，浙江人在走街串户中开始了艰辛的原始资本积累过程。没有"铁饭碗"，就自办乡镇个体企业造就自己的"泥饭碗"；没有国家给予的固定资产投资，就通过亲帮亲、邻帮邻的方式积极筹措民间资金；得不到国家计划分配的物资，就走南闯北自行采购。浙江人以顽强的精神寻找自己的生存之道，从市场的夹缝中创业，养成了不依赖国家和政府的独立性及创新意识。尤其是浙江经济的代表——温州模式下发展起来的企业，无一不体现着浙江人的这种自主创新和创业意识。正是依靠这种"敢为天下先"的精神，造就了浙江的体制创新以及特色板块经济的发展。

江苏高新技术产业集群的发展则呈现出"外部嵌入"的特征，在外资的带动下，江苏省形成了一批较有影响的高新技术产业集群。近年来江苏一直是外商投资的大省，每年吸引的外商投资额仅次于广东居全国第二位。外资的进入不仅为江苏省带来了资金和技术，而且带来大量的信息及新的管理理念和方法，这为优化当地产业结构、促进产业集群发展发挥了重要作用。这种集群被称为"外部嵌入式产业集群"，这种发展模式同样与当地传承的文化有关。江苏的传统文化背景是强调均衡、等级、集体、和谐的吴文化，与中原文化联系更为密切，强调"等级"是吴文化的一大特点。由于地理位置靠近古都南京，传统的等级观念、官本位思想较严重。这种文化传统反映在人的行为习惯上就是对上级政府、集体力量的依赖。苏南模式具有行政强势的特点，在政府的主导下吸引外资并出台相应激励政策，就很容易形成经济结构的调整和转型。除了传承吴文化外，江苏独特的地理位置也使江苏人更具开放包容的心态。横跨长江的经济区位，正处于南北文化的交汇点，使得江苏人的性格中既承继了江南的温柔婉约又融合了北方的豪迈性情，对外来事物有更强的适应性，这种性格特征使江苏尤其是苏南成了外资企业集聚的热土。与浙江原生型产业集群那种传统的、家族式的社会资本相比，江苏嵌入型产业集群的社会资本是一种更为开放的网络系统，其社会网络不仅仅局限在本地，而且扩展到了外部。

任何一个地域的文化都是经过长期积淀形成的。河北省地处黄河下游冲积平原（古黄河流经河北），地平土厚，水利条件好，所以农耕文明比较发达。这一方面使这一方百姓解决了温饱问题，衣食无忧；但另一方面也使他们容易满足、安于现状，缺乏较强的进取精神。这种影响一直延续到现在，突出表现就是观念比较保守，商品经营意识差。过去是穷家难舍，宁愿厮守故土受穷，也不愿外出闯世界；现在敢于闯荡了，却多数受雇于人，满足于当打工仔，缺乏当老板、搞经营的创业精神。另外由于河北省地处天子脚下，环绕政治中心，对权力的崇拜感、向往感强于其他地区，愿意从政当官的人较多，甚至不惜放弃自己本来十分精通的专业；一些人宁可在机关里平庸度日，也不愿自己出去创业。市场经济需要的是自由、平等、法治、公平、开放的社会环境，需要的是民本、重商、规则、服务、宽容的现代理念，缺乏这样的环境，其高新产业发展必然受到影响。

格兰诺维特（Granovetter）认为，经济行为是嵌入社会关系结构之中的。企业等组织集聚形成产业是嵌入在区域的社会资本之中的。这种社会资本通过信任机制、资源流动机制和创新扩散机制作用于高新技术产业的成长。

社会资本是基于信任建立起来的社会关系网络，因此信任是社会资本的基石。企业间的诚信也是企业合作的基础。据中国企业家调查系统在2007年关于"与其他企业合作时企业经营者最看重的因素"的调查，有88.8%的企业家认为"双方诚信"是他们选择合作伙伴时最重要的考虑要素，比重明显高于其他选项（如表5.2所示），充分说明信任是合作的基础。

表5.2　　　　　　在与其他企业合作时企业经营者最看重的方面

调查选项	百分比（%）
双方诚信	88.8
长远发展	66.3
优势互补	55.6
利益一致	35.0
运作规范	33.2
双方志趣相投	5.3
其他	0.3

从认知角度讲，信任是一个经济主体估计另一个经济主体不采取某种特定的机会主义行为的主观预期。它既是一种个体心理特征，又具有经济学、社会学意义。根据前面对社会资本的定义，社会资本的一个重要特性是网络成员之间的信任。信任关系可使企业建立起长期的合作机制，可以获得长期利益。

信任关系是组织或个人随着对彼此行为的观察和了解而逐渐形成的。在个体企业之间，信用的选择与放弃（即冒险、悖信、采取机会主义行为）实质上是一场囚徒困境博弈。在博弈中，每个行动者都可能利用他人的信任而自己采用背信的行为以获得直接的收益，但这样的结果使长期的合作难于实现。而若企业出于长期利益的考虑，就会将"一次性囚徒困境博弈"转化为"多次的重复合作博弈"，这时企业背信的代价很大。对企业来讲，理性的选择是在经济交易与合作中采取信任，这样企业间的合作信任机制就得以建立起来，并最终成为企业间的信任自律机制。这种由重复博弈创造出来的合作演进过程，可以用图 5.2 直观地表示。

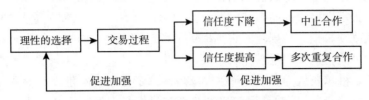

图 5.2　多次重复交易的信任合作机制

信任行为的发生离不开利益的追求与权衡。信誉是信任的集中化，是广泛的信任。信誉源于理性预期，而预期选择又源于交易过程中的博弈。信誉投资可带来信誉租金，降低了日后交易中的成本，获取声誉带来垄断形成的利润；而信誉投资也会导致企业成本的增加。因此一般认为，信任的程度与长期利益成正比，与短期利益成反比（见图 5.3）。一个考虑长期利益的企业更愿意做出信任行为。

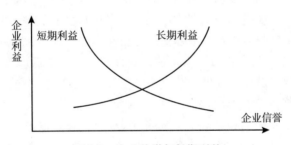

图 5.3　企业信誉与长期利益

5.2.2　制度规范对高新技术产业生长的影响

人们的理性行动总是在一定规范指导下的行动。规范是社会认定的、对各种行动进行控制的权利，规范是人们行动的准则。规范作为社会资本的表现形式，为人们指明了什么样的行动符合要求或正确。它是人们有意创造的，其实施常常伴有各种赏罚措施。如果规范为人们所遵守，他们将获益；如果人们违背规范，他们将受损。规范通过奖惩来约束个体的行动，从而有利于组织目标的实现。因此，规范存在的唯一条件就是行动者之外的其他人拥有影响行动者行动的权利。

在对大量社会事实分析基础上，詹姆斯·科尔曼对规范进行了分类。

在他看来，规范可以分为以下两种相对应的类型：一是禁止性规范与指令性规范。某些规范限制甚至禁止人们采取某种行动，在系统内部这种规范提供了否定性反馈；而有些规范，则是鼓励或者命令人们从事某种行动，这类规范则属指令性规范，它则提供了肯定性反馈。当然，如果行动只存在两种可能，这些规范既是禁止性也是指令性的。二是共同性规范与分离性规范。科尔曼认为，"共同性规范是指每个行动者既是规范的受益者又是目标行动者"，也就是规范的受益者与目标行动者同为一个人，人们既从规范的实施中又从未加限制的行动中获得好处。而分离性规范则是指两者相分离的情况，也就是说"在一个社会行动系统中受益者不是目标行动者，或者某些目标行动者不是受益者"。

在对高新技术产业的研究中，规范可以理解为政策、制度与规则。作为社会资本规范的"政策"是特指能改善组织间关系的非强制性政策，如促进产业集群内组织间合作、互动的政策等。下面以印度班加罗尔软件产业集群为例分析根植于其中的规范所起的作用。

20世纪80年代以前，印度的大多数产业具有以下特征：局限于不发达的国内市场，规模和复杂性都比较低，公司之间的竞争处于低水平状态，缺乏产业集群和有效的制度支持，软件业需求很小，行业萎缩。转机出现于1984年，从甘地政府重点扶持软件业开始，随后印度于1986年颁布《计算机软件出口、发展和培训政策》，广泛鼓励各种形式的合作与软件职业培训，包括"走出去"（如出国留学、国外办厂、办研究所）与"引进来"（如国外直接投资、合资办企业等），直接促进了印度软件产业的合资、合作与各种联盟的出现，带动了软件业的巨大发展。尤其是在知识密集的班加罗尔，1991年建立了印度第一个软件科技园。在1999年发布的《IT行动计划》中，提出印度成为世界IT超级大国的目标，并从各项政策与制度上保障软件产业的优先发展，其中最显著的一点就是高度鼓励合作，尤其是与全球知名企业或软件强国合作。在这些政策鼓励下，班加罗尔分别与美、中、日、以色列等国签署大量合作开发计划，如班加罗尔最著名的软件企业Inosys与微软、IBM、Intel等企业建立多个合作项目，共图发展。正是这些非强制性政策作为促进合作的社会资本因素，极大地促进了班加罗尔软件集群的发展，造就了今日的班加罗尔成为"亚洲的硅谷"。班加罗尔的软件企业之间互相合作、共同开发软件项目，诚信守约是起码的游戏规则，"追求卓越"的职业精神成为一个工作的原则，这些非强制因素被班加罗尔的软件工程师奉若神明，引导他们精益求精。规范在无形之中激励或约束着人们的行为方式和人际关系，使之趋向合作与信任，从而改善了班加罗尔软件集群的关系网络，提高了集群的区域竞争力。

5.2.3　高新技术产业中社会网络构成

社会网络是指在一定地域范围内，其行为主体在各种交往过程中形成的正式或非正式的关系。企业社会网络的形成可以分为三个途径：第一，企业与上下游的供应商、客户、代理商等企业在生产销售等环节进行交流合作形成的合作关系；第二，企业与大学、研究机构、培训机构、地方组织机构发生合作和交流形成的关系，以及和竞争对手通过行业协会等发展起来的合作关系；第三，企业在多个层面上和相关行为主体建立起的合作关系。

上述关系可概括为企业内部关系和企业外部关系。企业内部关系网络是指与相关企业通过数次交易后建立起的长期信任合作关系；企业外部关系网络主要指企业家通过各种社会联系构建起来的关系网络。如图 5.4 所示。

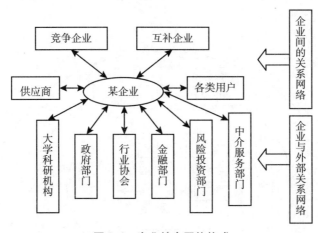

图 5.4　企业社会网络构成

对于产业来讲，本书假设产业网络组织存在于任何一个产业内部，任何一个产业都会由行为主体之间的互动而形成一个紧密联系的产业网络，即使这些网络在成熟度、紧密度等方面存在众多差别性的特征。根据哈坎森（Hakansson，1992）的观点，网络应该包括主体、行为和资源三个基本组成要素。

行为主体可以是个人、企业或其他组织，也可以是一个企业群。本书将产业网络的行为主体分为两大类：一类是基于价值链而紧密联系的具有一定产业关联的企业群，称其为"价值链主体"（价值链主体在某种意义上等同于企业网络，而本书将企业网络视为产业网络的一个组成部分，产业网络是企业网络与产业环境的有机融合）；另一类是对企业提供各种服务和支持的组织和机构，称其为"产业生态主体"。

"价值链主体"既包括处于不同生产链环之上的紧密合作的上下游企业，同时还包括处于同一生产链环之上的同业竞争企业，由价值链主体所形成的企业群体可被视为一个生产系统。而"产业生态主体"可以被视为协助生产企业不断为其提供各种资源以提升企业核心竞争力的组织机构系统。产业生态主体包括提供政策支持的政府，提供知识技术和人力资源的教育和培训机构，提供资金的金融机构，以及提供各种信息和技术的行业协会和科技中介等（如生产力促进中心、科技咨询机构、创业中心等）。产业生态主体是企业生存的外在环境的重要组成部分，产业生态主体越健全、越完善，就越能够为企业提供有力的支持和服务。因此，在某种意义上，产业网络可以被视为是一个产业生产系统与产业生态系统的有机融合，如图5.5所示。

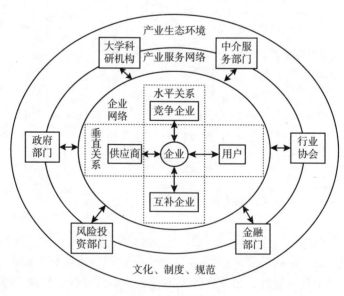

图5.5　产业网络的构成

通过上述对社会资本构成的分析，再次说明社会资本是一种基于地缘、业缘、史源、文源之上形成的文化、制度、网络、信任与承诺等的合作关系，这种社会网络关系具有地域根植性，是网络中成员长期的规范、诚信、承诺及往来，扎根于区域环境中，不像其他资本具有可转移性，各地区要根据自己的社会文化基础进行长期规划和培育。

5.2.4　社会资本与高新技术产业要素获取

信息、资金、技术、人才等要素的流动是科技型企业成长的基本条件。社会关系网络的构建有利于要素在企业之间充分流动和高效配置。格鲁特尔特等人认为，"社会资本有利于传播技术和市场信息，从而减少市场在信息传播中的失败"。在目前信息渠道和信息系统尚未完善的条件下，通过非市场渠道——社会关系网络获取信息，可加快企业的成长。林南认为，"在市场不完备，信息不对称的情况下，网络充当了信息桥，通过社会关系网络可以获得许多有价值的信息"。社会关系网络不仅提高了信息流动的频率和效率，同时也为知识流、经验流、技术流、资金流以及人才流等"要素流"创造了机会和便利，见图5.6。具体讲，创新资源包括信息、知识、资金等。

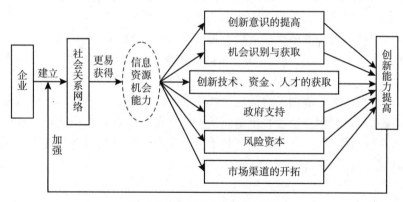

图 5.6　社会资本与资源获取

1. 社会资本有助于信息获取

对企业来说，信息包括产品信息、技术信息、市场信息等，能否及时准确地获取这些信息对企业是至关重要的。及时准确的信息可以帮助企业正确而迅速地制订技术创新的计划和战略，为创新的成功打下基础；反之，不仅导致企业技术创新行为上的迟滞，甚至会导致创新活动的失败。

社会资本在信息、知识等资源获取中的作用非常明显，企业通过各种社会联系，从相熟的、信任程度较高的部门或企业那里以较低的成本获得真实而有价值的信息，减少了对信息甄别选择的时间，降低了获取信息的成本。

企业的创新活动首先从 Idea 开始。一般讲，在 Idea 形成阶段，企业从外部网络中获取市场需求信息，并进一步转化成 Idea，这些外部网络包括专业市场、中介机构、会议展览、竞争对手、供应商、客户等，在这一阶段，网络组织之间流动的主要是信息。对于不同的企业，其利用外部网络的方式可能不同。如有的企业通过经常参加各种交易会及同行业产品的展销会带回来许多新的市场需求信息，当这些企业根据新的市场信息开发出新产品后，其他一些企业往往很快也跟着上这种新产品。在这种情形下，对于那些领头企业来说，他们创新的 Idea 主要来自会议或展览；而对于那些学习者来说，他们的 Idea 则更多的来自区域内的竞争对手。

盖文启等人（2002）也认为企业在获取创新的信息时，首先考虑的是通过参与本地区各种市场交易会、贸易洽谈会或经验交流会等活动来获得。他们曾对 6 000 家企业进行问卷调查（其中软件行业的企业 1 000 多家，生物工程及新医药企业 300 多家），结果发现，有 54.5% 的被访企业的创新信息来自与本地供应商的交流而获得，有 36.4% 的被访企业的创新信息来自于本地市场，而有 20.5% 的被访企业的创新信息来自本地的各种展览。

据樊杰等人对我国沿海地区中小企业技术情况的调查显示，同行业企业和技术市场是中小企业技术信息的主要来源；专业信息机构、互联网和行业协会也是相当一部分企业的技术信息来源；除互联网外其他大众媒体获取的信息比重不高（见表 5.3）。

表 5.3　　　　　　　　　　　　企业技术创新的信息来源

信息来源	企业比例（%）
同行业企业	51.2
技术市场	46.9
专业信息机构	23.5

信息来源	企业比例（%）
行业协会	20.5
大众媒体	12.3
政府部门	6.0
互联网	23.4

资料来源：樊杰：《中小企业技术创新与区域经济发展》，中国科学技术出版社 2004 年版，第 89 页。

从统计数据上看，政府部门为企业获取技术信息所作的贡献最少，只有 6.0% 的样本企业曾经从政府部门获取过技术信息，说明在现实中政府部门在为企业提供及时可靠的信息方面还存在较大的不足。

2. 社会资本有助于知识获取

英国科学家、哲学家波兰尼（Polanyi）按照知识的表达方式，将知识分为显性知识（explicit Knowledge）和隐性知识（Tacit Knowledge）。显性知识指用书面文字、图表和数字表述了的知识；隐性知识是指尚未被语言或其他形式表述的知识，如经验和诀窍，面对面的交流是获取隐性知识的主要途径。无论是显性知识还是隐性知识，其学习效果都与企业的社会资本有关。有研究证实，企业与外部的关系越紧密，其技术吸收能力越强，学习和知识获取的机会就越多；企业之间的信任度越高，知识的获取量就越大。

在知识和信息流动方面，群体内企业主要通过与研究机构、中介机构和相关企业的接触，甚至可能通过私人关系实现技术知识的传递。这些技术信息流动既可能是单向的，如与中介机构（生产力促进中心等）的交流，企业基本上都只是作为信息接收的一方；而大多数情况下是双向的，如与同学、朋友关于技术信息的交流，与研究机构之间合作项目的开发等。

干中学（Learning by Doing）和用中学（Learning by Using）是创新过程的重要组成部分。它意味着人们能够在解决生产问题的过程中学会如何生产，在与客户交流的过程中学会如何使用，在克服各种瓶颈的过程学会如何改进产品。而在集群竞争优势网络内，企业可以与竞争对手、与客户、与供应商以及与其他成员直接的面对面的交流，这些交流有助于促进干中学和用中学。

3. 社会资本有助于资金获取

科技型企业创新活跃，具有投资成本高、风险大的特点，由于企业自身资源的限制，企业技术创新所需要的资金、人才、技术、知识等资源都需要利用社会网络从外部获取，尤其是资金。企业创新所需要的资金，可以从本地的银行机构、风险投资机构、政府甚至其他企业获得如图5.7。因为地理上的接近性，使得投资机构更容易了解企业的经营状况和创新情况；而由于本地的亲缘性，又使得投资机构和企业之间容易建立起相互信任的关系，这进一步降低了投资风险。在河北省一些特色产业区调查中发现，由于国有商业银行不愿意投资于那些新成立的具有高风险的技术型小企业，产业集群内则出现了内部融资现象，即以业主的"信任与承诺"为基础，类似于商业信用的"延缓性支付"，使业主之间以赊账的方式来计付加工费，形成资金方面的互助支持，如在清河羊绒产业集群内就通过这种方式解决了企业发展初期资金的"瓶颈"。

理论上讲，科技型中小企业的融资渠道可以有自有资金、申请银行贷款、吸引风险投资或天使投资、发行股票和债券、争取政府资金支持等多种渠道，见图5.7。但实际情况是：由于中小企业的信用等问题导致企业获得银行贷款困难，国内的风险投资还远远不能起到孵化企业的作用，直接融资资本市场门槛太高，而政府资助数量极其有限。因此科技型中小企业的融资渠道非常狭窄，主要还是依靠自有资金。面对这种情况，政府需要通过制度创新、企业需要通过培育社会资本来解决这一问题。例如企业可以通过自己的诚信建立起良好的社会关系来获取资金，还可以通过各种技术学习或联盟的形式分担技术创新的财务负担，从而间接地为企业获取创新所需的资金投入。

图 5.7　科技型中小企业资金来源渠道

4. 社会资本与产业内技术扩散

创新很大程度上也依赖于先前的积累，许多技术创新都来自于在已有的技术知识基础上的创新机会。而在一个产业集群内，由于同一区域内聚集了大量的相似企业，在已有的技术条件下，区域内的产品创新行为会非常密集。大量成功的创新在本地累积起来，提高了本地企业的技术创新能力。当新技术出现以后，借助网络优势所形成的技术扩散，无疑对产业的发展起到了促进作用。

所谓技术创新扩散是指创新通过一段时间、经由特定的渠道、在某一社会团体成员中传播的过程，社会资本有利于加速这一进程。社会资本的积累将提高创新扩散主体之间的关联，提高人际交往的频度，尤其有利于隐性知识的传递与扩散。由于隐性知识是在实践中感觉、领悟、通过非逻辑思维洞察出来的知识，属于人们内在的智慧，一般无法通过语言文字来表达，因此难以从书本、说明书中获得，其知识的转移则主要通过非正式互动的学习活动而实现交流与共享。

集群内的知识扩散主要有三种途径：一是企业层次组织知识的扩散，二是个人层次个人知识的扩散，三是个人与企业之间的扩散。一方面，技术人员把组织知识消化吸收以后，转化成为自己的个人知识（即内部化过程），然后在个人网络中扩散，这就实现了由企业到个人的扩散；而由于技术人员的流动，在各个企业内技术人员还会把自己个人知识转化为各个企业的组织知识（即编码化过程），这就实现了个人到企业的扩散（见图5.8）。

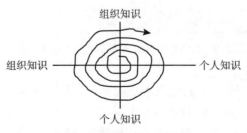

图5.8 集群内的知识扩散

该模型有些类似于知识转化的 SECI 模型，但这种知识的转化并不局限于一个企业，而是多个企业（或网络中的其他机构）的互动，通过在网络中不断地重复扩散，实现了知识在整个网络内的流动。此外，在集群内知识扩散的另一种途径是本地化知识的辐射，如企业通过当地的一些媒体或"道听途说"获取某些知识或信息。

社会资本还影响企业对新技术的采用行为。在技术扩散中，大众传媒起"周知"作用，中介机构起"桥梁"作用，而人际交往则起"相信"作用。大部分个体评价一项创新成果，并不仅以专家们科学研究的结论为准，而是更相信已采用了此新技术的同伴们的判断。因此有同伴率先示范，网络内其他成员将模仿他们的行为。网络内组织间的关联度越高，相关技术创新扩散的速度越快。

5. 社会资本作用机制模型

产业是由一个个企业构成，企业的成长决定着产业的发展。企业成长可分为内部成长与外部成长。这里外部成长是指企业数量的增多；内部成长是指企业自身的强大，包括企业规模的扩大及竞争能力的提高，而竞争能力取决于企业的创新能力。按照上述对社会资本的含义和社会资本作用的分析，社会资本分别从地域文化与信任、社会关系网络、制度及规范三个维度，对高新技术企业的衍生、发展及创新能力提高三方面影响高新技术产业的发展（见图5.9）。

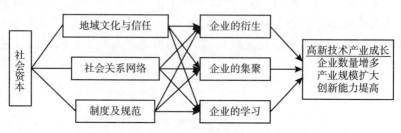

图5.9 社会资本促进高新技术产业成长的路径

前文分析可以表明，社会资本通过信任机制、要素获取机制、创新扩散机制促进了企业技术创新能力的提高（见图5.10）。企业的生产过程就是不断融合各种资源的过程，由于资源的流动与配置是嵌入在社会关系网络之中的，社会资本成为介于市场和企业这两种资源配置机制之间的第三种机制。市场的作用是配置资源，企业是融合各种资源创造财富的经济组织，而社会资本的作用是加速这种融合。

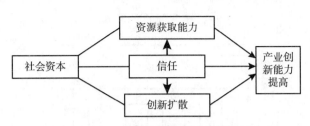

图 5.10 社会资本作用机制模型

在企业发展的不同阶段，社会资本的网络构成会有所不同。在企业创立阶段，企业家的沿袭性社会关系对企业的发展起到关键性作用，这种关系是基于相互的认同感、社会义务和一种基于亲情的信任为主要特征。因此在企业创立阶段，个人沿袭性社会关系越广泛、越密切，就越能获得资源。而在企业发展和成熟阶段，"塑造性关系"更为重要，因此企业要注重通过自身努力开拓各种社会资源，如与相关企业长期交易形成互信合作，与政府等相关服务部门长期交往形成相互信任，与社会团体长期相处形成良好的口碑，消费者长期消费形成对本企业产品的信赖和偏好等。企业只有通过不断努力塑造起紧密的社会关系网络，才能取得商业上的成功。

§5.3 社会网络对高新技术产业生长的作用机理

信任互惠的规范和网络等社会文化因素，有利于区域创新系统中各主体间的合作创新，降低交易成本、减少不确定性、加快区域创新网络的发育，为各主体互相学习及知识的扩散创造条件，从而降低创新的风险，提高区域创新系统中各主体的创新效率和区域创新能力，如图 5.11 所示。

5.3.1 高新技术产业社会网络主体构成

社会网络的基本构成要素是网络中的各关系主体、主体间的关系链条以及通过链条所流动的生产要素及创新资源。关系主体主要包括企业、大学或研究机构、政府等公共组织机构、中介组织以及金融机构五个方面；链条是各种资源流动的渠道；链条中流动的资源既包括物质、人力等有形资源也包括知识、信息等无形资源。社会网络中各关系主体的功能如表 5.4 所示。

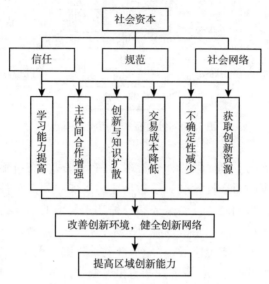

图 5.11　社会资本提升创新能力的路径

资料来源：根据丁焕峰：《学习与区域创新发展》，中国经济出版社 2006 年版，第 172 页图改进。

表 5.4　　　　　　　　　　　社会网络中各关系主体的功能

与企业相关的主体	功能
大学、研究机构	（1）生产新知识，这些知识包括基础知识、应用知识和技术；（2）提供人才，教育和培训大量的毕业生、工程师和科学家对企业技术创新具有重要作用；（3）衍生新企业，许多大学、科研院所直接将高新技术转化为生产力；（4）建立科技园孵化新企业。纳尔逊（Nelson）在 1993 年指出：大学及研究机构为区域创新活动提供两种重要的充足资源，即科学知识和有技能的劳动力
政府	政府的作用从宏观上看是制定相关政策引导产业发展，营造区域创新环境，增强区域内的信任度，促进区域内行为主体结网，促进大学研究机构和产业的联系
中介服务机构	中介服务机构主要包括半官方性质的企业联盟、行业协会、商会、创业中心（孵化器）、各种服务中心、会计师事务所、律师事务所、咨询机构等等。通过一系列的中介服务和有针对的营销服务，在创新过程中发挥"催化剂"的作用；发挥信息中介的功能，有效传递市场中的信息和技术，促进企业成长
金融机构	金融机构包括当地国有银行、地方商业银行、各种形式的基金以及借贷资金机构、风险投资机构等。金融机构的作用是提供企业发展所需要的资金

5.3.2 高新技术产业社会网络主体间学习行为

企业创新能力是由企业的学习能力决定的，社会网络在增加行为人学习能力方面发挥着重要作用。在通过社会网络连接的产业群体内，企业学习是通过正式学习和非正式学习两种途径实现的。

产业群体内企业的学习是一种集体技术学习的模式。从学习的层次看，群体企业的集体学习是分层次的，可以分成企业层次的正式网络中的学习和个人层次的非正式网络中的学习。企业层的学习是通过企业的经济关系所联结起来的，如企业把产品外观要求和设计参数提供给各个零部件供应商，这是一种企业之间的技术知识共享和交流。在企业层次上，正式的交流与学习比较多；而个人层的学习是通过个人（企业家或工程师）的社会关系网络联结起来的，如亲戚、朋友、同学等私人关系，在个人层上，非正式的交流与学习比较多（见图 5.12）。

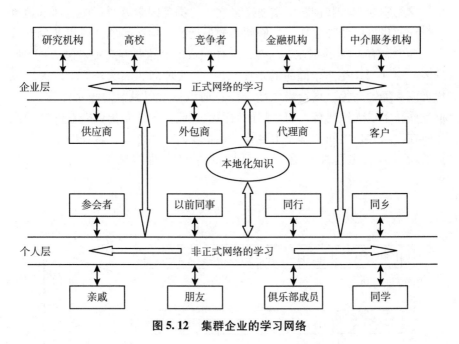

图 5.12 集群企业的学习网络

从图中可以看出，正式学习主要在企业与供应商、竞争者、外包商、代理商、客户、研究机构、高校、行业协会、中介服务机构之间进行，这种学习更多的是以正式交流与合作的形式实现的。而非正式网络中的学习主要在企业中的企业家或工程师与他们的亲戚、朋友、同学、同乡、以前同事（如跳槽以后与原单位的同事仍保持联系）、俱乐部成员（如硅谷的IT人士俱乐部）等之间进行的，这种学习更多的是以非正式交流与合作的形式（如喝茶、朋友聚会等）实现的。在群体中，非正式交流是实现技术学习的重要途径之一。这种交流，在马歇尔看来，会导致"观念的重组"。很明显，这种"重组"将体现出对企业技术学习的意义，因为组织学习首先是员工个人的学习，这些人士或多或少地会把重组后的观念和创新的点子带回组织，从而为组织所共享。对一些成熟的高科技群体而言，雇员之间的非正式交流是一个重要的内在特征，例如萨克森宁（Saxenian，1994）就观察到在硅谷的酒吧里，经常有工程师聚在一起讨论他们在工作中遇到的技术问题，近年来相似的"CLUB文化"也出现在北京的中关村（王缉慈，2001）。网络成员间的学习主要分为：

（1）企业与本地客户之间的学习。企业与客户之间的学习是企业利用集群网络实现学习和创新的重要途径之一。据英国学者对英格兰西部地区三个产业集群的调查发现，在所调查的最近的一项产品创新或工艺创新开发活动中，有30%的企业是与客户合作完成的。这些客户主要包括：本地的装配商（对于生产中间品的企业来说）、代理商、区域外的生产商以及代理商和经销商等。尽管当今社会信息通讯技术以及交通技术非常发达，但这些技术也无法代替人们之间面对面的交流，这也是集群企业网络的优势所在。与客户之间的学习主要有助于企业的产品创新，客户对于企业创新活动的影响主要体现在提供显性信息和隐性信息两个方面（见图5.13）。

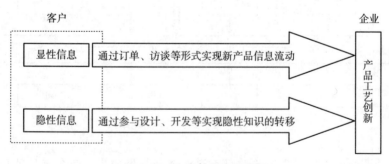

图5.13　企业与客户的学习

一是新产品或新工艺的信息大部分来自于客户，客户把对新产品的设计要求或技术指标提供给生产商，而生产商根据这些要求或指标设计出新的工艺或新的产品，在此过程中，学习的主要模式是一种显性知识的流动。正如中关村一家软件公司的负责人所说："我们经常和客户或产品的代理销售商保持着紧密的联系，非常重视他们反馈的产品的意见，比如有些客户经常给我们写信、打电话或发电子邮件。尽管如此，我们的销售人员还是经常与我们的销售代理商（或用户）特别是北京的软件专卖店的人员进行座谈，及时了解产品的销售情况，用户对产品的满意程度和消费需求。更关键的是，通过我们和销售代理商的交谈，我们也能够知道我们竞争对手企业的产品销售情况以及最近面市的新产品情况，通过了解这些信息，无形中产生一种压力和动力，促使我们更积极地进行产品的开发和创新"（盖文启，2002）。

二是在新产品或新工艺开发过程中，客户可能会跟生产商密切合作，以实现新产品的设计要求。在此过程中，学习的主要途径是生产商与客户之间面对面的交流，学习的实现形式是一种隐性知识的扩散，并形成企业自身的专有知识。例如软件开发企业在开发新的应用软件时，就有赖于与它们的客户（用户）的密切交流。

（2）企业与本地供应商之间的学习。供应商对企业创新活动的影响主要体现在创新概念形成、新产品开发和试制这三个阶段，他们对企业创新的作用体现在以下两大方面：

第一，供应商是企业创新信息的一大来源。如果说企业通过与客户之间的交流与合作而获得创新信息是一种市场需求推动的模式，那么企业通过与网络内的供应商的交流与合作而获得的创新信息则可以被看作技术推动的模式。前者更多的是提供产品信息，如外观设计要求，市场需求等，即更多的是一种 Know-what（是什么）知识；而后者更多的是提供技术信息，如新兴技术、新型设备等，更多的是一种 Know-how（怎么做）的知识。供应商是企业创新信息的重要来源，例如据国内学者对中关村软件企业的一项调查显示，70%的创新信息都来自于这些软件企业的供应商，即那些提供支撑软件的企业和本地技术成果的使用者（盖文启，2002）。

第二，供应商参与企业的新产品开发或试制活动。在新产品开发活动中，企业与原材料供应商、零部件供应商以及设备供应商的互动式交流带来了许多技术资源和设备资源，从而推动企业的产品创新与工艺创新。与客户参与企业开发活动不同的是，供应商不仅为企业开发活动提供技术知识支持，而且还提供物资或设备支持。

（3）企业与本地竞争对手之间的学习。产业集群的特点就是许多生产同类或相似产品的企业聚集在一个地区，他们之间的关系是一种竞争合作关系。一方面，作为竞争对手，他们会互相防着对方，尽量避免对方获取本企业的技术信息或产品信息；另一方面，由于各种各样的原因，企业与竞争对手之间又存在一种相互依赖的关系，又会在产品创新、生产工艺设计、技术设备引进、管理制度、市场策略等方面有意或无意的模仿竞争对手，虽然企业与本地竞争对手之间的学习主要通过非正式途径（如企业家之间的交流及技术人员之间的交流），但事实上，由于集群内企业之间的联系千丝万缕，这种学习也会通过正式途径，例如参观本地同行业的企业，这种学习相对于非正式学习而言，所获得的知识更加系统、更加全面，而且也有可能更加具体。例如，据央视新闻调查节目在对嵊州领带产业集群调研中发现，企业与本地竞争对手之间并非没有学习，相反，对于一些企业而言，这种学习还是相当频繁的（见表5.5）。

表5.5　　　　　　　　企业是否经常组织人员参观本地对手

	从不	偶尔 1~2次/年	一般 1~2次/半年	经常 1~2次/月	频繁 1~2次/半月	总计
企业数	1	21	14	7	1	44
百分数	2.1%	43.8%	29.2%	14.6%	2.1%	100%

从表中可以看出，在调查的企业当中，只有一家企业从未组织人员参观过本地同行业的竞争对手，而有将近一半的企业至少每年会参观同行业的企业一次，而有14.6%的企业经常（每个月1~2次）参观本地的同行业企业，这说明企业与竞争企业之间的正式交流也还是存在的。

（4）企业与本地中介性机构之间的学习。对于产业群体内的大多数中小企业来说，中介性机构对其创新绩效的提升起着重要的作用。这里所说的中介性机构是指介于政府和企业之间的服务性组织机构，如行业协会、商会、生产力促进中心、创业中心（孵化器）以及其他信息或技术服务中心等等。中介性服务机构多为各方合作、股份制运作、政府支持和参与等，具有专业化程度高、活动能量大、组织形式先进等特点。由于这些机构中聚集了信息、技术、投资、管理等方面的专家，可以为企业提供专业化服务，帮助企业获得市场机会和投资，可以有效地降低中小企业成长的

风险。中介性服务机构作为促进企业间网络联系的纽带，尤其是在扶持中
小企业创新方面起着重要的促进作用，主要表现在三个方面：

第一，中介性机构部分参与中小企业的技术选择决策。许多中小企业
没有自己的技术跟踪部门，因此在选择某条技术路径时，除了根据市场需
求以外，有时会参考中介性机构（如行业协会、生产力促进中心）的意
见。由于中介性机构及时关注本领域国内外最新技术和最新产品，他们可
以为中小企业选择何种技术提供有价值的建议。

第二，中介性机构可以为中小企业提供创新所需的信息和技术。由于
技术创新的簇群效应，中介性机构（如生产力促进中心等）对某一领域的
专业技术的集中研究与单个中小企业研究相比更具有范围经济性。除了技
术信息或知识以外，中介性机构（如行业协会等）还可以为中小企业提供
与创新相关的信息，如新政策、新法令、新协议等等。

第三，中介性机构可以对产业群体内的中小企业的创新活动起到协调
作用。如组织各种形式的活动，促进同行业之间的交流，组织会员企业参
加产品展销订货会、博览会等等。此外，中介性机构也可以通过制定行业
公约等方法维护区域内的创新环境，制止区域内的无序竞争。如浙江温州
市就有 18 个大大小小的行业协会或商会，都在不同程度上发挥了监督和
管理、维权和服务的作用。

（5）企业与大学研究机构之间的学习。区域内的大学或研究机构在区
域内企业创新中扮演重要角色，尤其对于一些以人才或知识为主要投入资
本的高新技术产业区，它们的成长离不开区域内的大学和研究机构的支
持。以中关村为例，园区内有以清华和北大为代表的各级各类高等院校 68
所，有各级各类科研院所 213 家，其中代表我国最高科研水平的中国科学
院所属 40 多个研究机构都主要集中在中关村，这些机构对中关村产业园
的成长发挥着重要作用。

企业利用区域内的大学和研究机构实现技术创新主要体现在以下几个
方面：

第一，大学或研究机构为企业创新提供基础知识、应用知识或技术。
基础知识作为企业技术创新活动的基础，虽然不像关键技术知识或产品化
技术知识那样给企业带来立竿见影的效益，但企业关键技术和产品技术的
开发离不开基础知识和应用知识。大学或研究机构的研发提高了基础知识
的存量，为企业提供了许多创新新技术的机会。

第二，获取技术创新资源，如技术性人才以及试验设备等等。大学和

研究机构培养了大量的科学家、工程师和技术人员，这些人员从大学或研究机构流入区域内的企业，成为各个企业研发部门的主力军。例如在中关村科技园的大约 18 万个从业者中，高素质的技术专家或高层管理者大部分都来自当地的高等院校和研究院所。

第三，企业与大学或研究机构合作开发某些项目。这种产学研合作关系作为一种契约形式，合作中对项目的时间跨度存在着一定的要求。尽管企业与大学或研究机构的合作不受地理位置的限制，但地理距离会对合作参与者之间的沟通效率和成本有影响，尤其是超过一定的地理距离时，沟通的频率和效果会急剧下降，从而降低合作的绩效。萨克森尼（Saxenian，1994）总结硅谷成功的经验时，认为硅谷的成功不是简单地集合了大量的高科技企业，更重要的是企业内的工程师们可以方便地共享大学里的各种信息、交换试验数据和解决方案。

（6）企业与地方政府之间的学习。与其他网络成员不同的是，地方政府并不直接参与企业的创新，但政府在与企业交流过程中，也会传递一些市场信息、产品信息或政策信号。企业与地方政府之间的学习途径通常有两种方式，一是政府以座谈会、交流会等会议形式，把群体内的企业组织起来，传达一些政策信息；二是政府官员深入群体内的企业实地考察，并对企业的经营管理提出一些指导性建议。即使对于群体内很少与地方政府直接打交道的企业而言，政府还可以通过电视、报纸等媒体将一些市场信息、产品信息或国内外最新政策动态辐射到企业。但是，地方政府作为群体网络中的一个节点，其作用主要体现在两个方面：一是规范群体网络内的市场行为和产品质量标准；二是营造集群学习和创新环境。如政府为促进高新技术产业发展，出台相关的科技政策、地方法规和政府规章，保护知识产权，鼓励大胆创新，积极吸引优秀的人才和外来的技术成果来此聚集等等。

（7）群体内各种学习途径比较。

由以上分析可以看到，高新技术企业通过与网络中各个节点的互动式学习获取各种创新资源，随着交流对象的不同，它们相互之间的学习内容及学习途径都不尽相同，各种学习途径之间的比较总结如表 5.6 所示。

对于企业来讲，只有通过各种途径的不断学习，才能积累起创新所需要的知识及技能，创造企业的核心竞争能力，保持企业的持续竞争优势，如图 5.14 所示。

表5.6 群体网络内各种学习途径的比较

学习对象	学习内容	学习途径	对创新的影响
客户	Know-what 知识	订单，信息反馈，获取信息，促进产品创新	获取信息，促进产品创新
供应商	Know-how 知识	合作开发，分包	获取新技术知识，促进产品创新和工艺创新
竞争对手	模仿学习创新成果	参观竞争对手的企业，产品反向工程，购买专利技术	技术引进，产品创新
中介机构	产品、技术、市场信息，共性技术知识	提供信息或共性技术服务	协调各企业创新活动，促进产品创新
大学	知识	人才培养，合作开发	获取人才及技术
研究机构	技术	技术资源共享，合作开发	获取新技术
地方政府	政策信息	座谈会、调研、媒体	营造集群创新环境

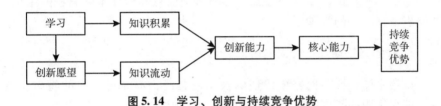

图5.14 学习、创新与持续竞争优势

5.3.3 社会网络对高新技术产业创新能力的影响

社会网络除了增加行为人的学习能力外，还在以下几方面发挥作用：

1. 社会网络减少网络成员的交易成本

一般来说，社会网络从两方面减少交易成本：减少社会信息搜集成本，降低交易风险节约交易费用。一是由于社会信息量大而复杂，社会成员对于所有信息不可能完全掌握，即搜集社会信息的成本很高，而运用社会网络可以大大降低社会信息搜集的成本；二是由于社会活动实质上是人与人、群体与群体、组织与组织等等之间的社会交换（或者说社会交易），而社会网络的一个重要方面是它本身具有信任机制，由社会网络提供必要的信任可以大大减少交易双方的交易费用。

2. 社会网络影响行为人的资源能力

社会网络作为各关系主体相互作用的网络系统，体现了行为人通过合法的社会联系摄取稀缺资源并由此获益的能力集合。这里的能力集合是强调社会资本存在于一个整体、一个系统中，行为主体之间密切的和特定的社会关系对行为人有很大的影响，它可以作为一种资源发挥作用，以帮助行为人达到一定的目标。科尔曼就认为社会网络是个人拥有的表现为社会结构资源的资本财产。

3. 社会网络增加行为人的信息力

社会网络在知识传播方面有着市场所无法比拟的优越性。在信息经济时代，产业间的互动不再只是资金流与物流的往来，信息所衍生的技术、知识的往来更显得格外重要。互相密切联系的个体之间通常会更快、更多地共享信息和知识，个体拥有的社会网络是信息和信任不断累积的结果，代表着一种重要的资源。

4. 社会网络增加行为人的协同力

社会主体在社会网络中价值的大小由其已占有及可占有的物质、能量、信息资源的能力所决定。取得网络内的组织认同，寻求更稳定、更长久的合作关系，是增加其在网络中价值的有效方式。社会网络内部存在的规范和认知结构的约束力量提高了企业的协同力，因为个体对社会网络中其他成员的机会主义行为会导致其信誉度的丧失，损害其自身在社会网络中的地位，使其随后的经济行为的交易成本上升，因此社会网络能通过内部协同有效地扼制机会主义行为的出现。

由上述分析得出，社会网络通过增强行为人的学习能力、交易能力、资源能力、信息力和协同力提高了行为人的创新能力。

在地理位置相对靠近的区域群体内，企业与专业市场、中介机构、竞争对手、供应商、客户、银行、政府等构成了一个资源共享、具有竞争优势的网络。由于地理位置上的接近有利于当地各要素间面对面交流，这种交流方式在知识共享和创新中是其他交流媒介所不能替代的。地理上的靠近和频繁的互动又促进了企业之间相互信任的产生。企业的创新活动正是在其所处的资源优势网络中进行的，企业在网络中学习，并在网络中实现创新。区域群体内企业创新模型见图 5.15。

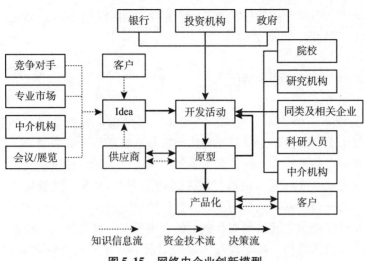

图 5.15　网络内企业创新模型

从图 5.15 中可以看到，特定区域群内企业的创新活动大致经历了 Idea 形成、开发活动、原型、产品化四个阶段。每一阶段，企业都充分运用竞争优势网络资源为其创新活动服务。资源竞争优势网络流动的方式主要有物理流（如人才流动、资金流动、产品流动等等）以及知识和信息流（如隐性知识和显性知识流动），而流动的方向既有单向的也有双向的。此外，流动的途径也是多种多样，如通过跳槽实现人才的流动，通过参加交易会或展览获得市场需求信息；等等。

在不同社会组织内部，个体与他人共事合作的能力是不同的，个体之间的自愿结合能力是不同的，社会网络的形成和扩展能力是不同的。其相互之间的诚信度越高，社会网络发展越快，创新能力越强。

§5.4　社会网络与高新技术产业创新绩效关系实证研究

由前面分析可知，高新技术产业内企业的社会网络影响了企业与企业之间、企业与其他创新主体之间的学习行为、学习方式和学习效果，并且对于信息、资源、资金和知识的交流互动具有显著的作用，而这种作用主要是靠企业的社会网络结构发挥作用，不同企业的社会网络密度、网络关系强度、网络异质性和网络中心性等因素决定了企业的技术创新绩效存在显著差异。本节将就高新技术企业社会网络结构和企业创新绩效之间的关系进行实证研究。

5.4.1 社会网络特征

20 世纪 80~90 年代尼尔森（Nelson）等一批学者提出技术创新网络理论，指出企业间的相互学习和合作创新是创新网络形成的基础。创新网络是指在一定的区域范围内，多个主体（企业、大学、科研机构、中介机构、金融机构、政府等）在相互之间技术学习过程中形成的长期的、正式的或非正式的合作创新关系的总和。这种关系既包括了企业与客户、供应商在交易过程中建立起来的产业链上的合作关系，也包括了企业在技术创新过程中与科研机构、高等院校、政府以及一些中介组织等建立的关系，还包括了在合作过程中各主体之间、企业家之间、个人之间所建立的社会或人际关系。创新网络内各行为主体通过知识的转移、吸收、消化、共享、集成、利用和再创造、技术的交流与扩散等方式来实现技术突破，以此来应对市场结构变化、技术变革的要求。尽管国内外对于企业技术学习的研究有丰富的经验积累和理论基础，但不难发现已有研究成果，多是从企业技术学习现状和存在问题分析出发，提出经验性、"点子"性的合作对策措施建议，虽然已有一部分学者将企业技术学习放置于创新网络中进行了研究，但研究还处于探索阶段。

明确创新网络特征是首先关注的问题，从文献研究来看，国内外学者普遍认为网络密度、网络关系强度、网络中心度、网络异质性是衡量创新网络特征的重要维度，在研究中使用频率相对较高。因此，选择网络密度表征创新网络的关系数量、网络关系强度测量结点间的联结强弱性、网络中心性衡量网络成员在网络中的位置、网络异质性表征网络成员的多样性，能够比较全面的衡量创新网络的特征。

其次是用何种指标来表征这种社会网络对企业的影响。企业进行技术学习，带来的最直接的效益就是创新绩效的提高。很多学者如詹宁斯（Jennings）、达斯（Das）和腾（Teng）等对于企业技术学习成果的研究关注于"绩效"，认为"绩效"是技术学习的直接成果。我国学者黄海波选用了经济绩效和产品绩效来衡量企业间技术学习水平。其中，选择生产效率、生产成本和利润等指标来衡量经济绩效，选择新产品数量和种类等指标来衡量产品绩效。因此，可以采用创新绩效可以来衡量企业间技术学习的水平。

结合以上分析，可以认为，企业技术合作的过程就是企业创新网络形成和发展的过程，是企业创新绩效不断提高的过程。创新网络的特征具体体现为网络密度、网络关系强度、网络中心性和网络异质性。基于创新网络视角，研究企业技术合作，主要就是分析创新网络密度、网络关系强度、网络中心性和网络异质性与企业技术合作（创新绩效）的关系。

5.4.2　主要观点与研究假设

1. 网络密度与企业创新绩效

网络密度是指网络中实际拥有的连线数（关系数量）与最多可能拥有的线数之比。它是衡量企业关系数量情况的指标，网络密度越大，说明企业的关系资源越丰富。网络密度越大，网络成员在技术学习过程中知识转移的可能性越大、数量越多，单（Shan）等对生物制药类企业间的学习和合作关系进行研究表明，合作关系数量对企业的创新绩效有显著积极影响。里根和米伊维利（Reagans & MeEvily）指出企业与其他企业和部门的关系数量可以增加企业获取外部知识的途径，增加获取相关知识的可能性。李志刚和汤书昆等对合肥高新区内高技术企业的实证研究结果表明，网络密度与企业的创新绩效之间存在着显著的正相关关系。国内外学者的研究结果表明，网络密度越大，网络成员接触和获取新知识的机会就越多，越有利于提高企业技术学习水平，增强企业创新能力，实现创新绩效的提高。

因此，提出假设 1：网络密度与企业技术学习正相关。

假设 1a：网络密度与创新绩效正相关。

2. 创新网络关系强度与企业技术学习

网络关系强度是指网络成员间的连接强弱性，它是网络成员间关系的密切程度的指标。强关系说明网络成员间关系密切，弱关系说明网络成员间关系疏松。企业与网络其他成员形成强关系，在创新方面拥有强大的优势。第一，强关系连接有利于企业获取外部知识。强关系连接的网络成员之间彼此关心双方的发展前景，彼此相互信任，可以很流畅并且很真诚地进行知识与技能的交流，大大减少了发生机会主义行为。乌西（Uzzi）指出网络成员间拥有强关系，将愿意交换彼此所拥有的与生产经营活动以及技术创新有关的敏感性资源。第二，强关系连接能够降低企业环境的不确定性。凯斯特（Keister）认为当企业所处的市场和社会环境不确定时，强关系联系的网络成员会及时地伸出援助之手，确保企业所需的基础原料的供应。辛和皮尔斯（Xin & Pearce）指出当国家政策和法律法规不健全时，企业受到外界环境干扰的可能性就比较大，但是如果企业处于强关系网络之中，往往通过彼此的强关系来补偿法制的不健全。

因此，提出假设2：企业的网络关系强度与企业技术学习正相关。

假设2a：企业的网络关系强度与创新绩效正相关。

3. 创新网络中心性与企业技术学习

网络中心性是指结点在整个网络的中心程度，反映了该结点在网络中具有多大的影响力和权力。中心性高的结点处于网络中的有利地位，有更多的选择权和更多的机会获取创新知识，还能够成为其他网络连接的桥梁从中谋取所需的利益。处于较高中心性位置的企业，由于可以与更多的网络成员联系，那么当其在选择学习伙伴时，有更多的机会挑选不同类型的合作伙伴，也能够在大量相互联系的网络成员中挑选最合适的合作伙伴。反过来，其他网络成员在挑选合作伙伴时，也希望挑选到实力雄厚、拥有创新前景的企业，而位于网络中心位置的企业往往在在这方面成绩突出，也因此拥有更大的机会被选为创新合作伙伴，从而有更多的机会分享到创新带来的好处。

因此，提出假设3：网络中心性与企业技术学习正相关。

假设3a：网络中心性与创新绩效正相关。

4. 网络异质性与企业技术学习

网络异质性是指网络成员的不一致性，体现的是创新伙伴类型的差异程度。网络异质性与网络规模并不存在正比例关系，同一创新网络中完全可以出现网络规模大，而网络异质性小的特征。弗兰卡（Franke）总结出，网络内成员的特点差异越大，表示网络异质性越大，资源不同的可能性就越大。网络异质性能够为企业提供更多差异程度较大的创新性资源，提供更多种创新要素组合的机会，提高了企业技术突破的能力，拓宽了企业的发展路径。网络成员异质性越高，其他网络伙伴为企业提供差异化、专业化的知识、信息、技术的能力越突出。这些差异化、专业化的知识、信息、技术，加快了企业技术创新速度，提高了企业的技术创新能力。哈里森（Harrison，1994）通过对美国硅谷产业区内的 1 000 家制造型企业的实证研究发现，企业实现创新优势的速度与其网络异质性正相关。

因此，提出假设 4：网络异质性与企业技术学习正相关。

假设 4a：网络异质性与创新绩效正相关。

5. 技术积累的调节作用

相对于企业内部能力观，我们认为网络理论过多的关注企业外部联系对于企业创新的影响，忽略了企业自身技术积累对创新资源的接受、吸收和利用能力的影响；当企业消化吸收并且应用新知识或者新技术时，其原有的技术积累决定了对这些新知识利用率的高低。因此，企业自身技术积累越雄厚，在甄别、评价新知识方面越专业，越容易提高创新绩效。

企业创新网络密度越大，组织知识转移的可能性越大、数量越多，越有更多的机会和途径来解决技术创新过程中遇到的问题；强关系连接的网络成员通常保持着高度的信任或相依关系，便于企业的外部知识获取；中心度高的企业在网络中可以获得丰富的信息和资源，网络异质性高的企业可以触及差异化的信息和独特的知识，但由于企业自身技术基础和管理者能力的限制，企业有时不能准确的识别、评价并准确的应用新的信息和资源，这时企业的创新绩效就会受到影响。企业网络研究的有关文献证明了这一点，网络可获性受到单个企业在创新网络中的地位及其技术创新层面的限制。刘元芳等基于江浙沪闽企业的数据资料分析了创新网络与创新绩效的关系，发现企业建立的技术联盟数量对创新绩效产生正向影响，企业的网络中心地位对创新绩效正向影响，企业内部拥有的创新知识对前面关系正向调节。我们认为企业自身的吸收能力在企业获取知识和技术，并利用知识、技术形成创新绩效的过程中，起到调节的作用。因此，提出以下假设：

假设 5：企业的技术积累正向调节创新网络密度与企业技术学习的关系。即企业技术基础雄厚时，创新网络密度对企业技术学习具有更大的正向影响；反之亦然。

假设 5a：企业的技术积累正向调节创新网络密度与企业创新绩效的关系。即企业技术基础雄厚时，创新网络密度对企业创新绩效具有更大的正向影响；反之亦然。

假设6：企业的技术积累正向调节创新网络关系强度与企业技术学习的关系。即企业技术基础雄厚时，创新网络关系强度对企业技术学习具有更大的正向影响；反之亦然。

假设6a：企业的技术积累正向调节创新网络关系强度与企业创新绩效的关系。即企业技术基础雄厚时，创新网络关系强度对企业创新绩效具有更大的正向影响；反之亦然。

假设7：企业的技术积累正向调节创新网络中心性与企业技术学习的关系。即企业技术基础雄厚时，创新网络中心性对企业技术学习具有更大的正向影响；反之亦然。

假设7a：企业的技术积累正向调节创新网络中心性与企业创新绩效的关系。即企业技术基础雄厚时，创新网络中心性对企业创新绩效具有更大的正向影响；反之亦然。

假设8：企业的技术积累正向调节创新网络异质性与企业技术学习的关系。即企业技术基础雄厚时，创新网络异质性对企业技术学习具有更大的正向影响；反之亦然。

假设8a：企业的技术积累正向调节创新网络异质性与企业创新绩效的关系。即企业技术基础雄厚时，创新网络异质性对企业创新绩效具有更大的正向影响；反之亦然。

基于以上假设，本书确定整合概念模型，将企业技术学习、技术积累以及创新网络整合在一个统一的理论框架内进行研究，如图5.16所示。涉及的变量主要包括，网络密度、网络关系强度、网络中心性、网络异质性、技术积累以及创新绩效。其中，技术积累是控制变量，研究其对理论假设的调控作用。

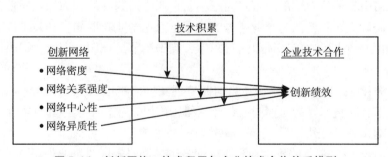

图5.16　创新网络、技术积累与企业技术合作关系模型

5.4.3　变量定义与研究样本

1. 网络特征的测量

（1）网络密度的测量。金亚瓦伊和马达苑（Gnyawai & Madhavan）对网络密度测量时采用以下题项：与同行业其他企业比较，本公司与更多家上游企业有来往；与同行业其他企业比较，本公司与更多家下游企业有来往；与同行业其他企业比较，本公司与更多家同类企业有来往；与同行业其他企业比较，本公司与更多家科研机构有来往；与同行业其他企业比较，本公司与更多家非科研组织有来往；与同行业其他企业比较，本公司与更多家金融机构有来往。根据以上学者选取的测量题项，形成了测度创新网络密度的测量题项。

（2）网络强度的测量。学者们对于网络强度的测量采用了多种题项，在借鉴池仁勇选取创新网络强度测量题项基础上，分别从与供应商、客户、其他同类企业、科研机构、大学、政府等主体的联结强弱来测量网络强度。

（3）网络中心度的测量。在借鉴了前人研究的基础上，选取公司在行业中处于主导位置、具有很强占据合作关系网络中心位置的能力来测量网络中心度。

（4）网络异质性的测量。根据 Caner、胡青等的研究设计问卷，选取"主要创新伙伴的类型差异程度（包括联系背景、类型和分布区域）"作为测量网络异质性的测量题项。

2. 创新绩效、调节变量、控制变量的测量

（1）创新绩效的测量。对于创新绩效的测量，主要参考了陈劲、陈钰芬结合技术创新本质内涵、特点、创新过程特征，以科学性、完备性、可比性等为原则提出的企业技术创新绩效评价指标体系。

（2）调节变量的测量。考虑到填答人专业层次不同，将企业技术积累描述成"企业开展技术创新项目时所具备的优势与条件"，指标设置为："本企业设备设施能够满足技术创新项目生产需求、资金实力足以支撑该项目、技术积累能够满足该项目需要"。

（3）控制变量的测量。企业创新绩效除了受到其创新网络特征以及企

业自身吸收能力的影响之外，还有可能受到诸如企业规模、企业年龄等因素的影响。为了减少这些因素对研究结果产生的影响，更加突出所选用变量对企业创新绩效的影响效应，将这些变量作为控制变量。借鉴吴晓冰、郑海涛对于企业规模的测量，通过对企业员工人数的测量来对企业规模进行控制，通过企业从建立之年到 2012 年的时间跨度来测量企业年龄。

3. 样本选择与数据收集

本文实证分析选择问卷调查的方式来获取所需数据，将调查问卷发放的对象确定为保定新能源及输变电产业集群中的企业。

保定市新能源及输变电产业集群就经过十余年的持续建设，先后获得国家中小型企业创新基金项目 100 多项，保定市新能源及输变电产业集群通过科技部科技型中小企业技术创新基金论证，成为全国唯一一家国家级新能源与能源设备产业基地。保定已成为"中国电谷"。这一模式被称为创新驱动跨越发展的"保定模式"。

保定市新能源及输变电产业集群坚持集群化发展战略，在依托当地新能源产业发展的基础之上，从 2000 年开始有针对性的打造新能源与能源设备特色产业集群，2003 年 5 月被国家科技部认定为国家火炬计划保定新能源产业基地，"中国电谷"步入集群化提升阶段。目前，"中国电谷"有新能源与电力相关企业 200 余家，其中一些龙头企业占据行业重要位，在国内外能源产业领域享有声誉。如英利新能源公司已建成世界第二、国内唯一的具有全产业链的多晶硅电池生产体系，成立于 2001 年的中航惠腾风电设备公司目前已发展成国内最大的拥有自主知识产权的风电叶片制造商。"中国电谷"2006～2008 年连续三年保持 50% 以上的增长，2006～2010 年连续五年以年均增长达 30% 以上，2010 年实现工业总产值 780 亿元。目前，该产业集群中的企业共有专利 627 项；其中发明专利 105 项，而国家创新项目获得的发明专利数占总发明专利的 36.8%。截至目前该产业集群共争取到国家中小企业创新基金项目 97 项，国家集群专项基金共7 235 万元。"中国电谷"初步形成了"政府引导，企业主体，科技管理部门主动推进，官产学研有效结合，全社会广泛参与"的创新驱动发展格局。

保定市新能源及输变电产业集群能在短短的十余年内取得如此成功，究其原因，很大程度上归结于该产业集群能够依托京津冀等地的高校、科研院所等创新主体的知识创新优势，打造区域性创新网络，充分进行企业与各个创新主体之间的学习，并最终提高企业的创新绩效。

本次调查以保定市新能源及输变电产业集群为调查对象，调查过程中抽样的样本均受到过科技型中小企业技术创新基金支持并成功通过了验收，这可以保证样本企业起码完成过一次技术创新。样本企业 99 家，发放问卷 99 家，回收问卷 91 家，回收率为 91.9%，其中有效问卷 89 份，问卷有效率为 89.9%，具有较好的代表性。

4. 信度与效度检验

（1）信度检验。选择 Cronbach's 系数分析来检验各变量量表的信度。保定新能源及输变电产业企业样本的信度分析结果表明，各个因子的 Cronbach's 系数都大于 0.6，Alpha if Itemis Deleted 系数均小于或者约等于整个变量（因素）的 Cronbach's 的值，研究量表体现出较高的内部一致性，具有较高的信度。

（2）效度检验。采用 KMO 检验和 Bartlett 球度检验来对问卷中各个指标的效度进行考察、检验，各变量内部的一致性都在 0.627 和 0.708 之间，具有很好的效度。

表 5.7　　　　　　　　　　　　各变量间相关系数

变量	1	2	3	4	5	6	7	8
企业年龄	1	—	—	—	—	—	—	—
企业规模	0.481**	1	—	—	—	—	—	—
网络密度	0.291**	0.14	1	—	—	—	—	—
网络关系强度	0.187*	0.212*	0.633**	1	—	—	—	—
网络中心性	0.301**	0.243**	0.587**	0.410**	1	—	—	—
网络异质性	0.156*	0.133	0.543**	0.523**	0.487**	1	—	—
技术积累	0.166	0.111	0.287**	0.394**	0.369**	0.213**	1	—
创新绩效	0.067	0.206**	0.519**	0.696**	0.430**	0.610**	0.526**	1

表 5.8　　　　　　　　　　企业创新绩效的多元回归分析结果

变量	M_1	M_2	M_3	M_4	M_5	M_6
企业年龄	0.152**	0.045	0.041	0.044	0.043	0.031
企业规模	0.019	0.097*	0.103*	0.088**	0.066	0.075*
网络密度	—	0.483***	0.364***	0.342***	0.334***	0.368***
网络关系强度	—	0.402***	0.397***	0.401***	0.408***	0.404***

续表

变量	M₁	M₂	M₃	M₄	M₅	M₆
网络中心性	—	0.451 ***	0.423 ***	0.417 ***	0.408 ***	0.400 ***
网络异质性	—	0.310 ***	0.250 ***	0.256 ***	0.268 ***	0.270 ***
网络密度×技术积累	—	—	0.156 ***	—	—	—
网络关系强度×技术积累	—	—	—	0.090 **	—	—
网络中心性×技术积累	—	—	—	—	0.105 **	—
网络异质性×技术积累	—	—	—	—	—	0.057
R^2	0.023	0.723	0.744	0.743	0.73	0.724
Adj R^2	0.019	0.716	0.733	0.738	0.721	0.718
ΔR^2	—	0.700 ***	0.021 ***	0.020 ***	0.007 **	0.001

注：表中列示的是标准化回归系数；模型中的 ΔR^2 是指与模型 2 作比较；* 表示 $p < 0.10$，** 表示 $p < 0.05$，*** 表示 $p < 0.01$。

5.4.4 模型检验

运用 SPSS 软件对变量进行 Pearson 相关分析，以检验创新网络和创新绩效之间的关系。由以上看出，各个因素之间存在着一定的显著相关关系，下面将利用多元线性回归方法，进一步分析这些因素间的因果关系，以探索创新网络特征的各个维度对创新绩效的影响能力，同时引入技术积累与相关变量形成的交互项来检验研究技术积累对创新网络特征与创新绩效所起的调节作用。

多元回归分析验证过程共估计了 6 个模型（M1～M6），被解释变量为创新绩效。在模型 1 中，解释变量仅包括控制变量，模型 2 在控制变量的基础上加上了网络密度、网络关系强度、网络中心性、网络异质性 4 个自变量。模型 3、模型 4、模型 5、模型 6 在模型 2 的基础上，分别加上网络密度与技术积累、网络关系强度与技术积累、网络中心性与技术积累、网络异质性与技术积累 4 个交互项。

模型 2 的结果表明，在控制变量的基础上加上网络密度、网络关系强度、网络中心性和网络异质性，模型的解释力显著提高（$\Delta R^2 = 0.700$，$P < 0.01$），网络密度与创新绩效存在显著的正相关关系，从而支持了假设 1；网络关系强度与创新绩效存在显著的正相关关系，从而支持了假设 2；网络中心性与创新绩效存在显著的正相关关系，从而支持了假设 3；网络异质性与创新绩效存在显著的正相关关系，从而支持了假设 4。

模型 3 的结果表明，在模型 2 的基础上增加网络密度与技术积累的交互项，模型的解释力显著提高（$\Delta R^2 = 0.021$，$P < 0.01$），技术积累显著正向调节网络密度与创新绩效关系（$\Delta R^2 = 0.156$，$P < 0.01$），从而支持了假设 5。

模型 4 的结果表明，在模型 2 的基础上增加网络关系强度与技术积累的交互项，模型的解释力显著提高（$\Delta R^2 = 0.020$，$P < 0.01$），技术积累显著正向调节网络关系强度与创新绩效关系（$\Delta R^2 = 0.09$，$p < 0.05$），从而支持了假设 6。

模型 5 的结果表明，在模型 2 的基础上增加网络中心性与技术积累的交互项，模型的解释力显著提高（$\Delta R^2 = 0.007$，$P < 0.05$），因此，从总体上说，技术积累对创新网络中心性与创新绩效关系的正向调节作用是存在的（$\Delta R^2 = 0.105$，$P < 0.05$），即当集群企业具有较高的技术积累时，创新网络中心性对创新绩效有更大的正向影响，反之亦然。所以，假设 7 成立。

模型 6 的结果表明，在模型 2 的基础上增加网络异质性与技术积累的交互项，模型的解释力没有显著提高（$\Delta R^2 = 0.001$），技术积累调节网络异质性与创新绩效关系并不显著，从而假设 8 没有成立。

综合上述假设检验结果可知，关于创新网络密度、网络关系强度、网络中心性、网络异质性各维度与正向影响创新绩效的假设均得到了实证支持，在技术积累的调节作用的检验中，技术积累显著正向调节网络密度与创新绩效关系、网络关系强度与创新绩效关系、网络中心性与创新绩效关系得到实证支持，而技术积累调节网络异质性与创新绩效关系并不显著。

假设 8 被拒绝的原因可能是由于保定新能源及输变电产业发展特点所致。保定市政府十分重视新能源及输变电产业的发展，对保定新能源及输变电产业集群的发展做出总体规划和指导，并给予大量政策支持和优先发展倾斜。比如，保定市政府重视院士智力引进工作，市科技局明确专人负责，并经常深入企业了解院士工作情况，帮助企业与院士牵线搭桥，促进企业与院士建立合作关系，鼓励院士指导该市的工作；在新能源产业基地建立了光电转化研发中心和国家级光伏电池检测中心和博士后流动工作站；与中科院、北京科技协作中心、华北电力大学、河北大学等高校和科研单位签订了科技合作协议，为新能源及输变电产业的发展提供技术、人才、培训等方面的服务；加快保定国家高新区新能源产业基地公共实验室建设等。这些政策支持和优先发展倾斜，极大地促进了企业与其他中介机构、科研机构、高等院校或者供应商、客户等的研发合作，这时即便企业技术积累较低的情况下，来自于集群内部其他网络成员（可以是科研机构、中介机构、高校、供应商、客户等）的相关知识仍然会"不由自主"地充斥到企业内部。因此，从保定新能源及输变电产业发展的特点来看，技术积累在调节网络异质性与创新绩效关系方面作用并不显著。这可能是造成数据不支持假设 8 的原因。

§5.5　本章小结

本章与第 4 章相对应，主要从微观角度着手，分析高新技术产业内的企业间由于相互作用而形成的社会资本对高新技术产业的影响机理和影响程度，从而在微观上给出高新技术产业区域差异形成的原因。

本章将"社会资本"引入到研究中来，认为社会资本作为一种隐性资源，是在一定的地域文化及制度规范下、基于企业间的交易合作及企业家社会关系所建立起来的相互信任的社会网络，由地域文化与信任、制度与规范、社会网络三方面构成。分别从社会资本的信任机制、要素获取机制、创新扩散机制三方面分析了社会资本促进高新技术产业发展的作用机理，重点给出了社会网络这一社会资本要素对高校技术产业发展影响的分析框架；基于该分析框架，以保定新能源及输变电产业集群内企业为研究对象和抽样调查的总体，经验性检验了网络结构、网络密度、网络异质性等产业集群内社会网络的各个网络参数与企业创新绩效之间的关系。

实证研究结果表明，网络密度、网络关系强度、网络中心性、网络异质性各维度均正向地影响企业创新绩效，而企业自身技术积累则起到了显著的调节作用。其中，技术积累显著正向调节网络密度与创新绩效关系、网络关系强度与创新绩效关系、网络中心性与创新绩效关系得到实证支持，而技术积累调节网络异质性与创新绩效关系并不显著。

第 6 章

高新技术产业集群组织
形态与技术扩散效应

　　区域高新技术产业成长依赖于持续不断的技术创新及扩散，依赖于高新技术企业的空间集聚。全球化趋势使产业区域性集聚成为持久竞争优势的重要来源，正如波特（1998）指出的，在全球经济体制下，持续竞争优势越来越依赖于本地化的知识、关系以及内在动力。克鲁格曼（Krugman，1995）强调集聚效应可能部分来自于某种技术创新地区性的扩散效应和外溢性。技术创新能力和研发投入所带来的技术进步已成为影响产业升级和区域经济长期可持续增长的关键因素。

　　技术创新分为自主创新或从外部引进、模仿及学习。当一个区域经济发展处于工业化初级阶段时，由于技术创新的高投入及高风险性，引进和模仿是实现技术进步的主要方式。然而当经济发展达到一定水平，某些产业逐步具备了与发达国家竞争的能力时，出于维护自身的产业竞争优势和既得利益目的，发达国家就会限制高层次的技术输出和技术转移，输出的往往是他们已淘汰或非核心的技术，若再仅仅依赖 FDI 引进、提升技术就面临很大障碍。况且长期依赖外来技术容易形成自我技术创新能力的低端"锁定"状态。因为若企业长期接受跨国公司的技术轨道，只能按照跨国公司的技术方式和技术标准加工组装，这样，既无法构建自有技术创新能力，也无法获取技术创新租金，还会形成产业技术轨道的"路径依赖"，最终固化于全球产业链和价值链分工体系的低端，形成高新技术产业低端化、传统产业低技术化的"双低"产业路径。一旦形成了这种"双低"产业锁定路径，只能依赖于引进国外生产设备—淘汰—再引进的路径来完成与跨国公司产业布局的匹配。以市场换技术，结果可能是市场丢了，技术也没换来。因此对于发展中国家来说，当经济发展到一定基础和一定阶段时，应将提升本土企业的自主创新能力作为经济发展的战略选择。

目前，我国高新技术企业已经意识到自主创新的重要性，将提升自主创新能力放在重要的战略地位，在有些行业也具备了一定的技术能力，但从整体来看，仍然存在技术水平低、国际技术竞争力弱的问题。通过对相关研究的系统总结、理论分析及实地调研，发现导致这一问题的主要原因是集群内在的创新动力没有得到有效的激活及整合利用。具体讲，一是作为创新主体的企业出现持续创新动力缺失的问题；二是集群企业之间还没有形成合作创新的机制，技术能力没有得到很好的整合，没有产生"1＋1＞2"的整体效应，这成为目前制约高新技术产业发展的一个重要障碍。

企业持续创新动力缺失的原因是什么？如何才能形成有效的合作创新机制？本章以技术创新理论为基础，从产业集群的组织形态入手，通过对不同形态下创新扩散效应的分析找到创新动力缺失的原因，并通过构建合理的产业集群组织架构解决合作创新的问题，以此作为突破高新技术产业发展障碍的一条路径。

§6.1 产业成长过程中创新规律与特征

6.1.1 我国产业集群不同阶段创新特征

表面看来，产业发展表现为企业数量的增多和规模的扩大；深层次来看，反映的是市场需求、技术积累、要素转移、制度变迁等内在因素的综合作用效应。产业成长过程中竞争形态和组织结构的变化对微观企业的创新动力和创新行为会产生不同的影响。阿伯纳西和厄特拜克的 A－U 模型揭示了技术创新和产业发展之间的内在关系，他们把产品创新、工艺创新及产业组织的演化划分为流动阶段、转换阶段与特性阶段（见第 2 章分析）。对一般产业来讲，不同阶段的创新特征可表现为表 6.1 中所总结的内容。A－U 模型反映了许多行业的技术创新分布规律，也为我们研究高新技术产业发展问题提供了理论借鉴。

表6.1　　　　　　　技术创新和产业发展之间的关系及其特点

	流动阶段	过渡阶段	特性阶段
创新	主要产品频繁变化	随着需求增长，主要工艺发生变化	产品渐进改良，生产率和质量的渐进改进
创新源	产业先驱；产品用户	制造商；用户	通常是供应商
产品	多样化设计，通常是定做的	至少有一种产品设计很稳定	能实现高产量主要是无差异的标准产品
生产工艺	灵活但无效率，主要的变化易于发生	变得更加固定，工艺变化发生于主要的工序	有效、资本密集、固定；变化的成本高
研究与开发	由于技术不稳定程度高，不集中于某个专业	一旦出现主导设计，集中致力于专门产品特性	焦点是渐进性产品技术；强调工艺技术
设备	通用型，需要熟练工人，某些工艺自动化，局部自动化	专用；自动化，多数工人集中	精力在设备的维护与监控上
工厂	小规模，位于用户或创新源附近	通用，但建有专业部门	大规模、特定产品高度专业化
工艺变化成本	低	中等	高
竞争者	很少。但是随着市场份额的巨大变化，数量增加	众多。但是出现主导设计后数量减少	很少。传统型垄断，市场份额稳定
竞争基础	产品性能	产品变异；使用的适合程度	价格
组织控制	非正式的、企业家的	依靠项目和任务小组	结构、规划和目标
产业领导地位的脆弱性	面对模仿者和专利挑战；面对成功的产品突破	面对更有效和更高质量的生产者	面对技术创新产生的替代产品

资料来源：引自刘友金、黄鲁成：《技术创新与产业的跨越式发展》《中国软科学》2001年第2期。

集聚发展是高新技术产业的生态特征，根据对我国高新技术产业生长情景的现实观察，发现其集群成长过程基本符合 A－U 模型所描述的规律，但又有一些自身的特征，主要表现如下：

（1）在产业集群流动阶段即产业集群形成阶段，由于集聚产生的规模经济使集群内企业数量急剧增加，大量的新企业进入，随着专业化分工形成模块化经济，集群内形成产品链或生产链，此时追逐产品差异化和开拓新市场成为首要动机，因此企业注重产品创新。

（2）随着产业集群进入过渡阶段，新产品新市场的空间收益很快被挖掘殆尽，此时产品差异化、多样化的竞争开始让位于成本降低型的工艺创新阶段。新进入企业在各个产业环节和产品生产链环节与已进入企业展开竞争，这种竞争一方面体现在产品的外形、功能、用途等改变能力方面，更主要体现在成本降低型的工艺创新、组织创新、管理创新能力方面。

（3）当产业集群进入特性阶段，产业集群的进一步发展将面临抉择，如果集群内企业产品创新和工艺创新行为激发了产业集群的持续创新能力和价值链提升能力，则此时的产业集群会进入一个良性螺旋上升轨道，会实现技术创新升级；但是，如果集群内企业形成了以成本价格战为主的"集体无效率"恶性循环竞争状态，则由此造成集群内单个企业规模太小，无法获取垄断利润来进行创新投入，也无法预期其创新投入的沉没成本可否得到收回补偿，此时，单个企业的最优理性选择就是获取低成本竞争优势。企业的创新聚焦于单一成本降低型的渐进性工艺创新行为，且模仿趋同现象严重。一旦产业集群进入这种状态，极有可能就会形成低成本竞争——集群整体创新收益无法补偿——集群创新动力缺失的循环锁定状态（见图6.1）。

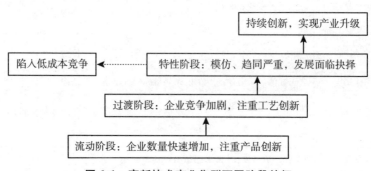

图6.1   高新技术产业集群不同阶段特征

由此看出，在产业集群发展的不同阶段，微观企业进行根本性创新或渐进性创新的驱动力不同，由此导致企业的创新行为在不同阶段具有不同的特征。

6.1.2   产业集群创新动态演化模型

产业的发展是一代接一代具有各自不同生命周期的产品演化过程的集

合。一代产品技术生命周期的完结，并不代表一个产业的完结，会随着根本性技术创新的出现使产业得到质的提升，即产业由原来的技术轨道跃入到一个新的技术轨道，新一代产品替代老一代产品，并沿着新的技术轨道开始了又一轮的产品技术生命周期，见图 6.2。这种依次替换的一代接一代的产品技术生命周期的有机组合，构成了产业发展的历史轨迹。

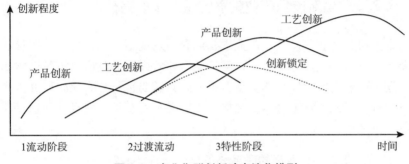

图 6.2　产业集群创新动态演化模型

如果产业集群进入特性发展阶段能够保持不断创新，就会进入良性螺旋上升轨道，出现以核心企业为主导、企业间高度协作的产业组织特征和更加结构化的关系网络（如表 6.2 所示）。

表 6.2　　　　　**持续创新产业集群各阶段特征**

阶段	产业组织特征	网络关系	学习机制	创新特点
集群形成阶段	小企业	社会网络	本地化学习机制	渐进式产品创新
集聚发展阶段	中小企业专业化分工	经济网络 社会网络	专业化学习机制	连续的产品与工艺创新
良性上升阶段	核心企业主导高度专业化分工	更加制度化的关系网络	互助化学习机制	产品、工艺、管理和组织系统的创新

§6.2　高新技术产业集群组织形态对创新动力的影响

从创新角度看，高新技术产业发展是技术不断溢出的结果。技术溢出不仅涉及技术扩散和技术学习的问题，更大程度上涉及技术创新的投入与收益回报问题。研究表明，在产业集群的不同发展阶段、集群内部产业链中关联企业的不同依存状态和分工结构差异，都会造成技术溢出在产业内呈现出复杂的正反馈或负反馈效应，由此相当程度上影响了集群创新动力的大小和产业发展的速度。因此，从产业层面分析内部关联企业的依存状态和分工架构，可能对理解高新技术产业发展的行业差异有所帮助。

6.2.1 高新技术产业集群组织形式现有分类

根据对河北省高新技术产业现状调查，发现不同产业发展水平存在较大差异，这除了受产业基础、创新环境、要素投入、政府政策等因素影响外，还和产业内部组织形态类型有关，因此需要进行分类比较研究。产业集群可依据不同的标准分类，根据对现有文献的总结，发现目前通常采用的有以下几种：

1. 按照集群内企业间的联系分类

马库森（Markusen，1996）通过对美国、日本、韩国和巴西四个国家中经济增长明显高于全国平均水平的区域选取的子集进行研究，依据产业集群内的企业联系将产业集群分为四类：马歇尔式集群、中心—外围集群、卫星平台集群、政府主导集群，其特征见表6.3。

表6.3　　　　　　　　　　　产业集群的分类1

类型	特征
马歇尔式集群	市场结构以本地中小企业为主，以区域内买卖双方间交易、本地买方和供应商之间的长期合同和委托为主，与区域外企业的合作或联系程度较低
中心—外围集群	市场结构是供应商围绕着一个或几个大型垂直一体化企业，核心企业与区外供应商和竞争者保持重要的联系；以优势企业与供应商之间的区内交易、长期合同和委托为主，与区域外企业的合作或联系程度较高，与大的竞争者之间在分担风险、稳定市场、共享创新成果的合作水平较低
卫星平台集群	买方与供应商之间区内交易规模小，与本地供应商缺少长期委托，与区外企业特别是母公司有较高程度的合作与联系，与竞争者之间在分担风险、稳定市场、共享创新成果的合作水平较低
政府主导集群	市场结构是供应商和客户围绕着一个或几个大的政府机构，以主导机构和供应商之间的区内交易为主，与区域外企业的合作或联系程度较高，与本地私人企业在共担风险、稳定市场、共享创新成果的合作水平较低

资料来源：Markusen, A. 1996, Sticky place: a typology of industrial districts. Economic Geography, vol. 72, Gurrieri, P&cC. Pietrobelli（2001）：Models of Industrial Cluster's Evolution and Changes in Technological Regimes, In G, I&P（eds）.

诺林加和施塔默（Knorringa & Stamer，1998）在对发展中国家的产业群落研究中，借鉴马库森（Markusen，1996）对产业区的分类方法，把产业群落分为意大利式产业群落、卫星式产业群落和轮轴式产业群落三类（见表6.4）。

表6.4　　　　　　　　　　　产业集群的分类2

	意大利式产业集群	卫星式产业集群	轮轴式产业集群
主要特征	以中小企业居多；专业化性强；地方竞争激烈，合作网络；基于信任的关系	以中小企业居多；依赖外部企业；基于低廉的劳动成本	大规模地方企业和中小企业；明显的等级制度
主要优点	柔性专业化；产品质量高；创新潜力大	成本优势；技能/隐性知识	成本优势；柔性；大企业作用重要
主要弱点	路径依赖；面临经济环境和技术突变适应缓慢	销售和投入依赖外部参与者；有限的诀窍影响了竞争优势	整个集群依赖少数大企业的绩效
典型发展轨迹	停滞/衰退；内部劳动分工的变迁；部分活动外包给其他区域；轮轴式结构的出现	升级；前向和后向工序的整合，提供客户全套产品或服务	停滞/衰退（如果大企业衰退/停滞）；升级，内部分工变化
政策干预	集体行动形成区域优势；公共部门和私营部门合营	中小企业升级的典型路径（培训和技术扩散）	大企业/协会和中小企业支持机构的合作，增强了中小企业的实力

资料来源：Knorringa and Stamer：New Dimensions in Enterprise Cooperation and Development：From Clusters to Industrial Districts. 1998（10）.

里米特和福维尔·费瑞耐里（Lynn Mytelka & Fulvia Farinelli，2000）基于产业集群的内在关系把产业集群分为非正式集群、有组织的产业集群、创新型集群三类（见表6.5）。

表6.5　　　　　　　　　　　产业集群的分类3

类型	非正式集群	有组织的产业集群	创新型集群
关键参与者参与度	低	低到高	高
企业规模	个体、小	中小企业	中小企业和大企业
创新	几乎没有	有些	持续
信任	几乎没有	高	高

类型	非正式集群	有组织的产业集群	创新型集群
技能	低	中	高
技术	低	中	中
关联	有些	有些	广泛
合作	几乎没有	有些，不持续	高
竞争	高	高	中到高
产品创新	几乎没有	有些	持续
出口	几乎没有	中到高	高

资料来源：Lynn Mytelka and Fulvia Farinelli（2000）根据 UNCTAD（1998 P8）改编。

2. 按照产业内关联结构分类

我国学者仇保兴（1999）根据产业集群的基本结构将集群分为市场型、中卫型和混合网络型三类，各类型的特征见表6.6。

表6.6　　　　　　　　　　产业集群的分类4

类型	定义	代表
市场型	集群内部企业之间的关系以平等的市场交易为主，各个生产商以水平联系完成产品的生产	如意大利佩扎罗家具集群
中卫型	以大企业为中心、众多的小企业为外围形成。大企业处于支配地位，小企业处于附属，主要为大企业进行专业化的加工或限制性销售	如日本、韩国的汽车集群
混合网络型	企业间以信息联系为主。如以商标为中心的协作模式、以大学和科研机构为中心的协作模式、多中心的混合协作模式	如美国硅谷

资料来源：仇保兴：《小企业集群研究》，复旦大学出版社1999年版。

魏江（2003）根据产业集群内部市场结构的联结模式将产业集群分为中心—卫星模式、多中心模式和无中心模式；根据产业集群内部节点的联结特征，分为以价值链为主导的联结模式、以竞争合作为主导的联结模式和以公共性投入和生产要素互享或互补为主导的联结模式（见表6.7）。

表 6.7　　　　　　　　　　　产业集群的分类 5

	类型	特征
基于产业集群内部市场结构的联结模式	中心—卫星模式	产业集群的内部成员中，只存在一个中心成员，其他都为该成员提供配套或服务
	多中心模式	产业集群的内部成员中，存在两个或两个以上的中心成员，其他成员可能同时为有限几个中心成员提供配套或服务
	无中心模式	产业集群的内部成员中，市场地位接近，每个产业链环节上都存在相互竞争的小群落，或产业链关系非常弱
基于产业集群内部关联联结模式	以价值链为主导的联结模式	集群内部企业之间的关联表现为供应商—用户关系。企业之间有较为明确的产业分工
	以竞争合作为主导的联结模式	集群内部企业之间表现为横向竞争关系为主的互补—竞争关系，企业之间的具有差异性，又具有相似性
	以公共性投入和生产要素互享或互补为主导的联结模式	集群内部联结松散，集群效应主要来自公共性投入：如品牌优势、熟练劳动密集、社会文化历史渊源凝聚力等

资料来源：魏江：《产业集群技术能力增长机理研究》，《科学管理研究》2003 年 2 月。

3. 关于产业集群的其他分类

奥德斯和费尔德曼（Audretsch & Feldman，1996）依据产业集群的产业性质，将产业集群分为三种类型：传统产业群、高新技术产业群、资本与技术结合型产业群。传统的产业集群主要是以传统的手工业或者劳动密集型的传统工业部门为主，典型的是意大利特色产业区，我国浙江大唐袜业等。高新技术产业群是指企业的创建和发展主要依托当地的大学和科研机构等提供高素质的劳动力、技术专家和技术成果等，具有高附加值、高投资、高风险、高收益等特点的集群。比如，美国的硅谷、爱尔兰的软件、瑞士的医药和芬兰的通信产业集群、中国的"中关村"等。资本与技术结合型产业群又称混合型的产业集群，如日本的大田、德国南部的巴登—符特堡机械产业集群等。

除此之外，还可按照集群产生的原因将集群分为两类：内生产业集群和外生（嵌入型）产业集群（见表 6.8）。内生产业集群是指一些地方依靠传统和当地力量产生的集群，如清河羊绒产业集群；外生产业集群是指在我国沿海一带由外资主导的外向型出口加工产业集群，例如深圳—东莞以及苏州—昆山等地区形成的产业集群。

表 6.8   产业集群的分类

区别与联系	内生型	嵌入型
根植性	较强	较弱
分布空间	世界广泛分布	主要是发展中国家
文化背景	当地文化背景密切	与当地文化有隔阂
系统性质	自组织	自组织为主，他组织为辅
演化速度	渐进性的，时间较长，演化缓慢	突发性的，时间较短，演化迅速
信息传播	非正式和正式交流都很频繁	正式交流更多
形成机理	市场作用	市场和政府共同作用
典型例子	温州产业群	苏州群

6.2.2　基于分工协作的产业集群组织类型划分

尽管上述已列出了多种分类方法，但由于研究目的不同，还需要根据本课题的研究需要及研究对象的实际特征加以调整。由于本书是从创新角度入手进行研究，因此对不同类型企业的创新行为进行了比较，发现企业创新的动力与行为受技术溢出效应的影响，而产业组织形式是影响技术溢出效应的重要因素之一，这主要是由于其不同的分工方式造成的，因此本书对产业集群的分类就从企业分工协作的角度进行。

根据对河北省高新技术产业组织形态的实际观察，按照企业间的分工协作方式将其分为中小企业群生型和大企业引领型两类。

1. 中小企业群生型

这种类型的产业组织是以中小企业为主体，一般依附于专业化销售市场或销售网络而建立，大都生产同类产品，以横向分工（同质产品＋专业市场）与简单生产链纵向分工为主要形式，呈现产业结构同质化、企业规模小型化特征，企业之间的关系更多的是以竞争为主（见图 6.3）。

2. 大企业引领型

另一种是以大企业为核心、大中小企业共存的产业组织形态，河北省制药产业就呈现这种形态。河北省制药产业的发展凸显出空间集聚的特征，在全省 278 家企业中有 62 家制药企业坐落于石家庄地区，占企业总数的 22%。其中有像华北制药集团、石家庄制药集团这样的在全国制药行业占举足轻重地位的制药企业，它们处于行业主导地位；也有近年来涌现

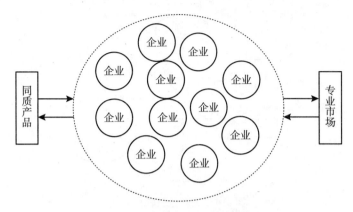

图 6.3 中小企业群生型结构

的一批具有核心创新研发能力的规模企业，如石家庄市桃园企业集团、石家庄神威药业股份有限公司，它们的销售额都进入全国百强行列；还有一批快速发展的企业，如石家庄以岭药业有限公司、神威药业燕郊有限公司、石家庄乐仁堂制药有限责任公司、石家庄市华龙药业股份有限公司、石家庄市协和制药厂、石家庄市康达制药厂、石家庄鹿泉制药厂、石家庄市永强制药厂、石家庄市华行医疗器械厂、石家庄市北方制药厂、石家庄市东方医疗器械厂等。河北省制药产业在以华药、石药为核心的大企业引领下，形成从研发、原料药、制剂、包装、销售，核心企业和多层外包体系紧密合作的生产体系。在产品结构上已经覆盖了从原料药到制剂生产、西药、中药和生物药品制造的几乎各大类药品，已经建立起比较完善的产业体系。截至目前，河北省 278 家制药企业可以生产化学原料药 132 种，生产能力达到 13.4 万吨，其中中成药生产能力达到 3.7 万吨，抗生素分装、水针剂、片剂、大输液、胶囊的生产能力分别达到 38 亿瓶、22 亿支、320 亿片、1.4 亿瓶和 64 亿粒，其中青霉素、维生素 C、链霉素等原料药产量稳居全国第一位，制药产业整体销售收入位居全国第 4 位。从创新的角度看，核心企业的创新通过多层外包紧密合作的生产体系推动了创新在整个产业内的扩散，带动了整个产业链的价值链提升和产业的持续发展，形成了集聚效应。

大企业引领型产业集群是以大企业为中心众多小企业为外围而形成的（见图 6.4）。大企业处于整个集群的核心，小企业为其作配套，集群企业之间的关系主要是产业链的上下游联系。

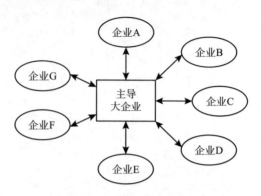

图 6.4　大企业引领型结构

中小企业群生型和大企业引领型两种产业组织形态，不只是集聚类型的不同，在分工方式、技术溢出效应等方面也存在不同，这些差异的存在直接影响了集群内企业的创新行为（在 6.3 中具体分析）。不同产业组织类型的特征如表 6.9 所示。

表 6.9　　　　　　　　　不同产业组织类型的特征

	中小企业群生型	大企业引领型
占优势的市场结构	本地中小企业	一个或几个大企业
规模	小	大
区域内贸易	高度发展	大企业与供应商之间
集聚类型	同质产品 + 专业市场	产业链
分工方式	同质化横向分工	异质化纵向分工
企业创新战略	跟随战略	核心企业领先，其他跟随
技术溢出效应	模仿效应与竞争效应	示范效应和协作效应
员工流动性	高	中等
行业协会	强大	实质上缺乏
长期增长前景	不确定	依赖大企业驱动

6.2.3　不同类型产业集群生长演化模型

产业群落的演化具有与生物种群演化相似的特征，这可以从两者的行为生态学要素和群落行为特征中体现。例如在生物种群演化中，亲缘关系接近、具有同样生活习性或生活方式的物种，不会在同一地方出现；如若在同一地方出现，它们必定利用不同的食物生存，它们的觅食时间也必定相互错开，没有两种生物的生态位是完全相同的。以类似或相同的食物源为生的物种必须分隔开足够的空间，才能做到相安无事。如果某些物种亲缘关系接近或相似而使生态位部分重叠，就会出现严酷的竞争，竞争力较强的物种迟早要把竞争力较弱的物种赶走，所以不可能有两个物种长期占据相同的生态位。如果物种间形成了生物链关系，就维持了自然界中的生态平衡。

　　产业群落的演化与生物种群演化相似。企业是人类社会生产力发展到一定阶段的产物，在市场中，企业也都占据各自的市场生态位，为了保证各自的生存和发展，企业之间为了争夺有限的生存空间也会展开激烈的竞争。如果市场容量极大，企业间尚能暂时相安无事，如在新兴产业发展初期，环境承载力或许能维持大多数组织的生存，但当组织成长起来或者有更多的组织加入后，将会超出承载力，于是引发激烈的竞争。比如在中小企业群生型的产业组织内，由于企业生产同类产品，产品的差异化程度低，经常出现恶性的竞争。按照生态学中的生态位概念，这是由于企业之间生态位重叠造成的。现实中此类现象常会出现，比较典型的是温州乐清柳市低压电器集群。20 世纪末，柳市就爆发了一场"经济危机"，近千家企业竞相压价，随后 300 余家企业倒闭。究其原因就是当地 3 000 多家企业（生产作坊）几乎全部生产低压电器，且企业产品几乎完全雷同，大多数企业只维持在小规模上，而少数企业在扩大规模后仍在同一档次、同一品种上挤，这样企业在生态位上重叠，陷入恶性竞争，只能以倒闭告终。企业之间只有保持一定的异质性消除生态位重叠，或通过合理分工形成产业链关系，企业间才能实现稳定的共存。

　　生态学理论对所有生命现象而言具有普适性。因此在纳尔逊和温特（Nelson，R. R.，Winter，S. G.）经济演化理论基础上，弗罗门（Jack J. Vromen）和克努森（Knudsen），以及我国学者黄鲁成、罗发友、刘友金等都利用生态学理论对有关经济问题进行了研究。

　　将产业群落与生物群落形成与演化的行为生态学要素及行为特征进行比对，发现两者具有若干相似之处，这种相似性见表 6.10。

表 6.10　　　　　　　　　产业群落与生态群落的比较

生态群落	定义	产业群落	定义
物种	生物（有机体）	创新单元	企业
种群	同种有机体的集合	产业集群	企业的集合

生态群落	定义	产业群落	定义
适应	对环境变化做出最优反应	应变	对竞争环境的变化做出反应
竞争	物种争夺相同或相近的资源	竞争	企业争夺资源或市场
互利共生	物种间利益交流机制	互利共生	企业间互动合作，共同受益
景观	区域物种生存环境	环境	区域创新环境与创新网络
种群生态学	以种群行为为研究对象	产业集群理论	以产业集群演化规律为研究对象
生态系统	种群与环境相互作用系统	产业创新系统	产业集群与环境相互作用系统

从理论上讲，产业群落内生态位重叠现象可以通过产品创新来消除，但现实中经常出现这种现象：由于创新成果的快速外溢使单个企业的创新收益在集群内分散，其产品创新的投入无法得到相应补偿，从而削弱了企业继续创新的行动动机而选择模仿跟随策略。这样整个产业集群就将陷入以低成本低价格应对竞争的恶性循环。

这种状态的出现与生态系统的演化十分相似，自然生态系统中常用的 Logistic 模型可以用来分析产业集群的演化。Logistic 方程是生物数学家菲尔哈斯（Verhulst）在 1838 年提出的，广泛应用于动植物生长发育或繁殖过程等研究，当前 Logistic 方程被应用于社会经济现象研究中。Logistic 方程是在 Malthus 方程基础上发展而来。18 世纪，英国人口学家马尔萨斯（Malthus）通过研究百余年人口统计资料发现，单位时间内人口的增加量与当时人数成正比：

$$\begin{cases} \dfrac{\mathrm{d}N(t)}{\mathrm{d}t} = rN(t) \\ N(t_0) = N_0 \end{cases} \tag{6.1}$$

式中：$N(t)$ —表示第 t 年的人口数；

r —表示人口的自然增长率，为常数；

t_0 —方程初始值，设初始值为 $t_0 = 0$；

N_0 —初始条件下的人口数量。

则该微分方程的解为：$N(t) = N_0 e^{r(t-t_0)}$ (6.2)

Logistic 方程的微分形式在结构上与 Malthus 方程相同，但引入了自然资源和环境所允许的最大人口数 N_m，并在方程中增加了修正值 $(1 - N(t)/N_m)$，即种群尚未利用的或种群可利用的最大容纳量空间中还"剩余的"、可供种群继续增长用的空间。因此 Logistic 方程可表示为：

$$\begin{cases} \dfrac{\mathrm{d}N(t)}{\mathrm{d}t} = r\left(1 - \dfrac{N(t)}{N_m}\right)N(t) \\ N(t_0) = N_0 \end{cases} \tag{6.3}$$

1. 产业集群演化的一般模型

利用上述生物种群的 Logistic 模型，本书建立不同形态产业集群的演化模型。为了方便分析，假设在产业集群中有两个企业 A、B，用 $R_A(t)$、$R_B(t)$ 分别代表 t 时刻两家企业的企业经济效益；M_A、M_B 表示企业 A、B 相互独立、技术水平一定、资源要素给定的情况下两家企业经济效益的最大值，并假设其为常数。r_A、r_B 分别表示企业 A、B 所在行业的平均增长率。于是独立状态下企业 A 经济效益的 Logistic 方程为：

$$R_A(t) = r_A R_A\left(1 - \frac{R_A}{M_A}\right) \tag{6.4}$$

企业 B 经济效益的 Logistic 方程为：

$$R_B(t) = r_B R_B\left(1 - \frac{R_B}{M_B}\right) \tag{6.5}$$

根据现实经济含义，显然 r_A、$r_B > 0$，M_A、$M_B > 0$。因为如果它们小于 0，一方面企业效益不断减少，其行业将不再存在；另一方面企业效益的最大值在要素配置一定、技术条件允许的情况下不可能为 0，否则该企业、该行业也没有存在的可能和必要。

2. 中小企业群生型产业集群演化模型

如果是中小企业群生型产业集群，企业规模小、竞争程度较高，合作可能性不大，整体处于较低水平的产业集群功能。他们对资源（包括资金、人力、知识、信息等资源）消耗是竞争性的，因此企业 A 的效益越好，企业 B 的效益增长率就越小，则这种情况下企业 A 经济效益的 Logistic 方程为：

$$R_A(t) = r_A R_A\left(1 - \frac{R_A}{M_A} - \sigma_A \frac{R_B}{M_B}\right) \tag{6.6}$$

其中 σ_A 表示企业 A、B 相互竞争的一个指标（$\sigma_A > 0$），这种指标的含义在于 σ_A 越大，在资源配置要素方面，企业 B 对企业 A 的竞争威胁越大，而同时这种竞争压力对于企业 A 也有促进作用。当 $\sigma_A > 1$ 时，表示企业 B 对企业 A 的竞争威胁要大于其促进作用；同理，σ_B（$\sigma_B > 0$）越大，表示企业 A 对企业 B 的竞争威胁越大。所以，企业 B 经济效益的 Logistic

方程为：

$$R_B(t) = r_B R_B \left(1 - \frac{R_B}{M_B} - \sigma_B \frac{R_A}{M_A} \right) \tag{6.7}$$

令方程（6.6）和方程（6.7）为 0，其稳定解的分析如下：

$$R_A(t) = r_A R_A \left(1 - \frac{R_A}{M_A} - \sigma_A \frac{R_B}{M_B} \right) = 0 \tag{6.8}$$

$$R_B(t) = r_B R_B \left(1 - \frac{R_B}{M_B} - \sigma_B \frac{R_A}{M_A} \right) = 0 \tag{6.9}$$

得到四个平衡点 $(M_A, 0)$、$(0, MB)$、$(0, 0)$、$\left(\dfrac{M_A(1-\sigma_A)}{1-\sigma_A\sigma_B}, \dfrac{M_B(1-\sigma_B)}{1-\sigma_A\sigma_B} \right)$。对应图 6.5 中 A，B，C，D 点。

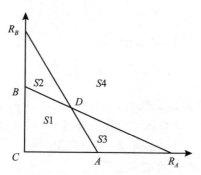

图 6.5　产业集群演化相平面

（1）假定 σ_A，$\sigma_B < 1$，稳定点的相平面图如图 6.5 所示，式（6.8）和（6.9）将相平面划分为 4 个区域 $S1$、$S2$、$S3$、$S4$。$S1$ 区域两家企业的效益增长率均大于 0，$R_A > 0$，$R_B > 0$；$S2$ 区域中，$R_A > 0$，$R_B < 0$；$S3$ 区域中，$R_A < 0$，$R_B > 0$；$S4$ 区域中，$R_A < 0$，$R_B < 0$。若初始相点落在 $S1$ 区域，由于 $R_A > 0$，$R_B > 0$，最终相点可能会到达 D 点，或者进入 $S2$、$S3$ 区域；若初始相点落在 $S2$ 区域，受两家企业平均增长率的影响和变化，相点最终会趋近 D 点；同理分析，初始相点在 $S3$、$S4$ 区域，最终相点同样会到达 D 点。故 D 点为稳定平衡点。

上述情况反映的是在新兴产业集群的初级阶段，由于市场容量大，还存在剩余市场空间，企业之间的竞争存在，但不是很激烈，即 σ_A、$\sigma_B < 1$。在稳定平衡点 D 点，两家企业的经济效益分别为：$\dfrac{M_A(1-\sigma_A)}{1-\sigma_A\sigma_B} < M_A$，

$$\frac{M_B(1-\sigma_B)}{1-\sigma_A\sigma_B}<M_B。$$

这说明在 σ_A、$\sigma_B<1$ 时，由于集群内企业规模本身较小，企业间合作的机会也不多，基于系统承诺和信任的关系还没有建立，集群的群体协同效应还有没得到充分发挥；但是由于某种特殊优势造就的企业的相对集聚，使集群内企业的战略、生产运营、产品营销、知识管理、技术创新等软环境方面都或多或少地有些关联，从而表现出比非集群企业较为优越的竞争力上升势头。

（2）而当 $\sigma_A>1$，$\sigma_B>1$ 时，集群内的企业之间的竞争将是你死我活的。我们仍然可以通过上述分析得到四个同样的均衡点，但是只有 A、B 两点是局部均衡的，而 C、D 点都是不稳定的。它描述了这样的一种状态，两家企业不能共生于集群中，因为最终的结果是只要任何一家企业占优势，必将使得另一家企业最终由于经济效益的不断减少而退出市场。

同理可以分析，$\sigma_A<1$，$\sigma_B>1$ 或 $\sigma_A>1$，$\sigma_B<1$ 时，可能在开始两家企业同时存在，但由于一家企业的存在对另一家企业是致命的威胁，最终必然有一家企业被淘汰出市场。

这种情况描述的是：当组织成长起来或者有更多的组织加入产业集群后，如果企业间没有建立起基于信任及共同利益的合作机制，就会引发激烈的竞争。由于集群内快速的外溢效应使单个企业的创新收益分散化，使得企业难以通过创新获取垄断利润，也就削弱了单个企业进行产品创新的行动动机，从而选择模仿跟随策略，整个产业集群陷入以低成本低价格应对竞争的恶性循环，最终会使部分企业倒闭，出现柳市低压电器集群那样的现象。

（3）如果集群内企业基于共同的利益形成合作关系，企业之间相互信任程度提高，基于集群企业互动的技术创新、产品创新开始出现，集群内部企业经营活动的合作范围扩大，不仅包括资源信息共享、R&D、市场营销，甚至在原材料的采购上也开始合作，集群内部企业的共生性不断加强。这种合作共生对企业双方都是有利的，所以此时企业 A、B 经济效益的 Logistic 方程为：

$$\begin{cases} R_A(t)=r_AR_A\left(1-\dfrac{R_A}{M_A}+\sigma_A\dfrac{R_B}{M_B}\right) \\[2mm] R_B(t)=r_BR_B\left(1-\dfrac{R_B}{M_B}+\sigma_B\dfrac{R_A}{M_A}\right) \end{cases} \qquad (6.10)$$

令（6.10）方程组中两个微分方程分别为 0，其稳定解的分析如下：

$$R_A(t) = r_A R_A \left(1 - \frac{R_A}{M_A} + \sigma_A \frac{R_B}{M_B}\right) = 0 \tag{6.11}$$

$$R_B(t) = r_B R_B \left(1 - \frac{R_B}{M_B} + \sigma_B \frac{R_A}{M_A}\right) = 0 \tag{6.12}$$

得到两个平衡点 $(0, 0)$，$\left(\dfrac{M_A(1 + \sigma_A)}{1 - \sigma_A \sigma_B}, \dfrac{M_B(1 + \sigma_B)}{1 - \sigma_A \sigma_B}\right)$，如上述分析过程可得：

当 σ_A，$\sigma_B < 1$，稳定平衡点为 $\left(\dfrac{M_A(1 + \sigma_A)}{1 - \sigma_A \sigma_B}, \dfrac{M_B(1 + \sigma_B)}{1 - \sigma_A \sigma_B}\right)$ 显然，在稳定平衡点，两家企业的经济效益分别为：$\dfrac{M_A(1 + \sigma_A)}{1 - \sigma_A \sigma_B} > M_A$，$\dfrac{M_B(1 + \sigma_B)}{1 - \sigma_A \sigma_B} > M_B$。

此时集群中的两家企业经济效益均大于他们独立经营条件下的最大经济效益，这时产业集群拥有的非集群企业无法比拟的竞争力优势开始凸现。集群内部企业一方面由于地域上的接近，集群内企业的学习成本很低，因而技术和信息交流成为一种互利行为；另一方面，集群内部大量的非正式交流使得集群内部企业有机会学习到集群外企业学不到的技能和诀窍，能够加快集群内知识和技术的积累，促进不同类型知识的流动，并强化集群的创新能力和竞争能力；同时产业集群内集中在一起的大量企业，既展开激烈的市场竞争，又进行如联合开发新产品等多种形式的合作，以克服集群内大部分中小企业内部规模不经济的劣势，从而能够与比自己强大的竞争对手相抗衡，从而获取集体效率。

3. 核心企业引领型产业集群演化模型

在核心企业引领型的产业集群内，集群呈现出以部分大型企业为核心，大量中小企业围绕大型企业开展合作竞争的生态格局。企业间的合作形式多样，合作范围广泛，合作关系稳定。这种形式的集群更加深化了集群内部企业的专业化分工，从而有利于培育知识基础和促进创新活动的发展。产业集群内部多重联系的组织关系，使得企业自觉不自觉地把技术创新知识、企业运营管理、企业"惯例"等传递给其他企业，特别是在核心企业与中小企业之间传递，产生了一种超市场的"知识"流转行为。这种超市场的知识流转打破了市场经济中技术创新扩散壁垒，有利于大中小企业的功能协调，有利于技术进步的加速发展和产品的更新换代。

由于核心企业引领型集群的组织结构是以部分大型企业为核心，并通过产业价值链上的合作与大量中小企业发生联系，整体呈现出生态共生格局。我们定义大型企业为核心企业，在集群中占有主导地位，其他大量中小企业围绕核心企业开展合作与竞争，其往往受制于核心企业，处于附属地位。因此，核心企业 A 经济效益的 Logistic 方程为：

$$R_A(t) = r_A R_A \left(1 - \frac{R_A}{M_A} + \sigma_A \frac{R_B}{M_B} \right) \tag{6.13}$$

考虑处于附属地位的企业 B 依赖于核心企业 A 的存在而存在，它对核心企业的经营发展起到一定的促进作用，但同时核心企业 A 和企业 B 处于不对等的地位，企业 B 只有选择与核心企业 A 合作，其经济效益才会随着核心企业的不断壮大而逐渐提升，否则最终会由于效益不佳而淘汰出集群，故企业 B 经济效益的 Logistic 方程为：

$$R_B(t) = r_B R_B \left(1 - \frac{R_B}{M_B} + \sigma_B \frac{R_A}{M_A} \right) \tag{6.14}$$

其中核心企业对处于从属地位的中小企业的影响较中小企业对核心企业的影响要大得多，即 σ_B 远大于 σ_A。同理，令式（6.13）和式（6.14）分别为 0，得到 $(0, 0)$、$\left(\dfrac{M_A(1+\sigma_A)}{1-\sigma_A\sigma_B}, \dfrac{M_B(1+\sigma_B)}{1-\sigma_A\sigma_B} \right)$ 两个平衡点。

同上述分析过程：当 $\sigma_B < 1$，$\sigma_A < 1$ 且 $\sigma_B > > \sigma_A$，$\sigma_A\sigma_B < 1$ 时，稳定平衡点为 $\left(\dfrac{M_A(1+\sigma_A)}{1-\sigma_A\sigma_B}, \dfrac{M_B(1+\sigma_B)}{1-\sigma_A\sigma_B} \right)$。在稳定点，核心企业的经济效益为 $\dfrac{M_A(1+\sigma_A)}{1-\sigma_A\sigma_B}$，从属的中小企业经济效益为 $\dfrac{M_B(1+\sigma_B)}{1-\sigma_A\sigma_B}$，这时由于 σ_B 远大于 σ_A，处于从属地位的中小企业此时获得的经济效益不仅比它独立经营时经济效益要大，而且比有合作关系的群生型产业集群能获得的最大经济效益还要优越；同时核心企业的经济效益也比独立经营状态下大。这样达到的一种稳态有利于建立企业之间以产品和生产过程形成的专业化分工与合作，激发集群内企业创新动力，从而进一步提升集群竞争力和吸引力。

6.2.4 产业集群组织形式对企业创新动力的影响

创新动力是驱使企业进行创新活动的直接引致因素，而高新技术产业的发展是以创新为支撑，因此如何激发高新技术企业的创新动力以获取长期竞争优势是现阶段高新技术产业发展的首要问题。由于产业的发展往往表现为企业的集聚，而集群内不同企业之间的关联方式及分工架构对企业的创新行为动机会产生不同的影响。

企业创新行为的动机来自哪里？按照经济学原理，利润最大化是企业追求的目标，因此从本质上看，盈利作为企业生存和发展的基本目的，是其从事一切活动的立足点，创新活动也不例外。概括来看，企业创新的直接动力有两种：一种是生存与发展压力；另一种是创新所产生的利益诱导。企业是否创新，是采取引进模仿式创新还是自主研发式创新，这些都与企业生存竞争的压力或预期收益相关。

表 6.11　　　　　　　　　　**企业技术创新的两种选择模式比较**

模式选择	模仿	自主创新
创新内容及创新幅度	依托于学习模仿，创新幅度小很难超越竞争者	依托自主创新突破，创新幅度大可能超越竞争者
企业市场地位	市场跟随者	市场领先者
资源要素投入情况	R&D 资源投入较少，成本低	R&D 资源投入较多，成本高
创新风险因素及可能结果	技术风险小，市场风险较小可能形成后发优势	技术风险较大，市场风险较大，收益高，可能实现技术竞争锁定

1. 中小企业群生型组织内企业创新行为分析

在中小企业集群中，每个企业的技术创新行为有两种选择："创新"和"模仿"。在这里所说的"创新"是指集群内的企业的原发性创新和从集群外部引进更先进的理念和技术等；"模仿"是指集群内的企业在别的企业"创新"之后，模仿其创新结果。"创新"是产业集群得以持续发展的根本动力，而"模仿"则只会使新技术、新观念在集群中扩散，不能使集群保持长久的生命力，不会使集群比别的集群更有竞争力。而企业技术创新行为最终选择"创新"还是"模仿"则是取决于创新行为的成本与创新行为给企业带来的好处之间的比较，如果创新行为能为企业带来更多的利润或提高其竞争力则企业就会选择"创新"。

在"中小企业群生型"产业集群内，由于是以生产同类型或同质产品为主的生产集聚体系，因此在分工方式上以横向分工为主。从单个企业来看，它们有着追逐工艺创新和产品创新的内在动力。一方面，通过工艺创新来达到成本领先型战略。因为专业化市场所辐射的市场范围局限于同类型或相关产品，成本降低能力对单个企业的生存能力和竞争优势就至关重要。但由于企业面对的是竞争性非常强的市场结构，企业对价格的影响力很弱，因此工艺创新投入的补偿一般必须通过产量的扩大所形成的规模经济来实现，而不能通过产品价格的提高来补偿（Cohenand Klepper，1996）。正如在实际观测中所发现的大量事实，竞争越激烈的地方产业集群内，单个企业扩张产量规模的动机越强；另一方面，同类产品扎堆式的过度竞争又可能激发单个企业采取产品差异化的战略动机。适度的产品创新和产品差异化行为可以短暂避开集群内的过度成本价格类型竞争，从而为自己赢得适度的创新利润空间和发展机会。然而，集群内快速的外溢效应很快使这种单个企业的产品创新收益分散化，使得单个企业产品创新投入无法得到补偿，也就削弱了单个企业进行产品创新型战略的行动动机，使得模仿和跟随战略容易成为企业创新活动的共同理性抉择，进而陷入创新"集体无效率"博弈稳态。产品创新的风险越高，对集群整体收益越大，单个企业进行产品创新的动机越弱。而且，集群内企业的规模越接近、越均匀，集群整体创新行为"集体行动陷阱"的锁定效应越强。企业最终所采取的创新行为在很大程度上取决于不同企业间的博弈结果。

下面利用博弈理论对中小企业群生型产业集群中企业的创新行为进行分析。

假定市场上有两个厂商，企业面对共同的市场，企业是在接近完全竞争的条件下进行竞争，他们的产品没有差异，产品价格、市场占有率均相同，两厂商沿着相同的路径进行技术创新。在上述假定下，有如下支付矩阵：

企业 1

		模仿	创新
企业2	模仿	(a, a)	(b, c)
	创新	(c, b)	(d, d)

当两企业都采取模仿别人的技术成果的策略时，得益为 (a, a)；当某一企业创新而另一企业采取模仿策略时，创新企业的收益为 c，模仿的企业收益为 b。这时，由于是在集群的环境下，在集群网络的作用下，创新知识和隐性知识在集群内的传播速度要比非集群企业之间的快，一项创新很可能今天是秘密技术，明天就成为公开技术了。如永康五金产业集群

的不锈钢保温杯生产就是一个典型的例子。一个企业通过技术引进和产品创新，开发了不锈钢保温杯产品，引起大量企业群起模仿，产品差异化的趋减和垄断态势的打破使永康不锈钢保温杯的售价在八个月内由 100 多元降到几十元。因此，a、b、c 三者的数量关系有 $b > a > c$。当两个企业都创新时，双方的收益是 d。在中小企业集群中，给定企业 1 "模仿"，则企业 2 的最优选择也是 "模仿"，给定企业 1 "创新"，则企业 2 的最优选择还是 "模仿"；反之，给定企业 2 的选择亦然。因此，在中小企业群生型产业集群中，博弈的纳什均衡是（模仿，模仿）。

2. 核心企业引领型组织内企业创新行为

而在有核心企业引领型的产业集群中会出现不同结果。一种情况是产业集群内是以横向分工为主，集群中有龙头企业。龙头企业的产生可能是从激烈的竞争环境下脱颖而出自发地形成的，也可能是政府为了培育产业集群而在其政策的支持下形成的。但是，龙头企业无论是怎么形成的，都必须经过集群中激烈竞争的环境的洗礼，并真正成为集群的领头羊。在竞争中必然有相当一部分企业经过发展其实力与龙头企业接近，这些企业通过竞争，某一天就有可能成为所处集群的领先者。因此从长期来看，龙头企业这把交椅并非稳固不变。于是在现实中就形成了这样一种竞争关系：龙头企业力争保住已有地位，而实力与之相当的一群企业却时刻在盯着这头把交椅的位置。同时，与龙头企业实力相当的企业之间也是争夺资源的竞争关系。他们之间的创新博弈支付矩阵如下：

龙头企业

		不创新	创新
一般企业	不创新	$(a,\ b)$	$(a-x,\ b+x)$
	创新	$(a+x,\ b-x)$	$(a,\ d)$

收益矩阵中，a，b 代表企业市场占有份额，由于龙头企业的市场占有率要高于一般企业，因此 $b > a$；x 是一个足以改变他们在集群中排名的市场占有率。

在博弈开始时，龙头企业和一般企业的市场占有额分别为 a 和 b；若龙头企业率先创新，则一般企业将失去 x；若一般企业也选择创新，则能保住它当前在集群中的地位。若一般企业率先创新，而龙头企业选择不创新，则龙头企业将失去其在集群中的老大这一地位；若龙头企业也选择创新，则将保住他在集群的头把交椅。在这样的形势下，由于选择创新战略带来的收益实在较大，龙头企业和一般企业都不会选择会使自己在集群中地位大幅度滑落的策略。此时，竞争将达到白热化，即不创新，就要被淘汰。所以一般企业和龙头企业为保住自己的地位都将尽最大努力进行创新，（创新，创新）是纳什均衡。

另外一种情况是产业集群中企业间是纵向分工关系。各企业在各生产环节形成相互依存、相互衔接、相互协作的关系。魏江、叶波（2002）认为由于纵向关系实际是处于同一区域上下游企业所组成的一条价值链，在这条价值链上各企业由于共同的利益而共同学习—"干中学"和"用中学"，产生集群效应，技术、信息在学习过程中传递从而促进技术创新。因为核心主导企业一般处于生产链的核心或高端环节，相应地也处于价值链的高端环节和创新收益分配的控制地位。核心企业能够通过创新活动获取所创造整体集群收益中的最大份额，并通过对供应商的等级评估淘汰制度和提供设计、制造技术的参数来尽可能地降低其生产成本，维持其正常的生产利润，最大限度地为可持续创新活动的投入进行补偿。因此，这种状态下既会激发价值链中的关键或核心企业的研发动力，又有着加快技术创新在整体生产链中扩散与转移的内在动力。此时，就形成了企业间的纵向技术溢出效应关联。核心主导企业对上下游协作企业的技术溢出效应越大，对生产链整体竞争力的提升作用也越大。

通过上述分析可以得出结论：在同质化的横向分工集群中，由于"模仿效应"与"竞争效应"对创新动力的负反馈作用，使企业的创新行为更倾向于模仿；而在异质化的纵向分工集群内，"示范效应"和"协作效应"对创新动力的正反馈作用，使企业的创新行为更倾向于创新。

§6.3　高新技术产业集群组织形态对创新扩散影响机制

由于微观企业创新策略的选择是基于对创新投入与创新收益的比较，因此在不同产业组织形态下企业的创新行为具有不同的特征。究其企业创新的行为差异产生的原因，是由不同产业组织形态下的分工方式差异、技术能力差异、技术溢出途径差异导致的，它们决定了技术在产业内的扩散效果，由此对产业的成长产生影响，下面分别进行分析。

6.3.1 集群内分工方式不同对创新扩散的影响

在高新技术产业集群的内部结构中，存在着纵向和横向两种联系。技术溢出效应在集群的横向或纵向分工结构下，对集群创新动力有着不同的抑制或激励机制。通过本节的分析，论证产业集群的横向与纵向分工差异有怎样不同的创新效果，技术外溢效应是如何影响关联企业的创新动力的。

1. 横向分工下的技术溢出效应

在横向分工的产业集群内，相关企业由于竞争机制产生的挤压效应对企业的创新行为产生影响。所谓挤压效应，是指一部分集群企业的创新活动及其成果的出现，会给处于同一地域其他相关企业带来竞争压力，而这些企业为了生存会通过各种渠道去了解、模仿新技术成果。这种挤压效应可能会产生两种结果，一是企业进行更进一步的技术创新，以应付由此而带来的竞争压力，由此整个产业集群的技术创新活动会层出不穷；另一种情形是若企业进一步创新的成本过高或缺乏进一步创新的能力，就会作为跟随者，只是模仿或复制领先者的技术创新，进而再以低成本低价格与领先者竞争，影响作为技术溢出供给方企业的竞争能力。如果领先者的创新投入得不到充分补偿，就将失去持续创新的动力，从而对集群企业自主创新动力带来负面效应，进而影响产业的升级（见图6.6）。

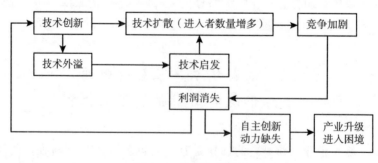

图6.6 技术溢出效应

合理的横向分工应该具备能消除或减小这种溢出效应给企业带来负效

应的能力，不然将会使企业在技术创新上产生"搭便车"的现象，从而影响集群内合作技术创新的效率。而这种横向分工合理与否主要取决于以下几方面因素：

（1）产品的差异化程度。如果集群内企业间产品差异化程度越大，那么，相互竞争的程度就越小，这有利于企业技术创新积极性的提高，因为技术创新上"搭便车"现象对技术创新企业的经营产生的影响很小。

（2）集群内横向分工企业的合理规模。如果集群内横向分工企业为规模相近的中小企业而且数量很多，那么，在存在溢出效应的情况下，技术创新带来的外部经济性会随企业数量的增加而加大，这会抑制企业的技术创新动机。相反，如果集群内是少数大企业与众多小企业并存的横向分工模式，就会缓解以上情况，因为小企业由于自身吸收能力弱，对大企业的创新技术很难模仿，或者需要很长时间模仿，从而使大企业能获取较长时间的垄断利润，所以小企业的存在对大企业的技术创新活动不会有很大的影响。同时由于大企业的数量少，在进行技术创新后，虽然会向其他企业溢出，但是自己所享受到的份额将会增加，同时，为数不多的大企业相互协调、监督的成本将会下降，有利于形成一个技术共同体。

大量研究表明，产业集群的集群优势主要源自地理位置接近所产生的市场、生产、技术信息的迅速可外溢性，嵌入在集群社会关系网络内的创新信息可迅速在集群内传播，使单个企业可以低成本获取各类信息而产生规模经济，吸引企业进入导致产业规模的扩大。但从另一角度看，正是由于这种地理区位聚集所带来的创新、市场、人才以及更重要的"隐性知识"的高流动性带来的高创新外溢效应和低模仿壁垒，极有可能在一定发展阶段诱发产业过度进入与过度竞争，由此造成单个企业规模太小，无法积累足够"熊彼特式"垄断利润来进行产品设计、技术更新和品牌建设。

由于技术诀窍会迅速被其他企业低成本地获知，单个企业的创新收益很快在集群内均匀分散。虽然存在集群创新收益大于单个企业创新收益的社会福利增进情形，但是，单个企业的创新投入极有可能小于其创新收益。正是这种在创新投入和收益在主体和时空上的不一致性，形成了产业集群内在创新动力和溢出效应的复杂性和内在冲突，在这种情形下单个微观企业的创新行为可能选择不首先进行创新，而是采取跟随或模仿战略，这种状态的形成对整体产业集群自我创新能力和价值链升级产生极大的影响，从而对集群长期竞争优势的取得形成障碍。因为成本节约只是产业集群的短期竞争优势，而长期竞争优势还要依靠创新取得，见图6.7。一旦产业集群失去了持续创新的动力，也就丧失了长期竞争优势。

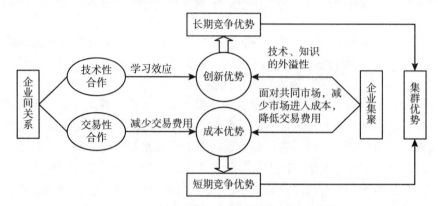

图 6.7　集群长期竞争优势与短期竞争优势

由上述分析可以得出结论，在横向分工的中小企业产业集群内，由于企业地理位置十分接近，技术内容基本一致，并且企业之间技术的模仿和扩散非常迅速，搭便车的心理极为普遍，致使集群企业虽有技术创新的需求，但较之成本与收益之间的不匹配，更多的是通过压低成本获取相对竞争优势，从而使集群企业创新行为陷入了"集体行动陷阱"。集群企业自身的技术能力无法提升，集群整体的技术能力也在这种困境中逐渐下降，最后导致像温州乐清低压电器集群一样的经济危机。

2. 纵向分工下的技术溢出效应

而在分工是依据产业或产品生产链的纵向非一体化模式进行时，由于分工体系所带来的各生产环节的相互依存、相互衔接、相互协作状态，核心企业与作为各种供应商的小企业组成了具有柔性能力的模块化生产体系，此时，就形成了企业间的纵向技术溢出效应关联，这种产业集群是有利于技术创新与扩散的。核心主导企业对上下游协作企业的技术溢出效应越大，对生产链整体竞争力的提升作用也越大，见图 6.8。

在上述大企业引领型产业集群中，已出现不同规模企业的分层化结构，集群宏观技术溢出效应与微观企业创新动力的两难冲突会得到一定程度缓解。对于大规模企业来讲，可以通过产量规模所蕴含的工艺创新成本优势来弥补产品创新投入的收回，进而可通过工艺创新与产品创新的收益组合确立自己的竞争优势，因此适度的产品创新和工艺创新是其理性选择

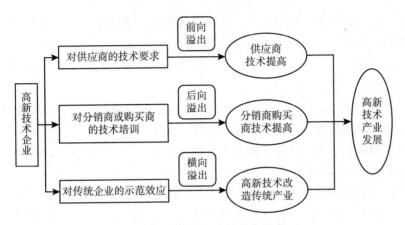

图 6.8 纵向分工下的技术溢出

行为；而对于规模小的企业，相对来讲由于不存在工艺创新的产量规模成本优势，因而无法实行产品创新与工艺创新收益的匹配组合，模仿和跟随战略就不再有效，从而才有可能形成集群中创新分工网络的良性互动格局，进而改变中小企业群生型产业集群内技术溢出效应与创新收益的内生不相容所引起的创新动力缺失问题。

3. 技术溢出效应对企业创新动力的影响

本书以下部分借鉴布罗姆斯特朗和王（Blomstrom & Wang，1992）、薛求知、罗来军（2006）、张杰、张少军、刘志彪（2007）的模型，通过设置一系列具有典型现实意义的参数，通过构建技术创新领先企业与跟随企业创新动力动态博弈模型，来拓展研究技术溢出效应在横向及纵向分工环境下对企业创新动力的激励或抑制机制。从产业组织形态微观企业分工的视角来探讨研究产业创新动力缺失的问题，探讨促进产业升级的可能路径。

（1）基本假设。假定在一个抽象的集群环境内，存在两家企业：技术创新领先企业 L 与跟随企业 F（扩展企业个数不会影响研究结论），任何一家企业都可以通过自主创新或模仿学习两种方式获得一定的技术增量 K_l 或 K_f，$\hat{K}$ 表示技术进步。

每个企业的生产决策可分为技术生产和产品生产两个步骤：

步骤 1，企业首先根据自己的研发技术存量 k 和技术溢出效应参数 θ，决定自己的研发投入 I。且 $0 \leqslant k \leqslant 1$；$\theta \in [\underline{\theta}, \overline{\theta}] \subset (0, 1)$，$0 < \theta < 1$，$\theta$ 在

这里表示为非自愿的技术溢出，即指可被其他企业复制、模仿的程度。在产业集群形态下，由于地理位置的聚集性所产生的信息外溢或者知识产权保护制度的缺位，θ 一般会有更大的数值，$\bar{\theta} - \underline{\theta}$ 相应可表示为自愿或合作所带来的技术溢出参数。

步骤 2，企业在确定其技术投入 I 后，就相应确定了其产品的市场能力。技术含量高的产品通常具有市场竞争优势和销售优势。为了契合现实中企业的竞争状态和竞争手段，假定领先企业与跟随企业在产品市场上进行数量竞争（古诺模型）。

对应本部分所要分析的技术溢出效应，可以设想存在两种技术溢出模式：A 模式（单向技术溢出）和 B 模式（双向技术溢出）。A 模式（单向技术溢出）是指领先企业作为创新者，跟随企业作为模仿者或复制者，技术创新信息只从领先企业流向跟随企业，这种情形类似于横向分工下的企业技术创新状态，即对应于横向溢出效应；B 模式（双向技术溢出）是指领先企业作为创新者，跟随企业作为合作者或协作者，技术创新信息不仅从领先企业流向跟随企业，而且从跟随企业流向领先企业，在纵向一体化生产模式下会出现这种情形，即对应于纵向溢出效应。对应于以上两种情形，对领先企业和跟随企业的技术增量有如下假设：

A 模式：领先企业 L 的技术增量为 $\hat{K}_l = \dfrac{I_l}{1+\theta} K \cdot K_l$，其中，$K = \dfrac{K_l}{K_f}$，$K_l > K_f$，即 $K > 1$

K_l、K_f 分别为领先企业和跟随企业的初始技术存量。K 显然可以理解为领先企业与跟随企业初始技术存量或技术能力的差异，差异越大，两企业异质性程度越大；相反，同质性程度越大。K 与 $\hat{K}_l$ 成正比，表明领先企业与跟随企业的初始技术存量差距越大，领先企业通过技术创新来增加技术存量的激励越大。θ 与 $\hat{K}_l$ 成反比，技术溢出效应越大，会缩小跟随企业与领先企业的技术差距，进而缩小产品市场上的竞争优势差距，削弱领先企业的技术研发投入动机。考虑到技术投入存在研发成本、技术培训成本等，设领先企业技术投入成本函数为 $C(I_l)$。

跟随企业 F 的技术增量为 $\hat{K}_f = I_f \dfrac{K_l}{K}$，$K$ 与 $\hat{K}_f$ 成反比，表明跟随企业与领先企业的初始技术存量差距越大，增加技术的动机越弱。为了抽象出跟随企业对领先企业技术的依存状态，假定跟随企业的技术增量除了自身研发投入外，还需通过对领先企业技术溢出的吸收来完成，因此领先企业

的初始技术存量 K_l 会影响跟随企业的技术增量。技术溢出效应越大，跟随企业则需要增加技术投入 K_f 来获得自身的技术吸收能力，实现技术增量的过程。同样，设跟随企业技术投入成本函数为 $C(I_f)$。

B 模式：针对技术溢出的双向特征，同样的，可以假设领先企业的技术增量函数为 $\hat{K}_l = (1 + \theta)\ I_l \cdot K \cdot K_l$，跟随企业的技术增量函数为 $\hat{K}_f = \theta I_f \dfrac{K_l}{K}$。这里，合乎现实地，假设溢出效应对领先者和跟随者的影响是不对称的，即对领先企业的边际影响为 $1 + \theta$，对跟随企业的边际影响为 θ，目的在于突出领先企业在技术增量过程中的主导和控制地位。

（2）模型均衡解。领先企业与跟随企业之间可以理解为进行的是无限期的两阶段博弈。领先企业与跟随企业面临共同的市场需求，但因技术投入形成产品的技术含量不同，导致产品市场竞争力不同，这最终反映到对市场份额占有的差异。据此，设定市场需求函数为：

$P = Q - l(K, \theta) Y_l - f(K, \theta) Y_f$，$Y_l$ 为领先企业的产出，Y_f 为跟随企业的产出。

我们可将 $l(k, \theta)$ 和 $f(k, \theta)$ 函数设定为：$l(K, \theta) = \dfrac{1 + \theta}{K^{\alpha_l}}$，$f(K, \theta) = \left(\overline{T} - \dfrac{K^{\alpha_f}}{1 + \theta} \right)^{-1}$，且 $0 < \alpha_l < 1$；$0 < \alpha_f < 1$，表明技术水平的市场规模效应是边际递减的。$\overline{T}$ 表示对领先企业技术外溢的吸收，跟随企业必须拥有一个最低技术吸收能力"阈值"，只有超过这个最低"阈值"，跟随企业才能够有效利用领先企业的技术外溢，进行产品生产活动。

依据通常做法，采用逆向归纳法进行求解。首先寻找产品市场的均衡解，再求解出技术市场的均衡解。

①产品市场博弈。在给定技术投入和技术存量情形下，二者的目标函数可设定为：

$$\pi(K, \theta) = \underset{Y_i}{Max}(P_i\ (K, \theta, Y_i, Y_j^*) - C_i)\ Y_i$$

其中，$i = l, f$；$i \neq j$，Y_j^* 表示竞争对手的最优产量。

对此古诺博弈求解，可得二者的最优均衡利润分别为：

$$\pi_l^* = \pi_l^*\ (k, \theta) = A_l \frac{K^{\alpha_l}}{1 + \theta} \tag{6.15a}$$

$$\pi_f^* = \pi_f^*\ (k, \theta) = A_f \left(\overline{T} - \frac{K^{\alpha_l}}{1 + \theta} \right) \tag{6.15b}$$

其中，$A_l = \dfrac{(Q + C_f - 2C_l)^2}{9}$，$A_f = \dfrac{(Q + C_l - 2C_f)^2}{9}$

从产品市场的博弈均衡结果来看，可以发现一些基本规律：领先企业的最优利润是技术溢出参数 θ 的减函数，是技术差距 k 的增函数，而跟随企业则与之相反。

②技术投入博弈。在确定产品市场的博弈均衡解后，我们来考虑各个企业在各个时点上最优利润的总贴现问题。假定市场均衡贴现率为 r，则领先企业与跟随企业的总贴现利润为：

$$\sum \pi_l = \int_0^\infty e^{-rt}(\pi_l(K, \theta) - C_l(I_l)) dt$$

$$\sum \pi_f = \int_0^\infty e^{-rt}(\pi_f(K, \theta) - C_f(I_f)) dt$$

根据领先企业和跟随企业的技术增量与技术差距之间的关系，可构建领先企业与跟随企业技术投入的共同约束方程（以 A 模式为例）如下：

$$\hat{K} = \frac{\hat{K}_l K_f - \hat{K}_f K_l}{K_f^2} = \left(\frac{I_l}{1 + \theta} K - I_f \right) K \tag{6.16}$$

由此构建 Hamilton 函数，并相应引入 Hamilton 乘子 $\lambda(l_t)$ 和 $\lambda(f_t)$。领先企业与跟随企业的 Hamilton 函数分别为：

$$H_l(I_l, I_f, K, t) = \pi_l(K, \theta) - C_l(I_l) + \lambda_l \left(\frac{I_l}{1 + \theta} K - I_f \right) K$$

$$H_f(I_l, I_f, K, t) = \pi_f(K, \theta) - C_f(I_f) + \lambda_f \left(\frac{I_l}{1 + \theta} K - I_f \right) K$$

$$\text{S. t. } \hat{K} = \left(\frac{I_l}{1 + \theta} K - I_f \right) K$$

解此 Hamilton 函数，我们首先需假设双方皆可观察到对方的技术投入和技术差距，即双方博弈的信息可对称，借此简化这种类型的对策问题。因此，可得出其最优性条件为：

$$\hat{\lambda}_l = r\lambda_l - \frac{\partial \pi_l}{\partial K} - \lambda_l \left(\frac{I_l}{1 + \theta} 2K - I_f \right) \tag{6.17}$$

$$\hat{\lambda}_f = r\lambda_f - \frac{\partial \pi_f}{\partial K} - \lambda_f \left(\frac{I_l}{1 + \theta} 2K - I_f \right) \tag{6.18}$$

$$\hat{K} = \left(\frac{I_l}{1 + \theta} K - I_f \right) K = \frac{\partial H_l}{\partial \lambda_l} = \frac{\partial H_f}{\partial \lambda_f} \tag{6.19}$$

$$C_l{'}(I_l) = \frac{K^2}{1 + \theta} \lambda_l \tag{6.20}$$

$$C_f'(I_l) = -K\lambda_l \tag{6.21}$$

当处于稳定均衡状态时，必有 $\hat{\lambda}_l = \hat{\lambda}_f = \hat{K} = 0$，由此，可由式（6.19）得：

$$K^* = (1+\theta)\frac{I_f}{I_l} \tag{6.22}$$

由式（6.17）和式（6.22）可得：

$$\lambda_l^* = \frac{\dfrac{\partial \pi_l}{\partial K}}{r + I_f} \tag{6.23}$$

关键在于利用以上两阶段的均衡最优条件来构建领先企业和跟随企业的技术投入反应函数。由式（6.20）、式（6.22）、式（6.23）可得出领先企业的技术投入反应函数：

$$R_l(I_l,\ I_f,\ \theta) = \frac{\pi_{l1}'}{r+I_f}\frac{K^2}{1+\theta} - C_l'(I_l) = 0 \tag{6.24a}$$

同理，由式（6.21）、（6.18）、（6.22）可得出跟随企业的技术投入反应函数：

$$R_f(I_l,\ I_f,\ \theta) = \frac{\pi_{f1}'}{r+I_f}K - C_f'(I_f) = 0 \tag{6.24b}$$

（3）不同技术溢出形式下企业创新动力的内生均衡。

①A 模式情形下（单向技术溢出效应）。首先证明该空间动态博弈是否存在唯一且稳定均衡解。

证明：在假定 θ 固定状态下，由 $R_l(I_l,\ I_f,\ \theta) = 0$，对变量 I_l 和 I_f 进行全微分：

$$\frac{\partial R_l}{\partial I_l}\partial I_l + \frac{\partial R_l}{\partial I_f}\partial I_f = 0,\ \ 得：\frac{\partial I_l}{\partial I_f} = \frac{-\dfrac{\partial R_l}{\partial I_f}}{\dfrac{\partial R_l}{\partial I_l}} \tag{6.25}$$

式（6.24a）分别对 I_l、I_f 求偏导可推得：$\dfrac{\partial R_l}{\partial I_l} < 0$，$\dfrac{\partial R_l}{\partial I_f} > 0$

即得：$\dfrac{\partial I_l(I_f)}{\partial I_f} > 0$ \hfill (6.26a)

同理：由式（6.24b）可得：$\dfrac{\partial I_f(I_l)}{\partial I_l} < 0$ \hfill (6.26b)

由式（6.26a）和式（6.26b）条件可知均衡点的存在性。

而且，$\dfrac{\partial R_l}{\partial I_l} \cdot \dfrac{\partial R_f}{\partial I_f} > 0$，$\dfrac{\partial R_l}{\partial I_f} \cdot \dfrac{\partial R_f}{\partial I_l} < 0$，所以均衡点唯一存在且动态收敛

于均衡解。证毕。

溢出效应参数 θ 的影响：

对于领先企业来说，在设定 I_f，r 固定状态下，对 $R_l(I_l，I_f，\theta)=0$ 求全微分：

$$\frac{\partial R_l}{\partial I_l}\partial I_l + \frac{\partial R_l}{\partial \theta}\partial \theta = 0，\text{得}：\frac{\partial I_l}{\partial \theta} = -\frac{\dfrac{\partial R_l}{\partial \theta}}{\dfrac{\partial R_l}{\partial I_l}} \tag{6.27}$$

因为已知 $\dfrac{\partial R_l}{\partial I_l}<0$，故只需求出 $\dfrac{\partial R_l}{\partial \theta}$ 的符号即可判别 $\dfrac{\partial I_l}{\partial \theta}$ 的符号。经过处理后，可得出：

$$\frac{\partial R_l}{\partial \theta}<0，\text{即知}\frac{\partial I_l}{\partial \theta}<0。$$

同理，对于跟随企业来说，已知 $\dfrac{\partial R_f}{\partial I_f}<0$，也可推出：$\dfrac{\partial R_f}{\partial \theta}<0$，即得出：

$\dfrac{\partial I_f}{\partial \theta}<0$。

由此我们得出结论：在领先企业与跟随企业之间处于单项技术溢出情形下（对应于领先企业和跟随企业横向分工结构），如果没有有效的知识隔离机制，技术溢出参数 θ 越大，无论是领先企业还是跟随企业的最优行为都是减少自身的研发投入。

②B 模式情形下（双向技术溢出效应）。同样，首先证明该空间动态博弈的唯一存在性及稳定收敛性。

证明：同上推理，我们可推导出：$\dfrac{\partial I_l(I_f)}{\partial I_f}>0$，$\dfrac{\partial I_f(I_l)}{\partial I_l}<0$；

而且，$\dfrac{\partial R_l}{\partial I_l}\cdot\dfrac{\partial R_f}{\partial I_f}>0$，$\dfrac{\partial R_l}{\partial I_f}\cdot\dfrac{\partial R_f}{\partial I_l}<0$，即证毕。

溢出效应参数 θ 的影响：

对于领先企业来说，当 $\dfrac{\alpha_1}{2}<\theta<\tilde{\theta}$，可得 $\dfrac{\partial R_l}{\partial \theta}>0$，即知 $\dfrac{\partial I_l}{\partial \theta}>0$。

这里，$\tilde{\theta}=\dfrac{\alpha_l}{2}+\dfrac{\sqrt{\alpha_l^2 I_f^2+4I_f(\alpha_l r+r)}}{2I_f}$，当 $\tilde{\theta}<\theta<\bar{\theta}$，可得 $\dfrac{\partial R_l}{\partial \theta}<0$，即知 $\dfrac{\partial I_l}{\partial \theta}<0$。

对于跟随企业来说，当 $\dfrac{\alpha_f}{2}<\theta<\bar{\theta}$，可得 $\dfrac{\partial R_f}{\partial \theta}>0$，即知 $\dfrac{\partial I_f}{\partial \theta}>0$。

$$\bar{\theta} = \frac{\alpha_f}{2} + \frac{\sqrt{\alpha_f^2 I_f^2 + 4I_f(\alpha_f r + r)}}{2I_f}, \quad 当 \hat{\theta} < \theta < \bar{\theta}, \quad 可得 \frac{\partial R_f}{\partial \theta} < 0, \quad 即知 \frac{\partial I_f}{\partial \theta} < 0.$$

上述分析可以得出：在存在领先企业与跟随企业双向技术溢出效应情形下，在一个适宜的溢出参数区间内，技术溢出参数 θ 越大，无论是领先企业还是跟随企业的最优行为都越会增加自身的研发投入；当这种双向技术溢出参数达到一定"阈值"后，转变为对双方研发投入和技术能力发展的抑制效应，这意味着纵向非一体化或模块化分工的创新模式不再有效，双方企业合并、组合成一个企业可能将更有利于创新。

小结：通过上文构建的领先企业与跟随企业创新动力动态博弈模型，得出如下结论：如果只存在领先企业对跟随企业的单向溢出效应（横向分工格局的集群模式），技术溢出的直接后果是抑制了领先企业和跟随企业的自主创新研发动机，结果是博弈参与双方都不首先进行研发投入的等待博弈均衡；如果存在领先企业和跟随企业间的双向溢出效应（纵向分工格局的集群模式），即使这种溢出是不对称的，在技术溢出参数的适宜区间内可以有效激励双方的创新研发投入动机，这为解决企业创新动力缺失问题提供了有益的启示。

6.3.2 集群内技术能力差距对创新扩散的影响

1. 企业技术能力的静态与动态势差

魏江（2003）从学习的角度提出产业集群技术能力增长的机理，认为集群技术能力增长是集群整体学习、企业个体学习和劳动力个人学习三个层次作用的结果，并提出了技术能力势差的概念。他认为，集群内部成员之间的技术能力势差有两种基本类型。一种是横向势差，它存在于位于同一价值链环节上横向竞争企业或互补企业之间，体现的是分属这些企业的相同内容和指向的技术能力之水平差异，它通过这些企业从该产业链环节上所获附加值多少而反映出来。另一种势差是纵向势差，它存在于同一产业链上下游企业之间在技术能力水平上存在的差距，体现的是前后价值链环节之间的能力不相协调，导致整个集群生产系统无法生产出高附加值的最终产品。由能力势差概念可以得出产业集群中存在两类企业，一类是高位势企业（技术领先企业），另一类则是低位势企业（技术跟随企业）。集群技术能力的增长从技术或知识运动的轨迹来看，是知识从外部引入再到集群内部扩散的过程（见图6.9）。

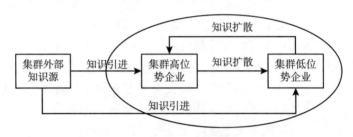

图 6.9　集群内知识的流动

从图中集群学习模式可以看出，高位势企业被期望充当整个集群的学习"先驱"，不断地通过外向型和创新型学习从集群外部获取知识资源并消化、吸收和创新，在不断提高自身竞争力的同时，丰富集群内部的知识溢出，从而在客观上为低位势企业提供较为便利的学习途径，使后者方便地开展后续性学习来提升竞争能力，这样，集群中就出现了高低位势企业的共同进步状态。显然，要实现并保持这种状态，最重要的是要确保作为领头雁的高位势企业有动力学习，如果它们因缺乏足够的利益刺激而安于现状，那么整个集群就难以有强劲的发展势头。

低位势企业的学习动力在很大程度上来源于"鲶鱼效应"，即因高位势企业基于学习形成的成本或附加值优势对它构成了强大竞争压力，危机迫使它可能通过跟进学习来控制损失。但是，企业是否真正有动力学习取决于学习相对于其他博取生存权的策略（如价格战和仿冒等）是否具有比较优势，即比较在收益既定的情况下，学习所需的成本在各种策略中是否是最低的，也可以说是学习所需成本与收益的比较。由此不难看出，要从外部激励低位势企业跟进学习，需"双管齐下"，既要降低其学习成本，又要人为提高其他备选策略的成本。

如果低位势企业与高位势企业之间的学习能力差距太大，那么前者就无法吸收来自后者的溢出知识，事实上成本无限大，此时知识扩散对激励它学习是无效的，它必将倾向于采用其他替代方案。还有一种情况也可能削弱知识扩散对低位势企业学习的激励能力，比如对于有些学习项目而言，它不仅仅涉及软性知识的获取和消化，还须辅之以硬件资本品的投资，如设备的采购等等，故仍然需要可观的成本，低位势企业限于自身财力并不一定承受得起，因而也可能放弃学习。

关于技术能力势差对集群技术能力的影响，应该从静态和动态两个方面来看，即企业间技术能力的初始状态和技术学习能力。不同情况下产生的技术溢出效应，对集群内企业持续创新动力的激励效应有不同影响。

2. 高技术能力差距下的技术溢出效应

在领先企业与跟随企业之间存在较大技术研发能力距离时，跟随企业的技术吸收能力决定了技术创新在二者之间的溢出效应。当跟随企业的技术吸收能力与领先企业的技术创新相互匹配，则技术溢出效应能够提高跟随企业的技术能力，同时，领先企业的创新动力激励机制也未受到明显影响，这种情形下，技术溢出效应能够同时实现社会福利和双方企业私人福利的最优化。由于领先企业能够持续地创新以不断积累技术能力，而跟随企业有较高的技术学习能力，它们不甘落后紧紧跟随，因此它们间的技术差距尽管存在，但技术水平愈来愈高，因此集群的整体技术能力是持续增长的。如6.10左图。

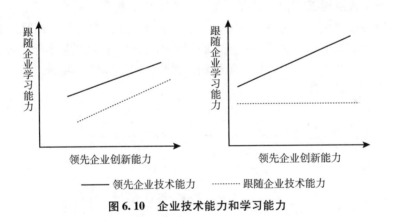

图6.10 企业技术能力和学习能力

但是，如果跟随企业缺乏技术吸收能力或者技术吸收能力与领先企业的技术创新不匹配时，则新技术难以在企业间扩散，容易形成领先企业在产品市场上的垄断状态，最终也不能达到社会福利的最优化状态。图6.10的右图代表了一种差距悬殊的状态，由于领先企业不断创新，其技术能力得以持续增长；而跟随企业则因为学习吸收能力弱基本上原地踏步，甚至由于技术能力老化或者流失而略有下滑，这时集群中的技术能力差距将不断扩大，虽然领先企业不懈的技术学习使整个集群的技术能力仍将有所增长，但由于其他企业学习能力弱导致技术扩散慢。尤其值得注意的在以纵向分工为主的产业集群内，这种情况极易造成"木桶效应"，即面向某个产业链环节的技术能力相对不足往往造成整个系统的产出效益显著降低。因此在核心企业引领型的产业集群中，核心企业为了促进以其为中心的企业网络协作体系整体的技术提升和核心竞争优势的持续领先，则会有意识地向参与自己分工协作网络的关联企业提供一些技术上的帮助，解决由于技术能力差距对整体价值链提升形成的障碍。

3. 低技术能力差距下的技术溢出效应

在领先企业与跟随企业之间存在较小技术研发能力距离时，由于创新技术很容易被其他企业模仿，因此创新收益很快在集群中被分散导致其创新投入不能完全弥补，这种情况下技术溢出效应可能会对领先企业的创新动力产生负面影响，这种情形下容易形成企业双方都实施模仿或复制的等待策略均衡稳态。在"中小企业群生型"产业集群中，当企业间技术能力差距小容易形成这种状态。这时整个集群技术能力增长非常缓慢，若这种状态下长久发展下去，集群有可能走向萎缩甚至消亡。显然，这是应该极力避免的一种状态。这时一是需要依靠专利及知识产权保护战略来维护领先企业的技术优势，保持领先企业的创新动力；二是可以通过行业协会建立起创新研发合作联盟，形成集聚创新优势，建立起区域品牌，使企业共同投入、共同受益。

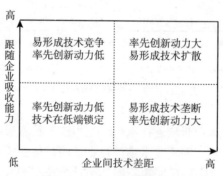

图 6.11　技术差距与技术扩散

从动态来看，技术能力差距的存在是集群发展过程中的一种客观状态，考察这种状态本身在集群发展过程中的演变，如果演变能以一种积极的方式进行，产生动态拉动和挤压的良性互动现象，则集群的整体技术能力就得以持续的增长。当然，这一方面依赖于领先企业的不断创新——挤压效应，另一方面也依赖于跟随企业的不断学习——拉动效应。如果演变是消极的，则集群企业技术能力可能会趋于停滞。

要激励集群中的高位势企业进行持续的学习，首先要认识到自身学习对提高创新能力的好处，其次，还要采取一些措施来强化激励。对于高位势企业来说，它们从集群内部学习的动力往往是不足的，基本上是针对外向型学习而言的。面向集群外部的学习一般需要较多的投资，即成本高，而且风险也较大，但如果项目、对象选择合理，学习资源充足，学习过程高效，那么所获得的学习成效也很明显。调研发现，相对有实力充当学习领头雁的集群高位势企业在学习动力上普遍不太乐观。一方面，它的学习一般是外向于集群的，很难享受到集群给予的在学习效率上的支持作用；另一方面，在其学习效果的市场实现上，集群环境却很容易以多种模式给它造成负的外部性（组织知识的"搭便车"行为所产生的模仿及无序竞争的价格战等），使其不能获取相应的创新生产收益率，因此学习激励是不充分的。针对这些情况，要采取一些措施来强化激励。

首先，从提高高位势企业的学习效率来探讨强化激励的可能性。一般而言，高位势企业的外向型学习能够达到何种效率水平，很大程度上取决于自身的实力，但是也可以有一些外在的辅助措施来帮助其提高效率。有两种思路，一是由政府出面，采用财政补贴、创新基金、税赋减免、奖励或优惠的融资政策等形式，帮助其降低学习成本；二是集群中的技术基础设施和公共服务部门，要卓有成效地为高位势企业的外向型学习提供指导和帮助，比如学习对象搜索、学习项目谈判、高难知识解码等服务，以此来支持学习过程，增加学习产出。

其次，从改善市场环境入手来推动高位势企业的学习，即保障其学习收益免受不合理侵蚀。知识扩散作为导致高位势企业学习收益流失的重要途径，似乎应该给予杜绝来激励其学习，但事实上这是不可行的。集群中的知识扩散是难免的同时也是必要的，激励高位势企业积极学习的根本目的就是要在客观上丰富集群内部的知识扩散，因此如果从压制知识扩散的角度来寻求强化其学习动机，就是本末倒置。但是，可以考虑在不减少扩散强度的情况下来控制知识扩散对高位势企业造成的负面影响，例如可以通过市场差异化和扩散内部化来达到这一目的。

市场的差异化是指集群中的高低位势企业各自服务于不同的细分市场，比如低位势企业服务于低端市场，高位势企业则瞄准高端市场，这样前者可以利用后者的知识扩散来获取在本市场领域内的竞争优势又不损及后者在高端市场上的学习收益实现，从而得以"双赢"。另外，差异化也可以有效避免集群成员间的价格战和仿冒问题，当然能否实现差异化取决于集群自身的自组织水平。扩散内部化是指扩散源通过将扩散受体纳入自身的治理范围而最小化扩散损失。在集群中，高位势企业为确保学习收益免受过度侵蚀，可以将作为知识扩散受益者的低位势企业收归旗下，通过知识扩散的内部化解除高位势企业的后顾之忧，使其有持续学习的动力。

价格战和仿冒，不仅损害了高位势企业的利益，且压抑了其学习动机而无助于集群整体技术能力的提高，因此应该极力给予避免。压价竞争和仿冒的产生，源于低位势企业缺乏跟进学习，由于不能通过正当渠道抵消高位势企业因学习形成的成本或附加值优势，所以它们只能采取这两种策略来博取生存权。从这个意义上说，防范价格战和仿冒，关键是要督促低位势企业学习，一方面要为这些企业创造高效率学习的条件，另一方面通过制度建设使压价竞争和仿冒这样的替代性竞争策略成为不可行举措，从而使学习成为它们自觉的选择。

6.3.3　集群内技术溢出途径对创新扩散的影响

1. 产业集群内企业的学习途径

集群企业在网络中互动学习，学习的途径有许多，包括模仿、人员流动、组织间合作、企业衍生、非正式沟通及正式沟通机制。

（1）横向的模仿学习。模仿是一种重要的学习途径，对于技术追随者而言就更是如此，它主要指向的是同行竞争者溢出的知识和信息，具体实现方式包括正式的购买许可、非正式的观察和逆向工程。在集群环境中，模仿学习非常普遍，这主要是因为地理距离的接近使同行之间都互相清晰地暴露在对方的视野中，从而使得这种学习活动的成本大大下降而效率却明显提高，保密在这种情况下变得非常困难。

（2）基于价值链的上下游企业间的知识共享。由于企业之间形成分工协作的关系，共同的利益追求使各个成员企业之间技术、知识相对开放，因为每个企业把知识传播给其他成员所创造出来的效益其自身也能直接地享受到，企业之间是一个利益共同体，所以每个企业愿意把各种知识与其他企业共享，这样就使知识扩散的深度大大增强。另外由于知识的扩散常常是在相互配合的过程中发生的，如产品图纸、工艺标准、质量标准的设计等，这样就大大降低了知识的不确定性和模糊性。对于一些无法固化的缄默性知识，网络内核心成员企业也可能通过派相关人员到其他企业中去指导，从而进一步降低知识的不确定性和模糊性，这样那些对创新起着非常重要作用的缄默性知识也会很好地在网络内扩散开来。上下游企业由于长期的交往而形成了相互信任的基础，高度相关的产品价值链为知识共享提供必要的需求和环境，高度分工的产品价值链简化了知识共享的内容，知识在这种产品价值链中得以迅速传播。

（3）人员流动。自马歇尔的产业区位理论开始，劳动力要素的流动一直被集群研究认为是知识溢出的最重要机制。人员的流动在群内比群外更为频繁，一来是因为在集群中有大量适合自己的专业和经验的企业可供其选择进入，员工离开某个公司之后可以很快地在附近的另一家公司找到工作；二来相似的社会文化背景也可以减少跳槽的成本。由于企业技术知识很大一部分是以隐性知识的形态存在于员工的头脑中，因此员工在企业之间的流动促进了知识在成员间的扩散，而且外部劳动力的流入为外部知识传入及其与集群创新系统内部原有知识的重新组合提供了可能。

（4）组织间的合作。组织间合作是集群企业学习的又一重要渠道，其形式包括企业间合作互动、集群与专业市场的互动、企业与大学及科研等机构之间的合作等。

企业间合作互动的方式可以多种多样，如合作创新、要素互动等，这是一种相对正式的跨边界学习，它较多地发生在学习项目难度较大、风险较高的情况下，为的是突破单个组织的资源局限。

企业集群一般以专业化的市场为依托，在专业化的市场中信息和知识很容易在专业化的人员和企业中共享。

大学、科研及培训机构等公共服务机构，除了向集群企业提供人力资源培训和教育支持外，还可以提供技术和管理支持，承担起知识基础设施的功能。另外，企业创办的研究实验室在区域上的集中，也为中小企业利用知识溢出提供可能，因为沟通成本低以及内部技术机会的提供，为中小企业创新提供了良好条件。

（5）企业衍生。部分企业的衍生是集群中员工跨组织流动的一种极端表现形态，是指员工脱离某企业或机构后自己创办一家新的企业，在对河北省高新技术企业创新情况实地调查中发现，很多科技型中小企业都是以这种方式创建的。企业衍生之所以被称为一种集群学习过程，是因为衍生出的新企业与母体之间存在着千丝万缕的联系，新企业可分享母体企业或机构的知识基础。也许衍生的企业与其母体并不在同一个生产单元中运营，两者或许会构成供应商和客户关系，但即便这样，衍生对于学习的意义仍然存在。

（6）正式沟通与非正式沟通。正式沟通是由政府或集群中公共服务机构发起的，专门为集群组织安排的学术论坛、专题会议、市场分析报告、集群成员参加的其他专题论坛等。这类学习方式可围绕某一技术或管理问题进行研讨，通过这种会议或研讨的方式，有利于集群成员了解最新技术发展动向。在我国，由于集群中介机构发育不良，这种学习方式对于提高集群学习的效果不甚明显。

非正式沟通指集群企业由于地理上的接近性，使供职于不同组织的员工有可能彼此熟悉并在工作之外发生较多的面对面的交流，来分享知识溢出。这种交流，对一些成熟的高科技集群而言，雇员之间的非正式交流是一个重要的内在特征。例如，在硅谷的白马酒吧里，就经常有工程师聚在一起讨论他们在工作中遇到的技术问题。因此，企业的成长，也依赖于通过非正式渠道产生的信息——员工个人之间面对面的交流。

2. 产业集群内技术溢出途径对创新扩散的影响

正是通过上述学习途径，使得技术在集群内得以迅速扩散（见图6.12）。

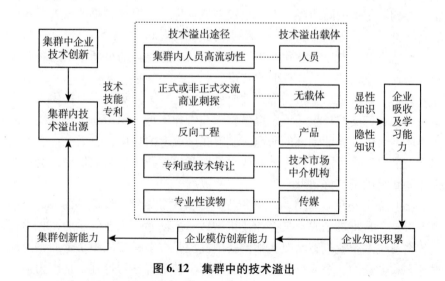

图6.12　集群中的技术溢出

通过大量的实践观察，我国地方产业集群内技术外溢或转移途径可总结为三种基本形式：无载体的知识溢出、以产品为载体的知识溢出（反向工程）、以人力资本流动为载体的知识或技术诀窍溢出。

（1）无载体的知识溢出。无载体的知识溢出途径来自于集群的地理位置接近性特征，同时也来自于社会关系网络的信息外溢和互动渠道，例如企业网络成员之间有意识地开展一些高频度的互动和合作，掌握先进技术创新能力和具有核心创新能力的企业有意识地向参与自己分工协作网络的关联企业提供或转让一些技术，以促进以其为中心的企业网络协作体系整体的技术提升和核心竞争优势的持续领先。集群内员工之间的非正式的交流也是技术溢出的一个重要渠道。

（2）以产品为载体的知识溢出——反向工程。以产品为载体的知识溢出途径与产品的可反向工程程度关联，主要通过对产品的解体和破坏性研究，运用各种科学测试、分析和研究手段，反向研究该产品的技术原理、结构机理、设计思想、制造方法、加工工艺和原材料特性，从而从原理到制造、由结构到原料全面系统地掌握产品的设计和生产技术。甚至在通过反向工程获得产品技术后结合自己已有的技术和工艺创新能力研制出比原产品更实用、更低成本、技术含量更高的产品，达到获取模仿再创新能力。这种以产品为载体的知识溢出途径的成功与否，与知识产权保护制度的强度、专利制度的期限与宽度、产品所蕴含技术知识的编码性和可分解性以及扩散企业的技术吸收能力有较大关系。

（3）以人力资本为载体的知识溢出。以人力资本为载体的知识溢出途径的关键在于掌握技术诀窍和非编码技术创新知识的人才在不同企业间的转移和流动，从而实现了技术创新知识的溢出效应。技术跟随企业只要能够挖走创新企业的核心技术人才就能获得知识的溢出和创新能力，这对于产业集群内多数模仿企业来说是低成本获取产品和技术创新能力的捷径，也是现实实践中我国地方产业集群内多数企业广泛采用的途径。"中小企业群生型"产业集群内技术容易被模仿和人员的高流动性有关，而且有许多新企业就是一些掌握了一些技术诀窍的技术人员自己出来创办的，由于法律制度不够健全由此引起的知识产权纠纷难以解决。

3. 产业集群内技术溢出途径对产业发展的影响

目前我国产业集群内普遍存在的通过产品反向工程来获取显性技术诀窍，通过挖现成企业的一些关键技术人员、以人力资本为技术溢出载体获取隐性技术诀窍的做法，是由企业的逐利行为导致的。在市场经济条件下，追逐利润是企业共同的特征，利润就像一根指挥棒引导企业的各种行为。当一家企业通过大量研发投入开发出一种新产品，或者通过引进消化吸收生产出一种新产品后，在获知先入企业的利润和较为明朗的市场前景条件下，大量后发企业迅速一哄而上跟随进入，很多企业的技术跟进方式通过反向工程及人力资本流动。这种现象的发生会对集群的竞争模式和集群内企业的创新动力、集群持续发展能力以及产业升级产生怎样的影响？现有的研究一般都把技术溢出效应简化为单维，而忽略了现实世界中技术溢出效应的多维度和复杂性（Katsoulacos & Ulph，1998）。技术溢出效应对于企业间的分工结构、竞争结构、创新研发动力激励、创新合作及知识产权制度安排存在显著不对称影响效应，特别是在产业集聚的视角下，这种影响效应显得更为复杂。

由于先创新企业存在较大的技术风险、市场风险，而跟随企业成本低、风险小，因此其他企业也就有了"搭便车"的动机，纷纷采取模仿战略。这种行为对于集群初期的发展是有利的，对集群内新技术的扩散、低成本竞争优势的培育和新企业的衍生有促进作用。但是，当集群发展到以技术创新作为持续发展和产业升级动力阶段时，其负面作用凸现出来。由于技术门槛较低，容易形成过度进入，加剧了企业间通过"拼成本、拼数量、拼价格"来获取竞争优势的行为激励。低成本的过度竞争状态直接导致了集群内单个企业规模过小，无法积累足够的利润保持企业的持续技术创新能力，破坏了集群内微观企业长期发展的基础环境。企业因利润空间越来越小，为求生存，多数企业只有降低质量，甚至出现假冒伪劣，最终摧毁了以地理区域为特征的产品信誉和集群的持续生存发展能力，这就是现阶段很多地方产业集群不能保持长久兴旺的原因。

上述情况可以通过生物界物种间的竞争模型来说明。关于物种间竞争关系的定量描述，由洛特卡（Lotka）和沃尔泰拉（volterra）提出了著名的种间竞争模型。即：

$$\frac{dN_1}{dt} = r_1 N_1 \left(\frac{K_1 - N_1 - \alpha N_2}{K_1} \right) \tag{6.28}$$

$$\frac{dN_2}{dt} = r_{12} N_2 \left(\frac{K_2 - N_2 - \beta N_1}{K_2} \right) \tag{6.29}$$

式中 N_1 和 N_2 代表两个发生竞争的种群，K_1 和 K_2 为它们各自的环境负荷量，r_1 和 r_2 分别为每个种群的每个企业最大瞬时增长率，α、β 为竞争系数，其中 α 是种群2的竞争系数，指社群2中每个企业对社群1企业的竞争抑制作用；同样，β 是种群1的竞争系数，指种群1中每个个体对种群2企业的竞争抑制作用。

在没有种群间竞争的情况下（即方程中的或 N_2 等于零，β 或 N_1 等于零），两个种群都能按逻辑斯谛方程呈"S"形增长，直到种群数量达到各自的环境负荷量为止。

根据定义，N_1 种群中每个个体对自身社群增长的抑制作用等于 $\dfrac{1}{K_1}$；同样，N_2 种群中每个个体对 N_2 种群增长的抑制作用等于 $\dfrac{1}{K_2}$。从式（6.27）和式（6.28）两个竞争方程可以看出：N_2 种群中每个个体对 N_1 种群增长的抑制作用等于 $\dfrac{\alpha}{K_1}$，而 N_1 种群中每个个体对 N_2 种群增长的抑制作用等于 $\dfrac{\beta}{K_2}$。当 N_2 种群数量达到 $\dfrac{K_1}{\alpha}$ 时，N_1 种群就再也不能增长；同样，当 N_1 种群数量达到 $\dfrac{K_2}{\beta}$ 时，N_2 种群就再也不能增长。因此，在没有竞争者存在的情况下，两个种群处于各自环境负荷量（K_1 和 K_2）以下的任何密度时，都会表现为增长，而处于环境负荷量以上的任何密度时，都会表现为下降。

两个种群达到稳定平衡的条件是任何一个种群的密度都不能高到足以排除另一个种群的密度，也就是说必须同时满足 $K_1 < \dfrac{K_2}{\beta}$ 和 $K_2 < \dfrac{K_1}{\alpha}$。要想满足这一点，当 K_1 等于 K_2 时，α 和 β 必须小于1；当 K_1 和 K_2 不相等时，α 和 β 可以大于1，只要两者的乘积小于 $1(\alpha \cdot \beta < 1)$ 和 K_1/K_2 比值处于 α 和 $\dfrac{1}{\beta}$，之间，竞争双方仍然可以共存。

而两个竞争种群实现稳定共存的基本条件就是 $\dfrac{\mathrm{d}N_1}{\mathrm{d}t}=0$ 和 $\dfrac{\mathrm{d}N_2}{\mathrm{d}t}=0$。

即 $K_1 - N_1 - \alpha N_2 = 0$ 和 $K_2 - N_2 - \beta N_t = 0$。这种情况只能发生在两种种群等值线的交叉点上。

通过 Lotka-volterra 模型的分析，说明过度的竞争不利于企业的成长。

由此可以得出结论：企业间缺乏竞争会使产业集群失去创新的动力，而过度的竞争也会使产业集群的发展陷入恶性循环，出现"柠檬市场"，不利于集群技术能力的提升，见图6.13。

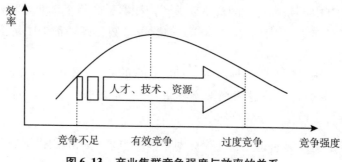

图 6.13　产业集群竞争强度与效率的关系

§6.4　安平丝网产业集群组织形态与技术扩散关系研究

在我国，群生型产业集群数目众多，尤其是处于萌芽期和成长期的高新技术产业集群，多是以中小企业为主体，一般依附于专业化销售市场或销售网络而建立，生产同类产品，以横向分工（同质产品＋专业市场）与简单生产链纵向分工为主要形式。因此，本节将以河北省安平丝网产业集群这一群生型产业集群为实证研究对象，检验该类产业集群组织形态与产业集群内技术扩散效果之间的关系。

6.4.1　研究设计

1. 研究对象

在研究对象的选择方面，本书选择河北省衡水安平丝网产业集群作为实证研究的对象，该产业集群在集群化程度、技术创新和扩散水平、企业间交流影响程度、市场环境等方面具有较高的代表性，在河北省众多集群中具有较高的代表性。在河北省具有规模的产业集群大概有 30 多个，例如高阳纺织、邯郸清河羊绒、衡水枣强玻璃钢、隆尧面业、邢台永年标准件、河间电线电缆、白沟箱包、安国药材、文安胶合板、肃宁皮毛、辛集皮革、霸州汽配、宁晋服装鞋帽、香河家具等等，但是衡水安平丝网产业集群无论从产业发展过程，还是集群特征和规模上都具有较好的研究价值。

2. 研究假设

根据本章第三节的分析，本书认为企业间分工协作方式、技术距离和学习途径影响着技术创新扩散的效果，因此，下面将重点研究这三个变量对于产业集群技术创新扩散效果的影响。

（1）企业间分工方式。根据罗杰斯（Rogers，1983）、詹·法格博格（Jan Fagerberg，2004）、潘成华（2001）、张沁生（2002）、朴文哲（2005）、徐磊（2009）等人的研究，企业间产品差异化程度、企业规模差异化程度将对产业集群技术创新扩散产生影响，基于上面的分析，本文提出了如下假设：

Ha1：企业间产品差异化程度越高，将正向促进影响产业集群技术创新扩散；反之则否；

Ha2：企业间规模差异化程度越高，将正向促进影响产业集群技术创新扩散；反之则否；

（2）企业间技术距离。根据海德（Heide，1994）、薛婷婷（2008）、许芳（2006）、罗伊尔·卢腾和弗兰·波克玛（Roel Rutteng & Frans Boekema，2007）、庄晋财（2003）的研究，认为企业之间的技术距离会影响企业的技术创新扩散效果。张丽华，林善浪（2011）认为，企业间的技术距离包括地理距离和技术接近性，地理距离越近，技术接近性越高，则技术扩散效果越好。魏江（2003）认为集群内部成员之间的技术能力势差有两种基本类型，一种是横向势差，它存在于位于同一价值链环节上横向竞争企业或互补企业之间；另一种势差是纵向势差，它存在于同一产业链上下游企业之间在技术能力水平上存在的差距。根据已有研究成果，本文提出假设：

Hb1：企业间地理距离越近，将对产业集群技术创新扩散效果产生正的影响；反之则否；

Hb2：企业间技术相似性越高，将对产业集群技术创新扩散效果产生正的影响；反之则否；

Hb3：企业间横向技术距离越近，将对产业集群技术创新扩散效果产生正的影响；反之则否；

Hb4：企业间纵向技术距离越近，将对产业集群技术创新扩散效果产生正的影响；反之则否。

（3）企业间相互学习途径。根据卡纳（Khanna，1998）、哈默尔

（Hame，1991）、卡帕苏万（Kapasuwan，2004）、申和施密特（Shin & Schmidt，2001）、喻红阳，李海婴，袁付礼（2005）等人的研究，发现企业之间的诸如非正式交流、组织参观与合作研发等学习途径也会影响企业的技术创新扩散，并且已有合作经历、员工对合作经历的认知也会影响技术扩散效果。因此提出以下假设：

Hc1：员工之间非正式交流越频繁，将对产业集群技术创新扩散产生正的影响；反之则否；

Hc2：组织参观其他企业越频繁，将对产业集群技术创新扩散产生正的影响；反之则否；

Hc3：企业间合作研发越频繁，将对产业集群技术创新扩散产生正的影响；反之则否；

Hc4：企业间人员流动越频繁，将对产业集群技术创新扩散产生正的影响；反之则否。

3. 量表设计

（1）因变量的测量。技术创新扩散是技术创新通过一定渠道在潜在使用者之间传播的过程。在本文中，"技术创新扩散"（TS）指在产业集群内的企业之间，新设备和新技术工艺传播、推广和广泛应用的过程，这里的产业集群强调了企业在地域上集聚，是新设备和新技术工艺利用范围和规模的量的积累，使采用企业获得更高的生产效率和更好品质。

（2）自变量的测量。通过定量的方法，测量各项指标，包括：企业间产品差异化程度、企业间规模差异化程度、员工之间非正式交流、组织参观其他企业、企业间合作研发、企业间人员流动、企业间地理距离、企业间技术相似性、企业间横向技术距离、企业间纵向技术距离。各个指标的测量取值采用李氏7分量制（Likert－7Points Scale）：最高赋值为7分，表示该指标频率或评价最高，其对技术创新扩散产生巨大积极影响；最低赋值为1分，表示该指标频率或评价最低，其对技术创新扩散没有产生促进影响。

总之，本研究采用定性研究和定量研究的方法，除了企业基本情况和技术创新扩散情况外，其余变量都通过李科特7级量表（Likert－7 Points Scale）进行测量，分为7个回答等级，对应分值为1~7。所获取的数据应用SPSS18.0进行分析。

6.4.2　信度检验

"信度"（Reliability）是指测量结果的稳定性、一致性和可靠性，表示随机误差影响测量值的程度，它只受随机误差的影响，随机误差越大，信度越低。

通过分析，问卷的信度分析结果如表 6.12 所示。

表 6.12　　　　　　　　调查问卷的 Cronbach'sα 结果

因子	Cronbach'sα	项数
TS – 技术创新扩散效果的测量	0.879	5
①企业间分工方式对技术创新扩散的影响	0.799	4
②企业间技术距离对技术创新扩散的影响	0.781	4
③企业间学习途径对技术创新扩散的影响	0.856	5

由表 6.12 的信度分析结果可知，技术创新扩散效果影响因素总共包括 4 个因子，各因子的 Cronbach'sα 系数都大于 0.70，TS—技术创新扩散的总的 α 系数为 0.879。因此，认为量表的设计具有较高的信度。

6.4.3　回归分析结果

1. 分工方式对技术扩散效果影响

考察分工方式对技术创新扩散的影响，设计两个变量指标，为在 SPSS18.0 中分析方便，命名："企业间规模差异化程度"为 A1、"企业间产品差异化程度"为 A2，分析两因素在产业集群中集群环境中影响技术创新扩散效果的主要因素。

表 6.13 给出了分工方式差异对技术扩散效果变量的回归分析结果。从中可以看出，A2 的影响显著（标准系数为 0.035，$p = 0.006 < 0.05$），说明产品差异化程度与技术创新扩散有明显的相关性，这可能是由于该产业集群属于群生型，企业大都生产同类产品，以横向分工（同质产品＋专业市场）与简单生产链纵向分工为主要形式，企业之间的关系更多的是以竞争为主，因此，一旦有新技术出现，就会出现大批模仿者来提高自身竞

争力。此外，可以看出 A1 影响不显著（p = 0.072 > 0.05），也就是说企业存在规模差距并不会显著影响技术创新扩散效果。

表 6.13　　　　　　　　　　分工方式的回归分析

模型		非标准化系数		标准系数	t	Sig.
		B	标准误差	试用版		
1	（常量）	3.556	1.381		2.576	0.015
	A1	0.241	0.216	0.157	5.118	0.072
	A2	0.075	0.287	0.035	2.261	0.006

a. 因变量：TS

2. 企业间相互学习对产业集群技术创新扩散影响的实证分析

　　为考察企业间相互学习对技术创新扩散的影响，本文设计了四个变量指标。分别命名为："员工之间非正式交流频率"为 B1、"组织参观企业频率"为 B2、"参加交流会频率"为 B3、"企业间人员流动频率"为 B4。进行回归分析，分析在产业集群中企业间相互学习影响技术创新扩散效果的主要因素。表 6.14 给出了企业间相互学习方式对技术创新扩散效果的回归分析结果，可以看出，四个变量对技术创新扩散的影响都是显著的（p = 0.000 < 0.001）。其中，"组织参观企业的频率"对技术创新扩散效果的影响力最大（标准系数为 0.342，p = 0.000 < 0.001），其次是"员工之间非正式交流频率"（标准系数为 0.265，p = 0.000 < 0.001）。

表 6.14　　　　　　　　　企业间相互学习的回归分析

模型		非标准化系数		标准系数	t	Sig.
		B	标准误差	试用版		
1	（常量）	2.446	1.066		2.294	0.019
	B1	0.297	0.272	0.265	5.089	0.000
	B2	0.220	0.244	0.128	2.902	0.000
	B3	0.384	0.237	0.342	6.624	0.000
	B4	0.254	0.193	0.166	2.351	0.000

a. 因变量：TS

3. 企业间技术距离对产业集群技术创新扩散效果的影响

为考察企业间相互作用影响采用决策对技术创新扩散的影响，设计了五个变量指标。分别命名为："地理距离"为 C1、"技术相似性"为 C2、"横向距离"为 C3、"纵向距离"为 C4。进行回归分析，分析企业间技术距离对影响技术创新扩散效果的影响。表 6.15 给出了企业间技术距离对技术创新扩散效果的回归分析结果，可以看出，"纵向距离"变量对产业集群技术创新扩散效果的影响不显著（$p = 0.072 > 0.05$）；"技术相似性"变量在 0.05 显著性水平下影响显著，而在 0.01 显著性水平下影响不显著；而"地理距离"和"横向距离"两个变量在 0.05 和 0.01 显著性水平下对技术创新扩散效果的影响均显著。

表 6.15　　　　　　　　　企业间技术距离的回归分析

模型		非标准化系数		标准系数	t	Sig.
		B	标准误差	试用版		
1	（常量）	2.091	1.267		2.440	0.011
	C1	0.476	0.309	0.349	18.863	0.002
	C2	0.214	0.442	0.196	5.253	0.020
	C3	0.479	0.278	0.352	19.081	0.000
	C4	0.045	0.316	0.039	1.775	0.072

系数 a

a. 因变量：TS

§6.5　产业创新能力的提升路径

通过以上一系列分析，可以发现模仿—套利行为对产业集群内微观企业的创新动力产生抑制作用，长期发展会导致技术创新能力的低端化，这也是部分产业集群发展到一定阶段面临升级障碍的内在原因。如何通过制度创新解决这一问题以提升产业创新能力，是我们本节要讨论的内容。

6.5.1　创新知识产权保护制度

倘若知识产权不能得到界定和保护，则创新的积极性会大大降低。因为企业技术创新成果"溢出"必然会产生正外部性，而这种外部性在没有知识产权法律保护的情况下，企业就不能获得创新的垄断利润，企业技术创新所投入的巨大研发成本不能获得相应回报，那么企业创新的动力就会减弱。在我们对保定高技术产业园区多家企业的调查走访中，企业普遍反映由于知识产权意识及保护不够，以致企业创新成果很快被其他企业模仿，享受高额利润的时间极短，因此大多数企业以模仿为主。从现实实践中不难看出，知识产权保护制度的缺失是这种模仿—套利行为盛行的关键因素。知识产权保护之所以越来越受到人们的重视，是因为它有利于保护发明创新者的积极性和发明创新的原动力。高新技术产业的发展需要不断有新技术、新知识被连续地生产出来，就必须要建立相应的产权制度安排，使得创新和知识的所有者能够获取公正的补偿和收益。

然而，在经济发展的不同阶段，知识产权保护强度对产业发展和技术能力的整体提高有着不同的效应。如在集群发展初期，以人员流动和产品反向工程为载体的技术溢出和技术扩散渠道，能够有效促进集群新企业的衍生和整体技术能力的进步，进而确立集群的规模报酬递增型竞争优势，此时，适度的弱知识产权保护制度可能有利于集群的整体发展；当集群发展到一定阶段，必须由依赖于集聚效应中规模报酬递增竞争优势，转变为依赖于自主创新的协同效应和合作效应竞争优势时，就需要实施有效的强知识产权保护制度。

根据目前河北省高新技术产业的发展现状，简单地认为实施强知识产权保护策略就可以促进创新的产生和产业集群持续发展的观点可能并不现实。一方面，由于集群地理位置的接近所带来的各种技术溢出渠道"天然"的隐蔽性和迅速外溢性，实施强知识产权保护制度的成本太大；另一方面，由于目前河北省高新技术产业集群还处于初级发展阶段，单纯靠强知识产权保护制度可能会抑制创新在集群内的扩散和新企业的衍生，进而影响产业集群的整体发展。况且由于知识和技术的不完全占有性，即使存在专利权制度，外部经济性也难以避免。美国学者曼斯菲尔德在对专利的研究中发现，60%的创新申请专利在4年之内就被许多企业模仿了。因此对高新技术产业的产权激励，不仅要涉及传统的对发明创新成果的专利权保护，而且还应借助于知识技术入股的办法来鼓励人们进行人力资本投资，以进一步提高发明创新的积极性。这种产权激励既体现在知识技术的客体上，也体现在拥有知识技术的主体上。相比较而言，知识技术入股和股票期权是目前比较公认的更加有效的产权激励机制。知识技术入股可清晰地界定知识技术的所有权，进而在此基础上形成掌握物质资源的"资本家"和掌握知识的"知本家"共享的企业产权结构。在这种企业制度的框架下，知识技术与资本分享企业的所有权，最重要的生产要素—知识技术获得了与其成本相对应的收益，从而最大限度地激发了知识技术拥有者的积极性与创造性。股票期权是从公司的资产增值部分中拿出一部分股份，奖励给有贡献的科技人才和经营管理人才，使他们的薪酬与企业的业绩挂钩，可以充分调动有创新能力的科技人才和经营管理人才的积极性。

6.5.2　建立起主导企业引领型组织架构

在产业整体发展与单个微观企业的创新动力激励的两难抉择面前，通过产业组织架构的改变——建立主导企业引领型集群网络，可能是解决上述两难冲突的有效途径。前面的分析已表明，我国多数产业集群内本土企业创新动力的缺失与集群内产业链纵向分工网络的缺失有关，多数产业集群内表现为专业化市场依托型的"中小企业群生型"横向分工格局，要改变产业集群内普遍模仿和跟随行为所导致的"集体创新能力缺失"的根本出路就在于：改变集群内企业分工的横向相互依赖状态，形成以核心企业为主导的产业链或生产链的纵向分工网络群落。因为主导企业引领型组织具有自我内生且可以自我实施的知识产权保护机制，有利于创新活动的持续进行。

在目前情况下，主导企业引领型企业网络对产业创新动力机制和产业技术轨道的建构具有的特定优势表现在：一方面，主导企业所控制的技术链和价值链体系协同解决了集群内创新投入和补偿的问题，构建了相匹配的创新分工协作网络，解决了创新动力内生问题；另一方面，主导企业引领型分工网络较为完善地解决了集群内技术外溢与知识产权保护的两难困境。在主导企业引领型企业网络中，价值链或技术链上协作网络效应和合作预期利益，使知识产权成为企业网络内部的知识共享和知识共创制度，集群内原先单纯的创新模仿或追随战略就转变为创新的优势互补协同战略，这有利于产业创新能力的持续提升。

6.5.3　域内组建起虚拟创新联盟

产业集群持续创新能力低下的原因除了和集群内分工方式等导致的创

新动力缺失外，还和集群内没有真正形成集聚创新的优势有关。大多数产业集群只是在地理上形成集聚，没有达到经济学意义上的集聚效应。根据前面的理论分析和实践事实不难看出：中小企业群生型产业集群在技术创新中所存在的问题，并不完全是因为他们"小"而造成的，而很大程度上是因为他们孤立和分离所致。单个企业由于规模、人力资本积累、融资能力等限制，可能无法建立企业内常规性、专业化创新部门，中小企业更是如此，依靠独立技术研发能力既不现实也不可能。如果在一定的环境下，那些相互关联的中小企业能够为了共同的利益实现协作创新，就可以获得大企业才拥有的创新资源优势，从而达到创新活力和创新规模经济性的有机结合，区域创新网络的建立可以解决这一问题。

高新技术产业集群的发展与区域创新网络是分不开的。在很多成功的产业集群内，企业之间广泛合作，建立起技术联盟。这种合作不但可以分担某些领域内巨额的开发费用，还可以达到知识共享、人力资源和技术优势互补的协同效应，对合作双方以及整个集群的创新能力都是一个极大的促进。

按照创新系统理论，创新过程实质上是各种组织相互作用的过程，以单个企业或机构作为政策作用的对象，难以实现产业整体创新能力的提高。提高产业整体创新能力的关键在于促进各种组织建立长期合作关系。这种联系包括三个层次：企业之间、各种机构之间以及企业与机构之间。因此，公共及私有部门内的组织所形成的网络以及它们的活动和相互作用决定了新技术的生产、传播、扩散和改进。按照这一观点，企业创新能力以及竞争力的提高，不是由每个企业本身决定的，而是取决于相互合作所产生的协同效应，这种协同效应依赖于集群内的各个主体所构成的区域创新网络。同样，全球经济一体化的到来，使得我国高新技术企业在更大范围和更深程度上参与国际竞争与合作。如果仅凭单个企业的自身规模、资金、技术、人力资源，往往创新能力会受到限制，并制约科技竞争力的培育。因此，从当前情况出发，构建"官产学研"型虚拟研发创新组织，能够在发挥各自资源优势的基础上，提高整个高新技术产业集群的最大效用。所谓"官产学研"型虚拟创新组织就是以网络为平台，与政府、高校、科研机构、企业及中介机构等以技术创新活动为中心，提高创新能力为目的，达到资源整合的一种相互联合起来的虚拟组织模式。它把有能力和意愿的企业和高校科研机构连接起来，打破企业组织界限，共同合作，实现资源和技术共享（见图6.14）。

微观主体企业在政府和中介机构、行业协会的支持下，通过网络途径将企业、高校、科研机构创新资源联系起来，建立起信息、技术、知识要素多向流动的技术创新平台，从而将各自的资源整合到一个虚拟组织内，供各成员共享。

企业是技术创新的主体，在虚拟研发组织中扮演重要角色。参与虚拟研发组织可以将自己有限的力量与其他合作者的研发力量组合在一起，发挥各自优势，产生"1+1>2"的效应。同时虚拟组织打破了企业之间的壁垒，通过研究人员之间相互接触、参与，有利于企业之间技术的学习与转移，通过合作，吸收了知识，增强了创新能力，可以创造新的核心竞争力。

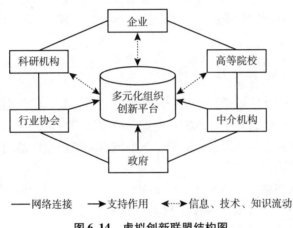

——网络连接　→支持作用　◄┈┈►信息、技术、知识流动

图6.14　虚拟创新联盟结构图

高校及科研机构汇集了众多的科研人员、技术精英，是一个巨大的知识库，它们在创新组织中目的很单纯，扮演智力提供者的角色，参与虚拟研发创新组织可以使科研成果以最快的速度转换成现实生产力，实现知识的经济效益。

政府在虚拟研发创新组织中主要进行宏观引导，起到搭台的作用，使整个区域的研发力量聚集在一起，而且还可以吸引外部研发力量参与，使"产学研"在真正意义上形成一条龙，起到整合研发资源的作用。同时，通过制定各种政策或者采取各种方法来吸引企业、高校和科研机构参与研究与开发，提供良好的基础设施和外部环境，以保证虚拟研发创新组织的稳定运行。政府要奉行支持、引导但不干预企业的理念，主要依靠市场力量，依靠产业集群的内在运行规律，积极引导；对危及产业集群自身良性发展的行为加以规范，弥补市场缺陷，做到准确定位，避免"缺位"和"越位"。中介机构和行业协会作为集群发展的辅助机构，可以为企业提供诸如市场调查、技术咨询、资产评估、会计、法律、职工培训等方面的帮助。

6.5.4　加强区域品牌建设

产业集群作为一种介于企业和市场之间的产业空间组织形式，对地区经济发展产生着积极的影响。然而，技术含量低、产品同质性强、缺乏品牌支持等问题的存在制约和影响产业集群长远的发展。在这种情况下，为了使产业集群在同质化中突围、升级和持续发展，建立起区域品牌是必然的选择。

区域品牌是指产业在区域范围内形成的具有相当规模和较强制造生产能力、较高市场占有率和影响力的企业和企业所属品牌的商誉总和。它包含两个要素：一是区域性，是某个区域的企业集体行为的综合体现；二是品牌效应，往往代表着一个地方产业产品的主体和形象，对本地区的经济发展起着举足轻重的作用，并形成了该地域内某类产业产品的美誉度、吸引度和忠诚度。

区域品牌与地区产业集群的发展密切相关。区域品牌的形成是随着产业集群的产生、成长而逐步形成的。这是因为，大量相互关联的企业及机构通过专业化分工和协作而结成本地化网络，这既克服了单个企业参与市场交易的分散性和不确定性风险，又可避免层级制企业的低效率。同时，这些企业采取弹性专精的生产方式，通过竞争和合作，相互协作和补充，形成学习和创新机制，共同推动区域的发展和企业的持续创新。正是产业集群这种集聚、竞争、合作、学习和创新的内在机制和弹性专精的生产方式，创造了产业集群的营销优势，有利于区域品牌的形成。

区域品牌一旦形成，其影响力将促使与区域产业相关的更多企业向区域内聚集，同时大量的资金、丰裕劳动力、先进的技术、及时的市场信息等要素也会源源不断涌入区域，这些条件为产业集群的规模扩张与技术升级提供了强有力的支持。大量的资金将使区域内产业集群的规模扩张将变得简单易行，先进的产业技术为产业集群的技术升级创造了有利条件，丰裕的劳动力资源降低了区域企业的劳动力成本，同时及时的市场信息也不断地引导产业集群内的企业进行协同调整，适应外部市场的需求变化，产业集群的市场地位将得到进一步强化。再者，由于区域品牌的公共属性，需要集群企业共同创造和维护，从而有利于企业之间的合作，增强了企业之间的合作效应。

区域品牌的形成和经营是一项专业性、技术性较强的系统工程，它的形成和打造并不是单个企业的事，需要政府、商会、行业协会和企业等多方面力量共同推动才能形成。要发挥各自在区域品牌建设中的职责和作用，其中，企业发挥资源配置的基础性作用；政府则在引导产业发展、营造产业环境、提供公共产品和公共服务方面发挥主导作用；中介组织推动政府作用的有效发挥。即以"政府主导地位，协会中介作用，企业参与者角色"的分工模式来加以建设，促进区域品牌形成。

区域品牌的建立本质上是建立一种良好的制度环境，它能促使企业间不断深化分工，加强合作和创新，获得经济上的协同效应，并促进了企业群的共同进化。

小结：由上述分析可以看出，产业集群内的分工架构和以人员流动及产品反向工程为主要载体的技术溢出途径，使模仿行为广泛存在，由此在相当程度上影响了集群创新动力和产业创新能力。要改变这种由模仿、复制行为盛行所导致的集体自我创新能力缺失现象，可通过制度创新和组织创新，提高知识产权保护效应，构建起有益于创新的柔性生产网络，这需要通过市场和政府多方面的力量共同培育（见图6.15）。

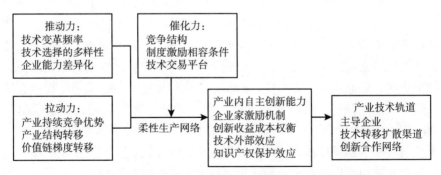

图6.15　产业技术轨道形成动力系统的"3力"模型

资料来源：张杰等：《我国地方产业集群内创新动力的生成与衍化机制》，《当代财经》2007年第1期。

§6.6 本 章 小 结

从创新角度看，高新技术产业发展是技术"溢出"的结果，而技术溢出不仅涉及技术扩散和技术学习问题，而且涉及技术创新的投入与收益回报问题，由此影响企业的创新动力。研究表明，高新技术产业内部关联企业之间的不同依存状态和分工结构差异，会造成技术溢出在产业内呈现出复杂的正反馈或负反馈效应，由此相当程度上影响了产业集群内企业的创新动力和产业发展速度。

本章通过构建领先企业与跟随企业动态博弈模型，得出在横向分工的产业组织模式下，只存在领先企业对跟随企业的单向溢出效应，抑制了企业的自主创新研发动机，企业普遍采取模仿行为，导致竞争加剧；并通过生物界物种间竞争模型，说明了企业间过度的竞争会使产业集群的发展陷入恶性循环，出现"柠檬市场"，不利于集群技术能力的提升。而在纵向分工的产业组织模式下，存在领先企业和跟随企业间的双向溢出效应，即使这种溢出是不对称的，在技术溢出参数的适宜区间内可以有效激励双方的创新研发投入动机，这就为解决企业创新动力缺失问题提供了有益的启示。

本章第二节在理论上从企业间分工方式、企业间技术溢出途径和企业间技术创新技术能力差距3个方面阐述了高新技术产业集群组织形态对创新扩散影响过程和机制，分析了不同情形下高新技术产业集群生长的动力。基于此，本章在第三节以群生型产业集群—平丝网产业集群—实地调查研究和分析对象，实证研究了企业间分工方式、企业间技术溢出途径和企业间技术创新技术能力差距3个变量对技术创新扩散效果的影响。研究结果表明，企业间分工方式中，产品差异化程度变量与技术创新扩散有明显的相关性。在企业间技术溢出途径中，"员工之间非正式交流频率"、"组织参观企业频率"、"参加交流会频率"和"企业间人员流动频率"4个变量对技术创新扩散效果的影响都是显著的。在企业间技术差距中，为考察企业间相互作用影响采用决策对技术创新扩散的影响，设计了5个变量指标，分别命名为："地理距离"、"技术相似性"、"横向距离"、"纵向距离"；回归分析企业间技术距离对技术创新扩散效果的影响，结果显示，"企业间纵向技术距离"变量对产业集群技术创新扩散效果的影响不显著，

"技术相似性"、"地理距离"和"横向距离"3 个变量对技术创新扩散效果的影响均显著。

　　本章最后提出要改变目前由模仿、复制行为盛行所导致的自我创新能力缺失现象，可通过加强知识产权保护制度，构建主导企业引领型产业组织架构和区域虚拟创新联盟来解决，这需要通过市场和政府两方面的力量来培育。

　　总之，本章从产业组织层面分析了内部关联企业的依存状态和分工架构，通过对不同组织形态下创新扩散效应的分析，找到创新动力缺失的原因，提出通过构建合理的产业集群组织架构解决创新动力缺失的问题，以此作为突破高新技术产业成长困境的一条路径。

第 7 章

高新技术产业生长中
政府作用评价

§7.1　高新技术产业生长的催化剂——政府政策

7.1.1　政府政策介入的必要性

1. 高新技术产业的"市场失灵"与政府介入

市场一向被经济学家认为是调节经济运行最具效率的机制，然而"看不见的手"并非万能，经济生活中广泛存在着市场无法解决的问题，存在一些非效率，在经济学中这种现象被称为"市场失灵"。与传统产业相比，高新技术产业具有高投资、高风险、产品更新换代快等特点，这决定了在其发展过程中存在着某些市场失灵的状况。

首先，高新技术产业在很大程度上关系到国家的长远发展，产业投资的领域多数是对国计民生和国际竞争力有重大影响的领域，这些领域投入巨大，收入却难以预测。市场作为一种以利润为动力、通过竞争实现利益最大化的运行机制，对这种高风险性、回报不稳定的高新技术产业发展势必产生抑制作用；其次，对于企业而言，创新资金的筹措面临巨大的困难，而回报的不稳定更是令企业望而却步，因此在市场规律面前，企业自然选择回避对风险巨大的高新技术产业投资。可见，市场机制难以鼓励企业积极进入高新技术产业，这就需要政府通过政策加以引导。

2. 高新技术的公用品性质与政府介入

高新技术具有一定公共品的属性，属于准公共品。公共品通常具有非排他性和非竞争性。非排他性指产品一经产出，任何人都可以享用；非竞争性指同一公共产品可以同时被多人享用，一个主体的消费并不构成对其他消费主体的影响。以上性质决定了公共品是能够同时供许多人共同享用的产品和劳务，而且其成本和效果并不随使用它的人数规模的变化而变化。公共品由于其自身的性质容易引发"搭便车"的心态和行为，最终导致其供给不足，不能满足社会经济的客观需要，高新技术的研究开发就是如此。如基因研究，尽管首次开发成本是巨大的，但以后使用的边际成本趋于零，具有公共品的性质，因此私人投资者并不希望对此类产品进行巨大的投资。斯蒂格利茨曾指出，知识与其他物品不同，它有许多公共物品的特性，这甚至是一种全球性的公共产品。高新技术产业的准公共品属性需要政府以社会管理者的身份去组织和实现一部分供给，并对其使用进行监管。

3. 高新技术产品的外部性与政府介入

高新技术产业中的大多数产品都存在外部性。外部性是指：一种生产或消费活动对其他生产消费活动产生正面或负面的效应，而该生产或消费活动的主体并不因此得到相应的奖励或惩罚。高新技术产品大都是知识高度密集或技术高度密集的产品，其产生的外部性从根本上说也就是知识的外溢和共享，以及技术的溢出和扩散。因为高新技术产业的生产、经营、销售、管理等经济活动都是以知识为基础的，与资本和劳动不同，它具有外溢性和公共物品的特性。一方面，知识发明的成果最终必将以一定的产品为载体，而当新产品进入市场后，其中包含的新知识就会在市场中溢出，而市场中又存在大量"搭便车"的行为，从而使这种知识的溢出与科技成果的扩散往往是无报酬的；另一方面，高新技术企业所研究与开发的高新技术一旦投入使用，也不可避免地被其他企业或产业所观察和学习到，从而逐步地被传播和推广，形成技术扩散。

对于全社会而言，这种知识溢出或技术扩散越多越好，越快越好，以实现正外部性；但是从企业出发则反之，因为这将使企业由于得不到创新利润而失去创新的动力。所以以知识技术为主要投入要素的高新技术产业，在知识技术研发使用过程中易产生外部效应。技术的转让或扩散常常可能是非自愿的，有时甚至是被他人剽窃的。正是由于外部性的存在，可能使技术创新活动的投资者不能得到全部的回报，或者他自身的投资使他人或其他企业受益，而使自己的收益减少，这必将导致投资技术创新的动机减弱，进而损害高新技术产业的发展。

对于以上的"市场失灵"状况，市场机制自身是无法解决的，这就需要政府做出努力，在企业的利益与社会整体利益之间保持一种平衡，使高新技术产业领域中的企业收益率与社会收益率趋于一致。

7.1.2 高新技术产业政策内涵与特征

上述分析表明，由于 R&D 投入具有外部性，高新技术产业存在市场失灵，政府在其发展中的政策介入是必要的。高新技术产业政策是指促进和引导高新技术发展的各类政策总和，即"一个国家或组织在一定发展时期，为了提高整体国力，促进经济发展，保证国家经济和国防安全，以高新技术产业为对象，对高新技术产业的各项行为施加直接和间接影响的所有政策、法令的总称"。制定产业政策的目标主要是实现高新技术的研究开发和研究成果的转化及产业化，提高国家或地区的核心竞争力，保证经济的可持续的优化发展。

高新技术产业政策具有不同于一般性产业政策的特性，其具体表现在以下几方面：

（1）动态性。作为一种动态的阶段性政策，高新技术产业政策既要适应国家经济长期发展战略又要符合中短期的经济发展需要。从发展态势来看，不会存在持久不变的高技术产业，更不存在永久不变的高新技术产业政策。一个国家或地区所采用的产业政策主要依据其经济发展水平和其实际的市场化完善程度所决定的，产业政策的内容、方式和目标要适应高新技术产业发展的环境、条件，适应高新技术产业动态发展的需要。因此在同一个国家或地区，所制定的产业政策在不同的经济发展时期是不同的，随着产业的发展而改变。

（2）扶持性。高新技术产业具有资本密集、人才密集、风险密集、投资密集和利益密集的特点，这些特点决定了高新技术企业的技术创新活动如果没有一定的政策优惠，会在很多方面受到阻碍，使企业技术创新的积极性和创造性受到影响。目前的研究证明，对高新技术产业进行政策扶持和引导，有助于产业发展。目前国内外出台的支持高新技术产业发展的优惠政策，在扶持产业发展方面起到良好的作用，也说明了这一特征。

（3）开放性。高新技术产业政策不是一种封闭式的政策，实现高新技术的产业化、商品化和国际化是高新技术产业政策的主要目标，在市场机制的作用下加快产业发展必须遵循市场开放的原则，所制定的高新技术产业政策就需要面向国内和国际市场来参与市场的有效竞争，因此，高新技术产业政策应该具有高度的开放性。

（4）综合性。推进产业结构的高级化是高新技术产业政策的落脚点，而实现产业结构转换的关键是技术结构的高级化，高新技术产业政策既要引导高新技术产业和传统产业之间的融合以推进产业升级，还要促进和鼓励高新技术产业的发展；它不仅包括技术政策内容，也包括产业政策内容；因而，高新技术产业政策表现出很强的综合性。

7.1.3　高新技术产业政策的类型与作用

1. 高新技术产业政策分类

高新技术产业政策依据不同的标准可作不同的分类，例如，按照政策实施的截面，可以分为横行和纵向政策；横向政策包括税收政策、金融政策、市场政策、人才政策、进出口政策、土地政策、知识产权政策和基础设施政策等，纵向政策包括科研政策、科研成果转化政策、技术扩散政策、产业发展政策等。按照政策功能，划分为高新技术产业组织政策、产业结构政策、产业布局政策、产业技术政策等。按照政策层次，划分为中央政策、省级地方政策、省级以下政策、各级开发区政策等。按照政策作用领域，划分为产业渗透政策、对外贸易政策、金融政策、中小企业政策、行业发展政策等。

表 7.1　　　　　　　　　　高新技术产业政策分类

分类标准		高新技术产业政策
政策实施 的截面划分	横向	税收政策；金融政策；市场政策；人才政策；进出口政策；土地政策；知识产权政策；基础设施政策
	纵向	科研政策；科研成果转化政策；技术扩散政策；产业发展政策
政策功能划分		高新技术产业组织政策；产业结构政策；产业布局政策；产业技术政策

续表

分类标准	高新技术产业政策
政策层次分	中央政策；省级地方政策；省级以下政策；各级开发区政策
政策作用领域划分	产业渗透政策；对外贸易政策；金融政策；中小企业政策；行业发展政策

2. 高新技术产业政策构成

一般讲，政府引导高新技术产业发展的方式主要包括建立外部环境和提供政策支持两个方面。外部环境包括：建设适合高新技术产业聚集的基础设施、社会服务体系和法律保障系统，培植高水平的大学等；在提供政策支持方面，包括实施金融和税收优惠、恰当的关税和贸易政策、鼓励创新型中小企业衍生和集聚的政策、对知识产权及商业活动进行有效的法律保护，以及特殊的人才流动政策等。政府进行公共政策选择的原则是使社会资源向高新技术产业领域流动和集中，以促使高新技术产业站稳脚跟、健康快速的成长。

有关高新技术产业的成长环境第 4 章已做分析，本章从政策支持角度分析对高新技术产业的影响。从政策类型看，我国扶持高新技术产业成长的政策包括：产业引导政策、外资外贸政策、金融政策、财政税收政策、保护知识产权的法规和政策、鼓励民营科技企业发展的政策等，如图 7.1 所示。

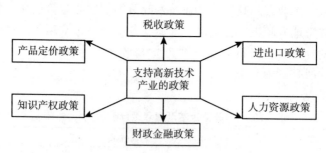

图 7.1　高新技术产业发展的政策构成

3. 高新技术产业政策的作用

世界各国发展高新技术产业的经验表明，不能只依靠市场机制的作用，还要依赖于政府的有效干预。综合国力竞争的加剧、经济一体化进程的加快和科技革命的加速等使得高技术产业的发展不单单是企业行为，而更多地表现为一种以政府引导和推动为主的社会化、政府职能化行为。作为高新技术产业发展的推动主体的政府，其所制定的产业政策也就是影响该产业发展的最主要的影响因素。

由于高新技术产业自身的特殊性，高新技术产业政策对产业发展具有举足轻重的作用，主要原因在于：（1）高新技术产业具有很大的不确定性，并且成本投入大，这些特点就决定了产业的发展要承担巨大的风险，因而个人或者企业往往不愿意或者不能承担这么高的投入和风险，这些就决定了高新技术产业的发展就必须需要政府的干预。（2）从创新性企业的立场来看，技术知识是私人产品，但是技术知识作为高新技术产业发展的要素，也具有公共物品属性，因此高新技术产业也就不可避免地具有一定的公共产品属性。经济学家认为凡是公共物品都存在一定程度上的供给不足现象，这就需要政府政策给予支持。（3）外部性和溢出效应。高新技术产业具有明显的人力资本外部效应和技术知识的溢出效应，也就是说高新技术产业存在明显的外部经济性，即产业研究开发活动所获得社会收益率大大地超过私人收益率，私人投资者通常不能收回全部社会收益，这种情况的存在就会使企业个体的研发积极性受到抑制。政府必须积极地干预才能有效地刺激产业的持续创新，这种经济外部性在发展中国家得到明显的表现，主要是因为发展中国家的市场机制不够完善，因此政府的干预是必需的。另外，在目前的国内外的环境下，发展中国家在同先进国家争夺产业价值链的上游部分要想具有有效的竞争力，在充分利用后发优势的基础上，需要政府推出相关的产业政策支持。

我国学者吴敬琏指出：在我国高新技术产业的发展"制度高于技术"，他认为："一个国家或地区的高新技术产业发展的速度，不是由政府投入多少人力物力，研究出多少高新技术所决定的，而是由这个国家或地区是否具有一套有利于开展创新活动和激发人的潜能的制度安排、文化氛围和社会环境"。关于高新技术产业制度安排的特点，相关学者认为：高新技术产业生存和发展主要依赖于制度环境，我国高新技术产业的制度安排则主要表现为制度选择集合是由政策引起的，不同的高新技术产业在不同时期的发展政策的制定和修正，使高新技术产业具有空间获利机会或不同的选择方向。在产业成长的初期，高新技术产业政策主要是以政府的强制性制度安排为主要模式，而成熟后则主要以诱导性制度变迁为主要制度安排模式。可见政府的高新技术产业政策和制度安排在我国高新技术产业发展的不同时期具有至关重要的作用。

总的来看高新技术产业政策在整个国家和区域经济发展中的作用，主要是生产要素的聚集效应、产业组织的协同效应、产业结构的弹性效应和政策集成效应。

（1）生产要素的聚集效应。生产要素的聚集效应表现为：资金、人才、设备、技术、管理方法等高新技术产业的生产要素，在以市场为中心的资源配置过程中，通过产业政策的引导，随着核心要素的聚集而聚集，随着核心要素的流动而流动。

资金和人才是高新技术产业生产要素中的核心要素，高新技术产业政策则是诱导因素。开始时制定优惠的产业政策，生产要素和新要素会流向政策最优惠的地区，这样就形成风险投资区和智力密集区。人才代表着先进的管理经验、方法和高新技术，因而，风险投资区和智力密集区也是先进的管理机制运行区和高技术密集区，这和万有引力的原理相似，形成的区域规模越大，所具有的吸引力就越强，会持续地吸引产业资本的进入，继而形成聚集效应。在这种情况下，就导致科研机构、生产企业和大学的相对集中，促使科技工业园区、高新技术开发园区和大学城的形成和发展，构成产业密集区，产生产业集群现象。继而在形成的产业密集区内这些生产要素的聚集效应又会引发创新资源密集效应、技术群落生成效应、知识溢出效应和产业竞争力提升效应等，最后，在产业政策实施最优惠的区域内，产业生产要素被转化为产业竞争力的优势要素，逐步形成区域竞争优势和区域创新优势。

（2）政策的集成效应。政策的集成效应是指高新技术产业政策为外界可能变化状态下的政策集成，将"分散政策"转化为"集成政策"，形成政策的配套优势。如我国在高新产业发展中，从只偏向采取单一性追赶政策转化为采取吸收性政策与技术创新政策并举、高新技术产业化与传统产业的高新技术化并行的政策措施，充分体现出政策集成效应在加速高新技术产业发展、提高经济竞争力上的重要作用。

只有做到政策内容的整合和区域产业政策应用的整合，才能实现产业政策的集成，而政策内容的整合就是区域产业政策客体、政策价值、政策主体、政策原则、政策目标、政策措施和政策方法等内部体制的整合，形成完整的政策体系，实现政策的效应最大化。高新技术产业政策主要包括高新技术产业组织政策、高新技术产业布局政策、高新技术产业技术政策和高新技术产业结构政策等。在实施各项产业政策时，为了确保各个子系统配合协调并高效率实施政策，必须进行控制和协调，这样才能使政策的整体效能得到较大的提高。

（3）产业组织的协同效应。产业组织的协同效应是指在产业发展过程中，作为产业组织重要单元的不同类型的企业有着至关重要的作用。在产业技术政策的刺激下，高新技术企业在企业利润和技术创新方面的示范效应，必然会引起其他企业在经济发展和技术进步上的共同行为。在有较多企业参与的共同作用下，企业发展呈现出同频共振和同步相关，这就形成了企业间的协同效应，进而促进产业间的协同效应，这种效应能够释放出巨大的能量，促进产业结构的有序调整与发展。

（4）产业结构的弹性效应。产业结构的弹性效应是指以促进产业结构的合理化和高级化为目标，在产业政策的引导下，使调整产业结构对市场需求的变化反映出相当的弹性和较大的敏感性。也就是说合理的产业结构应该具有较强的自我协调能力，随着国际产业转移的动态变化和经济景气波动，当市场需求得不到满足时，产业结构能够通过系统的自我协调机制，以较小的成本迅速的进行产出结构的调整，来满足市场需求的变化。

要达到形成产业结构弹性效应的目的，就需要政府在制高新技术产业政策时，一方面要确保不同技术水平的产业之间保持均衡的比例关系，这就需要通过持续的技术改造、技术创新来发挥产业结构系统的自我协调能力；另一方面要谨慎选择主导产业，把那些具有持续高增长率、有市场需求和具有突出的扩散效应的产业确定为主导产业，发挥主导产业的弹性效应，加大对主导产业的持续扶持，推动产业结构的弹性效应的发挥。最终使支柱产业、主导产业、衰退企业在总体上保持均衡，实现整体产业结构的优化，并逐步使产业结构高度化。

综合上面对高新技术产业政策作用的论述，可以看出在高新技术产业发展过程中，政府的政策干预是必不可少的，也是至关重要的。在目前市场经济的环境下，政府干预的主要手段和形式是制定和实施相关的产业政策。产业政策的实施效果和产业发展成果是密切相关的，产业政策是影响高新技术产业发展的主要因素之一。

§7.2　高新技术产业税收优惠政策作用分析

在促进高新技术产业发展的诸多政策中，最普遍、最有效的是税收优惠。根据 2007 年河北省开展的第一次高新技术企业创新调查资料显示，在政府各项鼓励创新的政策中，技术开发费用计入成本、开发区高新技术企业所得税减免、技术开发费用加大抵扣所得税三项政策对企业创新的影响最大，选择影响程度"高"的比例分别为 65.4%、63.3%、61.7%，均超过 60%；选择对外经贸政策和政府采购影响程度高的比例不足 40%。这次调查共抽取河北省高新技术企业 482 家，占全省高新技术企业的 75%，覆盖全省 11 个地市、28 个行业和 12 种经济成分，其调查结果具有很强的代表性，因此下面着重对高新技术产业税收优惠政策的效应进行理论和实证分析。

7.2.1 高新技术产业税收优惠的主要方式

1. 不同国家的税制结构及优惠方式

不同的税收体系适应于不同的经济增长模式，良好的税收体系设计可以对高新技术产业的发展起到促进作用。税收优惠的设计应依据税收优惠成本效益分析理论来具体操作，税收体系对高新技术产业的影响主要体现在税制结构上。从世界范围看，以所得税为主体的直接税和以增值税为主体的间接税两种税收制度被广泛应用，其中很多国家综合运用了两种税收制度，即实行混合税制，但其侧重点各有不同。一般来说，所得税有利于调节经济，实现公平分配，但是选择以所得税为主的税制结构要求国民经济市场化程度较高、社会对收入的监控网络覆盖面广、社会纳税意识较强、法制健全；也就是说只有在这些条件都得以满足的情况下，以所得税为主体的税制结构才能发挥最大的效用。目前工业化程度较高的国家普遍采用了以直接税为主体的税制结构。但目前也有一部分国家实行以增值税为主体的税制结构。增值税属流转税，是间接税系的主体税种，是对商品和劳务的增值额而征收的。因为增值税额的核算是用销项税额减去进项税额，具有累退性，不利于实现 GDP 的公平分配，但它作为间接税参与GDP 的初次分配，具有易于征管以及保证税收收入稳定增长的特点。从理论上说，以间接税为主体的税制结构适合于粗放型经济增长的需要。在实践中，根据扣除额的不同，增值税又分为生产型，收入型和消费型三种类型。从实行增值税的国家看，绝大多数国家都实行消费型增值税，这主要是由于消费型增值税允许企业对购进的固定资产一次性扣除，彻底消除重复征税的因素，更有利于企业的产品以不含税价格参与市场竞争，是税收中性和合理税收负担的体现。

对高新技术产业而言，很多国家为了鼓励本国的科技发展与创新，都给予所得税优惠，而难以在增值税上有所表现，这基本上是与所在国以所得税为主体的税收体系紧密相连的。而在实行增值税的国家中，难以直接给予企业增值税优惠，因为增值税是一个中性税种，它的征收和抵扣是一个紧密相连的链条，如果从中间环节给予优惠，那么就会割断整个链条，引起税收的不公平。而事实上，消费型增值税与生产型增值税相比，税制本身已经包含了很大程度的鼓励投资的因素，所以从世界范围看虽然各国的税收体系不尽一致，但是除了生产型增值税这一税种对高新技术产业的发展有一些抑制作用外，整个税制体系对高新技术产业的发展还是具有一定的促进作用的。

对高新技术产业提供税收优惠的方式主要包括：税收豁免、优惠税率或低税率、免税期、纳税扣除、盈亏互抵、准备金制度、税收抵免、优惠退税、延期纳税、加速折旧等，它们各自具有不同的特点及影响。税收优惠工具不同，产生的效果不同。总体来讲，根据税收减免的性质，大体划分为税额式减免和税基式减免两种方式。税额式减免主要包括直接税收减免、优惠税率等形式；税基式优惠主要包括加速折旧、投资抵免、投资扣除等方式。二者的区别在于税基式减免更偏重于引导，强调事先优惠；而税额式减免则偏重于利益的直接让渡，它强调的是事后优惠，只有符合政府要求，才能享受此种优惠。从具体优惠工具来看，税基式优惠中的免税期是发展中国家最为常用的一种税收激励措施，它为投资者提供了把应税所得转移到享受免税期待遇的活动上，从而获取税收套利的机会。由于免税期更多的是鼓励短期投资，所以一般应用于经济萧条时期；而税收抵免或投资扣除则是以较低的投入成本鼓励长期投资，它更多地被发达国家广为应用。

2. 我国目前实行的高新技术产业税收优惠政策

我国目前实行的是混合税制，与发达国家不同的是，我国在税制结构上是以增值税为主体的，且在 2008 年前，除东北三省、中部部分地区实行消费型增值税试点外，大部分地区实行的是生产型增值税。由于生产型增值税不允许企业抵扣其购进设备所含的增值税，这样一来技术比较先进的行业发展反而受到限制。因此从 2009 年 1 月 1 日起在全国所有地区、所有行业推行增值税转型改革，这将对鼓励高新技术产业发展、推动我国经济结构调整起到重要作用。

在本次实行增值税转型改革前，为了扶持高新技术产业的发展，我国在实践中具体实施了一系列的税收优惠政策，包括免税期、降低税率、税收扣除、加速折旧和投资抵免等，具体包括以下几个方面：技术开发费用计入成本的政策，技术开发费加大抵扣所得税的政策，开发区高新技术企业所得税减免的政策，企业科研相关设备加快折旧的政策，免征技术开发转让营业税的政策等。从 2006 年 4 月开始，科技部、发改委、财政部等16 个部门根据各自职责分别牵头制定相应的实施细则，目前已经完成并发布 75 项，其中与高新技术企业密切相关的政策有 10 余项，其主要内容包括：

（1）国家高新技术产业开发区内新创办的高新技术企业经严格认定后，自获利年度起两年内免征所得税，两年后减按15%的税率征收企业所得税；

（2）允许企业按当年实际发生的技术开发费用的150%抵扣当年应纳税所得额，实际发生的技术开发费用当年抵扣不足部分，可按税法规定在5 年内结转抵扣；

（3）企业提取的职工教育经费在计税工资总额2.5%以内的，可在企业所得税前扣除；

（4）允许企业加速研究开发仪器设备折旧，企业用于研发的仪器设备，单位价值在30 万元以下的，可一次或分次计入成本费用，在企业所得税税前扣除；单位价值在 30 万元以上的，可适当缩短固定资产折旧年限或加速折旧的政策。

税收优惠作为市场经济下政府调控经济运行最直接的政策手段，对促进高新技术产业的发展起着非常重要的作用，下面就对这一政策的效果进行分析。

7.2.2　税收优惠作用总体分析

从理论上讲，税收优惠政策通常出现于存在外部经济的场合，由于高新技术产业具有外部性特征，因此为了提高其运行效率实行税收优惠政策就成为必然。税收优惠可以从以下几方面促进高新技术产业的发展。

1. 税收优惠政策为高新技术产业提供发展动力

从理论上看，高新技术产业发展的动力机制，在自由竞争的市场经济条件下，企业作为技术进步和技术创新的载体，其发展的最主要动力，一是源于科技发展牵引下的"技术推动"，二是源于不断变化市场的"需求拉动"，政府的"政策推动"只是起到一种补充的作用，并不居于主导地位。然而实际上在市场机制内在缺陷日益显露的情况下，政府加大了"政策推动"在高新技术产业发展中的作用力度，在政策取向上偏重了对高新技术企业的技术创新给予大量的直接或间接的政策扶植。特别是 20 世纪 80 年代以来，西方国家非常重视"政策推动"在高新技术产业发展中的作用。从目前我国市场经济发展的客观实际来看，企业还没有真正发挥创新主体的作用，还缺乏有效激发企业进行技术创新的动力；同时各类市场的发育程度也不平衡，市场体系尚不健全，有些市场的竞争秩序还较为混乱，这些都严重制约了高新技术企业创新动力机制的形成和运作。为此，政府可以通过税收政策的调整和转换，理顺阻碍或制约企业创新的财税规则，这就为高新技术产业技术创新动力机制的形成创造了条件。

2. 税收优惠政策促进高新技术产业良性运行机制的形成

从高新技术产业的运行机制来看，企业的技术创新要经过发明—开发—设计—试制—产品化—商品化这样一个持续发展的系统过程，在每一个环节上，政府的税收优惠政策都会对其产生影响。对发明人所取得的特许权所得、转让所得提供的税收优惠待遇；对开发、设计等的风险准备金实行的税后扣除；对未正式投产前的中间试制阶段免征中试产品税；当企业采用先进技术将新产品投入大规模生产阶段，政府采取加速设备折旧或建立技术准备金的方式，在计税前予以扣除，并对企业开发的新产品予以税收减免等；所有这一系列的政策导向，都从利益机制上激励企业进行技术创新。同时这些政策措施又为企业技术创新运行机制的良性运转创造一个极为宽松和更加有利的发展局面。

3. 税收优惠政策缓解高新技术产业发展的资金约束

高新技术产业发展的制约因素，从企业角度看最主要的约束之一是资金的约束。根据我们对河北省科技型中小企业的调查，融资难和人才短缺是目前制约河北省科技型中小企业发展的两个主要障碍。资金的短缺制约了企业的经营发展和技术创新。政府财税部门作为调控社会资金运行和引导资金流向的重要职能部门，对企业技术创新资金的配置具有重大的影响。尽管在市场经济体制下，政府对企业的直接拨款或投资越来越少，企业进行技术创新乃至正常的生产经营所需的资金主要依赖于自身的积累和银行贷款，但这并不排除政府通过恰当的税收优惠政策对企业的资金积累起到间接作用；通过税收的让渡、贴息政策增强企业内在的资金积累能力，促进企业增加创新投入，见图7.2。

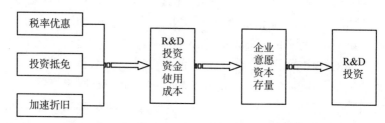

图7.2 税收影响企业 R&D 投资能力及投资决策的路径

7.2.3 所得税优惠作用分析

高新技术产业能否实现快速、健康的发展，关键在于企业是否愿意向高新技术产业投资。投资高新技术产业既存在较高的风险，也可能产生较大的收益；如果投资成功，其产生的高额回报将有一部分以企业所得税方式上交国家。根据收益风险对等的原则，政府为得到该部分收益，同样应该承担投资高新技术产业的风险。政府在减免税方面的政策引导是高新技术产业发展初期的关键。

从理论上看，减免税优惠政策对投资会产生两种效果相反的效应：收入效应和替代效应。收入效应是指因减免税款使纳税人的实际购买力上升，从而减少其投资行为的选择；替代效应是指因减税而改变商品的相对价格，导致纳税人增加其投资行为的选择。因此使高新技术企业所得税减免政策产生更大的替代效应，增加对高新技术产业投资的吸引力，减少减免优惠政策所产生的收入效应，确保政策能产生正的净效应，是实施税收优惠政策的关键所在。

大部分投资是由企业完成的，税收对投资的影响主要通过投资收益率来体现。一般而言，一次总付税不改变预算线的斜率，因而不会产生替代效应；公司所得税会降低投资收益率，而所得税的优惠政策直接影响投资的收益率，从而产生替代效应。征税对投资的替代效应表现为，政府课税降低了投资收益率，从而降低了投资的吸引力，驱使纳税人以消费等经济行为替代投资行为，见图7.3。

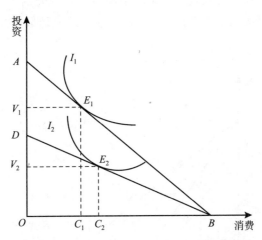

图7.3 征税（或减税）对投资的替代效应

图7.3中纵、横轴分别表示企业对投资和消费的有效选择，征税前纳税人对投资和消费的选择组合以 AB 线表示，它与无差异曲线 I_1 在 E_1 点相切，表明纳税人选择 V_1 的投资和 C_1 的消费。现假定政府对厂商征收企业所得税，由于投资收益率趋于下降，厂商对投资和消费的选择组合线变为 DB，它与新的无差异曲线 I_2 相切于 E_2，表明纳税人选择 V_2 的投资和 C_2 的消费。与税前相比，消费由 C_1 增加到 C_2，但投资却由 V_1 减少到 V_2，说明征税对私人投资带来了替代效应。与之相反，如果原先的投资消费组合为 BD，假定政府对企业减免企业所得税，投资收益率增加，企业对投资和消费的选择组合线变为 AB，投资将由原先的 V_2 上升为 V_1，消费则由 C_2 降低到 C_1。

征税对投资的收入效应表现在，政府课税降低了投资收益率，驱使纳税人为维持以往的收益水平而增加投资。如图7.4所示，征税前纳税人对投资和消费的选择组合以 AB 线表示，它与无差异曲线 I_1 在 E_1 点相切，驱使纳税人选择 V_1 的投资和 C_1 的消费。现假定政府对企业征收所得税，由于投资收益率趋于下降，企业为保持原有的收益水平倾向于增加投资，于是投资和消费的选择组合线变为 AE，它与新的无差异曲线 I_2 相切于 E_2，表明纳税人选择 V_2 的投资和 C_2 的消费，与税前相比，消费由 C_1 减少到 C_2，投资却由 V_1 增加到 V_2，说明税收对投资带来了收入效应。同样，企业所得税减免将投资从原先的 V_2 降至 V_1，消费却从 C_2 上升至 C_1。根据减免税对投资的收入效应，虽然会将投资从原先的 V_2 降至 V_1，但减免税的收入效应是以增加消费为补充的，消费的上升最终又会进一步扩大投资的规模。

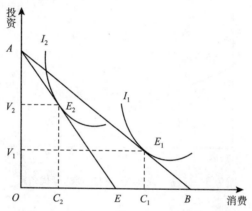

图 7.4 征税（或减税）对投资的收入效应

对不同规模的企业，减免税产生收入效应和替代效应的程度是不同的。对中小企业或处于起步阶段的高新技术企业，提高企业所得税的减免力度，加大企业所得税抵免程度，降低企业所得税的边际税率，因减免税而产生的扩大投资减少消费的替代效应会大于因减免税增加了收益而降低投资扩大消费的倾向；而对于较大规模的企业，促进高新技术产业投资的企业所得税减免力度可以适当减少，因为大型企业自身会开展技术创新以保持持续的竞争力，税收减免力度小些也不会大幅度减少对高新技术的投入。

7.2.4 增值税转型作用分析

在 7.2.1 中已经介绍，根据对外购固定资产处理方式的不同，增值税可以划分为生产型增值税、收入型增值税和消费型增值税，下面首先分析一下这几种类型增值税的区别。

（1）生产型增值税。生产型增值税是指计算增值税时，不允许扣除任何外购固定资产的价款，作为课税基数的法定增值额除包括纳税人新创造的价值外，还包括当期计入成本的外购固定资产价款部分，即法定增值额相当于当期工资、利息租金、利润等理论增值额和折旧之和。从整个国民经济来看，这一课税基数大体相当于国民生产总值的统计口径，故称为生产型增值税。此种类型的增值税其法定增值额大于理论增值额，对固定资产存在重复征税，而且越是资本有机构成高的行业，重复征税的情况就越严重。这种类型的增值税虽然可以保证财政收入，但是却不利于鼓励投资。在2009年1月1日之前，包括河北省在内的大部分地区实施的就是生产型增值税。

（2）收入型增值税。收入型增值税是指对外购固定资产价款只允许扣除当期计入产品价款的折旧费部分，作为课税基数的法定增值额相当于当期工资、利息、租金和利润等各增值项目之和。从整个国民经济来看，这一课税基数相当于国民收入部分，故称为收入型增值税。此种类型的增值税，其法定增值额和理论增值额一致，从理论上讲，这是一种标准的增值税。但是，由于外购固定资产价款是以计提折旧的方式分期转入产品价值的，且转入部分没有合法的外购凭证，故这给仅凭发票扣税的计算方法带来困难，从而影响了这种方法的广泛采用。

（3）消费型增值税。消费型增值税是指计算增值税时，允许将当期购入的固定资产价款一次全部扣除，作为课税基数的法定增值额相当于纳税人当期的全部销售额扣除外购的全部生产资料价款后的余额。从整个国民经济来看，这一课税基数仅限于消费资料价值的部分，故称为消费型增值税。此种类型的增值税在购进固定资产的当期因扣除额大大增加，会减少财政收入。但这种方法容易规范凭发票扣税的计算方法，因为凭固定资产的外购发票可以一次将其以纳税款全部扣除，既便于操作，也便于管理，所以消费型增值税是三种类型中最先进、最能够体现增值税优越性的一种形式。

我国从2009年1月1日起在所有地区、所有行业推行增值税转型改革，即由生产型增值税转为消费型增值税，这有利于促进企业的设备更新，可以促进投资。因为在消费型增值税下，企业当期购买固定资产所含税金在当期销项税金中可以一次得到全部抵扣，因此，企业当期购买的固定资产越多，企业当期抵扣的税金就越多，在销项税金一定的情况下，企业所纳税金就越少，从而大大降低了投资品的成本；在总收益一定时，成本的降低必然提高投资收益率。因此，消费型增值税有利于刺激企业进行投资、扩大企业的投资需求。

增值税转型在促进投资的同时，还可以鼓励投资结构和产业结构的调整。在实行生产型增值税的条件下，企业外购固定资产所含税款不能抵扣，在不同行业或企业外购固定资产价值占其外购生产资料价值的比重有所区别的情况下，增值税政策就成为一种行业差别的税收政策，即在生产型增值税下，资本密集型和技术密集型企业的重复征税程度要高于劳动密集型企业。从各产业特点看，基础产业和高科技产业往往属于资本和技术密集型产业，而基础产业和高科技产业是我国现阶段着力推动和发展的产业。因此生产型增值税的这一效应与鼓励科技进步的世界发展趋势是相违背的，也不利于基础产业的发展和产业结构的升级。增值税的转型纠正了行业差别的增值税政策，不仅有利于调动企业向资本和技术密集型产业投资的积极性，而且可以促进产业结构的调整。

小结：上述分析表明，政府政策对促进高新技术产业发展起着非常重要的作用。而税收优惠作为市场经济下政府调控经济运行最直接的政策手段，其作用尤为明显。税收优惠政策的影响显著，不仅仅是因为税收优惠方式被绝大多数国家所采用，更因为其他促进高新技术产业发展的措施，诸如社会环境的改善、企业创新机制的形成、科技人才的培养等，都不同程度上借助税收优惠政策才取得良好的效果（见图7.5）。下节着重对税收优惠政策的效果进行实证分析。

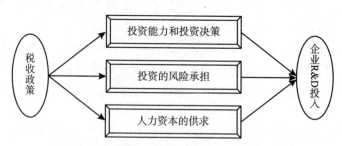

图7.5　税收政策对企业 R&D 投入的作用模式

§7.3　高新技术产业税收优惠效应实证分析

7.3.1　税收优惠效应模型的选取

1. 模型的选取

根据前面定性分析可知，高新技术产业的税收优惠政策从三个方面发挥作用：（1）引导企业的发展方向，鼓励高新技术产品的开发和生产；（2）加快企业资金积累，促进企业发展步伐；（3）促使高新技术产业规模扩大，财政收入增加。高新技术产业税收政策在这三方面的效应可以从企业的资金运动中表现出来。企业的资金运动具有回路的特征，因为就税收优惠而言，非常重要的一点就是存在一个因果关系：企业享受税收优惠，相当于政府变相的对企业投资，引起了企业总投资额增加；投入增加，规模扩大，利润显然要增加，上缴的税金也要增加；投资规模越大，享受的税收优惠也越多，又回到反馈环的起点，正好构成一个因果回路。

因为资金运动具有回路这一特征符合系统动力学模型对问题的描述，因此本书确定以企业资金运动系统为考察对象建立系统动力学模型，运用 Vensim 软件对税收优惠的政策效应进行实证评价（以河北省认定的高新技术企业为实际背景）。基本技术路线是首先建立模型分析税收政策对企业资金系统的影响，进而比较评价税收优惠政策的总体效应。

2. 系统动力学及 VENSIM 软件简介

系统动力学（System Dynamics，SD）是一门分析研究信息反馈系统的学科，也是一门认识系统问题和解决系统问题的交叉综合学科。它把系统的行为模式看成是由系统内部的信息反馈机制决定的，通过建立模型利用仿真语言在计算机上实现对真实系统的模拟，可以研究系统的结构、功能和行为之间的动态关系，以便寻求较优的系统结构和功能。由此看出，系统动力学分析方法具有如下特点。（1）认为在每个系统之中都存在着信息反馈机制，这恰恰是控制论的重要观点，所以，系统动力学是以控制论为理论基础的；（2）系统动力学把研究对象划分为若干子系统，并且建立起各个子系统之间的因果关系网络，立足于整体以及整体之间的关系研究，以整体观替代传统的元素观；（3）系统动力学的研究方法是建立计算机仿真模型——流图和构造方程式，实行计算机仿真试验，验证模型的有效性。

系统动力学对问题的理解，是基于系统行为与内在机制间的相互紧密的依赖关系，并且透过数学模型的建立与操作的过程而获得，逐步发掘出产生变化形态的因果关系。从方法上说，它不是依据数学逻辑的推演而获得答案，而是依据对系统的实际观测信息建立动态的仿真模型，并通过计算机试验来获得对系统未来行为的描述。简而言之，"系统动力学是研究社会系统动态行为的计算机仿真方法"。

福瑞斯特（Forrester，1961）认为构成系统动力学模式结构的主要元件包含以下几项："流"（Flow）、"积量"（Level）、"率量"（Rate）和"辅助变量"（Auxiliary）。"流"包括订单（Order）流、人员（People）流、资金（Money）流、设备（Equipment）流、物料流（Material）与资讯（Information）流，这六种流归纳了组织运作所包含的基本结构；"积量"表示真实世界中，可随时间而累积或减少的事物，它代表了某一时点环境变量的状态；"率量"表示某一个积量在单位时间内的变化速率；"辅助变量"在模式中有三种含义：资讯处理的中间过程、参数值、模式的输入测试函数，其中前两种含义都可视为率量变量的一部分。

系统动力学的建模过程，主要就是透过观察系统内六种流的交互运作过程，讨论不同"流"里，其"积量"的变化与影响积量的各种"率量"行为。其建模步骤一般包括：（1）确定系统分析目的；（2）确定系统边界，即系统分析涉及的对象和范围；（3）建立因果关系图和流图；（4）写出系统动力学方程；（5）进行仿真试验和计算等。

Vensim 是一个基于视窗界面的系统动力学建模工具，提供了功能强大的图形编辑环境。在构建完成包含水平变量、辅助变量、常量、箭头等要素在内的因果反馈环之后，通过使用 Vensim 提供的便捷易用的公式编辑器，生成完整的模拟模型。通过系统后台的检验调试后，还可以充分利用一系列分析工具对所模拟系统的行为机制进行深入的分析研究。Vensim 所提供的分析工具可以分为两类：一类是结构分析工具，如 Cause Tree 功能可以将所有工作变量之间的因果关系用树状的图形形式表示出来；另一类是数据集分析工具，如 Graph 功能可以将各变量在整个模拟周期内的数值以图形的形式直观地给出，Causes Strip Graph 功能则将有直接因果关系的工作变量在模拟周期内的数值变化并列出来，以追踪系统变量间的影响关系。使用 Vensim 软件建立仿真模型的一般步骤如图 7.6 所示。

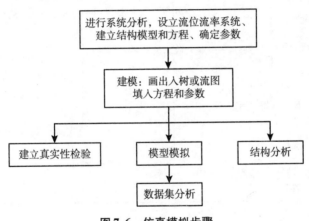

图7.6 仿真模拟步骤

3. 资金运动系统因果关系图描述

高新技术产业税收政策效应可以从企业的资金运动中表现出来：企业发展速度取决于企业资金积累的步伐，资金积累可以从资金运动中反映；税收的调节引导可以从企业的收入构成（技术性收入、高新技术产品收入、一般产品收入、贸易收入）、投资构成（生产性投资、研究开发投资等）、资产构成（流动资金、固定资产）中体现出来，它们都可以从资金运动中得到反映；产业发展的贡献体现在上缴税金上，亦可从资金运动中反映出来。根据企业资金运动特征，得出系统因果关系图（见图7.7）。

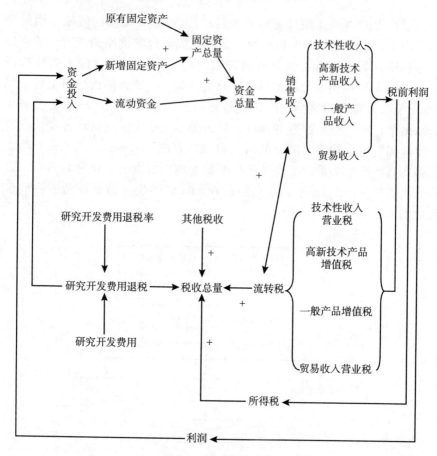

图 7.7　系统因果关系

7.3.2　Vensim 模型的建立与分析

1. 子模块主要指标和关系式

（1）评价指标。为了叙述方便，先介绍评价指标。对税收政策效应的分析，设立三方面的评价指标：

①鼓励发展方面的指标：

➤ 企业总收入 R；

➤ 企业发展速度 V（用企业总收入年平均增长速度）；

$$V = \left\{ \left[R(12)/R(0) \right]^{1/12} - 1 \right\} \times 100\%$$

其中 $R(0)$、$R(12)$ 分别表示分析起始年和第十二年的值；

➤ 企业的资金积累 B；

$B = L + FAN$，L 自有流动资金，FAN 固定资产（用净值表示）。

②政策导向方面的指标：

➤ 技术性收入占总收入的比例 K_1；

➤ 高新技术产品收入占总收入的比例 K_{21}；

➤ 一般产品收入占总收入的比例 K_{22}；

➤ 贸易性收入占总收入的比例 K_3；

➤ 研究开发费用占总收入的比例 RDR；

➤ 固定资产占总资产的比例 FR。

③国家财政收入方面的指标：

➤ 年上缴税金 S；

➤ 每年的免税额 MS；

➤ 累计上缴税金 TS；

➤ 累计免税额 TMS。

（2）资金使用子块。

◇ 新增固定资金：$FZI = FZR \times K + KDF$

◇ 新增自有流动资金：$LIN = (1 - FZR) \times K$

◇ 资金总量：$A = L + KDL + FAN$

式中：FZI 为新增固定资金，FZR 为资金投入（除贷款外）用于固定资金的比例，LIN 为新增自有流动资金，A 为资金总量，L 为自有流动资金，FAN 为固定资产实际净值。

（3）收入构成子块。高新技术企业的销售收入由技术性收入 R_1、高技术产品收入 R_{21}、一般产品收入 R_{22}、贸易收入 R_3 组成，设这四项收入占总收入的比例分别为 K_1、K_{21}、K_{22}、K_3，利用历史数据加权平均取得。

（4）研究开发费用子块。据分析，可认为研究开发费用与高新技术收入成正比，即：

◇ $RD = RDR_1 \times (R_1 + R_{21})$

式中 RDR_1 为研究开发费与技术性收入加高新技术产品收入的比例；

◇ 研究开发费用占总收入的比例 $RDR = RD/R$；

◇ 研究开发费用退税额：$RDTS = RDTSR \times RD$；

其中，$RDTSR$ 为研究开发费用退税率。

（5）税收子块。高新技术企业的主要纳税税种是所得税和流转税，流转税包括技术性收入营业税、贸易收入营业税、高新技术产品的消费税或增值税、一般产品的产品税或增值税。

◇ 流转税总额为：$SL = R_1 \times SR_1 + R_2 \times SR_2 + R_{21} \times SR_3 + R_{22} \times SR_4$

◇ 税前利润为：$E = (1 - CR) \times R - D - SL - LLSS$

◇ 外部有偿资金所得额为：$GF = E \times KF/B$

◇ 企业所得额：$GQ = E - GF$

◇ 企业上缴的所得税：$SSQ = GQ \times SR$

式中 SR_1、SR_2、SR_3、SR_4 分别为技术性收入营业税率、贸易性收入营业税率、高新技术产品税率、一般产品税率，均为平均税率；SL 为流转税；GF 为外部有偿投资所得额，GQ 为企业税前所得额，SR 为企业上缴的所得税平均税率，SSQ 为企业上缴的所得税，CR 为成本系数（此处成本不含折旧和利息支出）。

2. 建立流图

因果反馈回路表达了系统发生变化的原因即反馈结构，但这种定性描述不能确定使回路中的变量发生变化的机制。为了进一步明确表示系统各元素之间的数量关系，并建立相应的动力学模型，系统动力学方法通过广义的决策反馈机构来描述上述机制。

系统动力学通过引入水平变量（Level）、速率变量（Rate）、信息流等因素构造系统行为关系图（流图），更加完整、具体、深入地描述系统构成、系统行为和系统元素相互作用机制的全貌，见图 7.8。

系统动力学流图是系统动力学的基本变量和表示符号的有机组合。根据河北省高新技术产业税收系统内部各因素之间的关系设计系统流图，其目的主要在于反映系统各因果关系中所没能反映出来的不同变量的特性和特点，使系统内部的作用机制更加清晰明了，然后通过流图中关系的进一步量化，实现河北省高新技术产业税收优惠政策仿真目的。

3. 模型中方程的输入

Vensim 模型内部是按时间序列顺序进行计算的，在建立新模型时，系统会要求对时间进行定义。要求定义的时间变量有时间段，包括时间起点和时间终点，另一个是计算时间步长。同时系统还要求对数据的存储要求进行设定，即隔多少个步长存储一次数据。系统默认的是每个步长存储一次。一旦定义好了这些时间参数，VENSIM 系统将把这些数据作为系统内部变量，反映到方程就是常量方程。

本模型共有变量 38 个，其中水平变量 2 个，速率变量 5 个，辅助变量 17 个，常数参数 14 个。构造的方程（Vensim 语言方程），这一系列方程中的常量方程和初始值方程在模型控制时会有所变化。

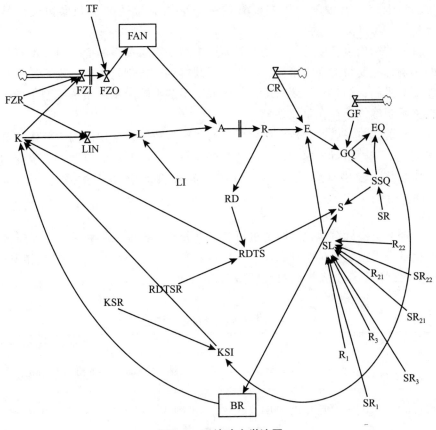

图 7.8　系统动力学流图

7.3.3　模型的有效性检验

模型的有效性检验是为了验证构造模型与现实系统的吻合度，检验模型所获得信息与行为是否反映了实际系统的特征和变化规律，验证通过模型的分析研究能否正确认识与理解所要解决的问题。系统动力学模型有效性检验方法可分为直观检验、运行检验、历史检验以及灵敏度分析 4 种方法，本书采用的是灵敏度分析方法。

为了证实基本的模型分析和政策建议是可信的，必须明确"当合理的方案假设加入模型时，模型行为将怎样变化，对于模型结构和参数值的微小变化，模型将具有怎样的灵敏性"。灵敏度分析，就是改变模型中的参数、结构，运行模型、比较模型的输出，从而确定其影响的程度。一般地，灵敏度分析主要有两种：结构灵敏性分析和参数灵敏性分析。

所谓结构灵敏度分析，主要是研究模型中因果关系的变化对模型行为的影响，主要目的为：第一，试图透过观察到的模型行为，发现系统运行的基本机制；第二，评议有争议的因果关系的影响。本书系统模型中的因果关系明确，不存在争议现象。

所谓参数灵敏度分析，研究模型行为对参数值在合理范围内变化的灵敏度，检查模型行为模式是否因为某些参数的微小变动而改变。当改变的是参数 X，输出变量为 Y 时，可建立灵敏度 S 分析表达式：$S(t) = \left| \dfrac{\Delta Y(t)}{\Delta X(t)} \right|$。

本书主要针对常数参数值进行灵敏度分析，分别以参数 -3% ~ 3% 的变化量来模拟研究企业利润及资金积累的变化，再利用上式将 -3% 和 3% 两点之间的斜率为参数的灵敏度。

表 7.2　　　　　　　　各常数参数的灵敏度分析

参数名称	3%	2%	1%	-1%	-2%	-3%	灵敏度斜率
资金投入用于固定资产的比例	0.00081	0.00055	0.00028	-0.00029	-0.00058	-0.00089	0.0284
年利润中用于发展基金的比例	-0.000033	-0.000022	-0.000011	0.000011	0.000022	0.000033	0.00109
技术性收入占总收入的比例	-0.000039	-0.000026	-0.000013	0.000013	0.000026	0.000039	0.00131
高新产品收入占总收入比例	-0.00058	-0.00039	-0.00019	0.00019	0.00037	0.00056	0.01902
一般产品收入占总收入比例	0.00160	0.00103	0.00048	-0.00048	-0.00097	-0.00145	-0.0509
贸易收入占总收入比例	0.00235	0.00137	0.00068	-0.00067	-0.00134	-0.00198	-0.0721

续表

参数名称	3%	2%	1%	-1%	-2%	-3%	灵敏度斜率
成本系数	0.00832	0.00553	0.00278	-0.00268	-0.00527	-0.00770	-0.2671
研究开发费用平均退税率	0.00015	0.00010	-0.00005	-0.00005	-0.00010	-0.00015	0.0051
企业上缴的平均所得税率	-0.00028	-0.00019	-0.00009	0.00009	0.00019	0.00029	-0.0096
一般产品税率	-0.00034	-0.00023	-0.00011	0.00011	0.00023	0.00034	-0.0114
高新技术产品税率	-0.01035	-0.00697	-0.00354	0.00355	0.00738	0.01129	-0.3606
贸易收入营业税率	0.00635	0.00421	0.00213	-0.00209	-0.00398	-0.00587	-0.2037
技术性收入营业税率	-0.00056	-0.00037	-0.00018	0.00018	0.00036	0.00054	-0.0184
固定资产平均形成时间	-0.00683	-0.00478	-0.00244	0.00227	0.00436	0.00671	-0.2258

　　研究分析可知，所有常数参数对 2013 年企业收入及资金积累变化的灵敏度都在合理范围之内，模型行为模式并没因为参数的微小变动而出现异常变动，因此模型是可信的，并且模型可以应用政策实验室进行模拟分析。

　　14 个常数参数中，资金投入用于固定资产的比例、年利润中用于发展基金的比例、技术性收入占总收入的比例、高新产品收入占总收入比例、研究开发费用平均退税率五个参数的灵敏度斜率为正，说明参数值的增加将引起 2013 年企业利润及资金积累的上升；而一般产品收入占总收入比例、贸易收入占总收入比例、成本系数、企业上缴的平均所得税率、一般产品税率、高新技术产品税率、贸易收入营业税率、技术性收入营业税率和固定资产平均形成时间九个参数的灵敏度斜率则为负，其意义则相反。利用灵敏度斜率的正负特性，提高灵敏度斜率为正的参数值，或者降低灵敏度为负的参数值，可以增加企业的利润及资金的积累；相反，降低灵敏度斜率为正的参数值，或者提高灵敏度为负的参数值，则会减少企业利润及资金的积累。

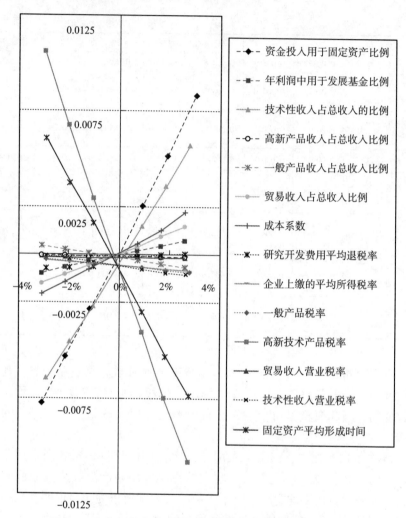

图7.9　各参数对2013年企业利润及资金积累的变化关系图

7.3.4　模型的仿真模拟结果与讨论

图7.10至图7.14给出了系统仿真结果。通过对实行优惠政策与没有实行优惠政策的结果进行比较，发现现行优惠政策产生如下效应：

1. 企业资金积累大幅增长

实行税收优惠政策以后，到 2013 年河北省高新技术企业的资金积累比没有实行税收优惠增加 7 亿元，由此说明税收优惠政策对高新技术企业的资金积累以及企业的进步与发展起到了明显的催化和扶植作用。

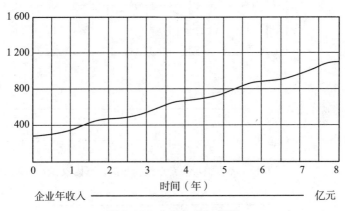

图 7.10 企业年收入模拟

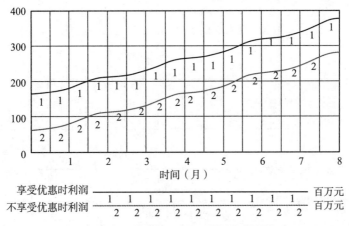

图 7.11 不同情况下企业利润仿真比较

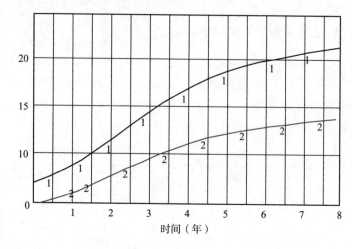

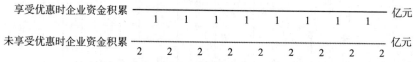

图 7.12　不同情况下企业资金积累仿真比较

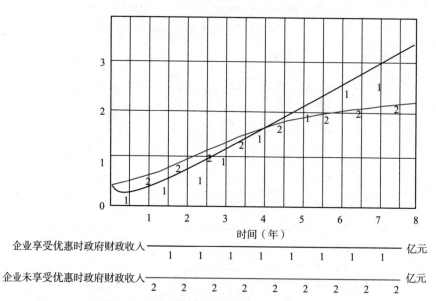

图 7.13　不同情况下政府财政收入仿真比较

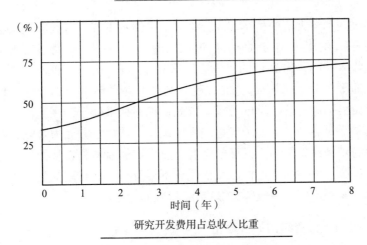

图 7.14 研究开发费用占总收入的比重变化

2. 实行税收优惠政策以后，企业累计上缴的税金多于没有优惠时上缴的税金

一般认为，税率降低将会减少财政收入，同时税率降低将会刺激生产，从而扩大税源；税率提高则会影响企业积极性，导致生产规模下降、税基缩小，最终会使税收总额减少。上述现象可以用"拉弗曲线"来描述，如图 7.15 所示。

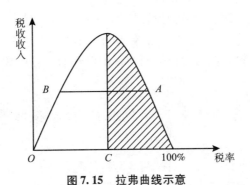

图 7.15 拉弗曲线示意

由图 7.15 可知，当在税率为 0 时，税收为 0；当税率为 100% 时，人们毫无从事商品生产的积极性，经济活动将会停止，税收也将为 0；当税率从 100% 下降时，经济活动总量会增加，税收也会增加，理论上存在一个使税收达到最大值的税率 C，若税率从 C 继续下降，税收收入又会减少（但经济活动总量仍在增加）。通过比较图 7.15 中 A、B 两点得出，二者的税收收入相同，但 B 点的经济活动总量远大于 A 点。因此存在一个税收禁区，即图 7.15 中阴影部分。在税收禁区，高税率不但不能导致税收增加，反而会抑制经济活动的规模。因此，税率如果处于禁区范围内，则税收优惠是绝对有利的。这种优惠一方面调动了社会各方面力量创办高新技术产业的积极性，另一方面又使已有企业生产加速增长，从而使产业规模扩大，税源大大增加。这样，减税优惠不但没有造成财政损失，反而使企业积累、发展速度、税收等方面都得到增加。

3. 有利于投资结构的合理化

投资结构的合理化表现在研究开发费用占总收入的比重增加、固定资产占总资产的比重增加上。企业积累的增加、实力的增强，为进行多项投资奠定了基础，对实现高新技术产品的开发和商品化、产业化具有重要意义。

4. 实现了"政策创造"

实行税收优惠政策后，高新技术企业得到的累计税收减免额，可视为国家对高新技术产业的"政策性投资"，相当于国家对高新技术产业进行的投资。这种政策性投资是在税收优惠政策的扶植下，扩大了税源后创造出来的；如果没有优惠政策，投资将无法创造。在政策性投资激励作用的推动下，实现了投资的放大效应，使企业具有更大的吸引资金的能力，最终使企业资金积累大幅增加，从而获得了良好的"投资效果"。

§7.4 高新技术产业税收政策存在问题及建议

税收优惠政策作为政府调控经济运行的有效手段，在促进高新技术产业发展中被各国政府广泛运用。实践证明，它对促进高新技术产业发展有着极为重要的推动作用。一方面税收优惠政策可以促进科技成果向现实生产力的转化；另一方面税收优惠政策可以降低高新技术企业技术进步的成本，增加收益；同时税收优惠政策还可以降低高新技术企业技术进步活动的风险，有利于高新技术产业的快速发展。但目前我国所实行的高新技术产业税收政策还存在一些不合理因素，亟须改革和完善。

7.4.1　现行政策存在问题

1. 重直接优惠轻间接优惠问题

目前我国高新技术产业的税收优惠政策更注重于税率的降低和税额的减免等直接优惠方式，而在 R&D 费用的扣除、固定资产折旧、投资减免、延期纳税等税基式间接优惠方面还缺乏实质性的措施，这样还不能从根本上鼓励高新技术产业的发展。因为税收直接优惠主要表现为对企业最终经营结果的减免税，是一种事后的利益让渡；而税收间接优惠（税基式优惠）则侧重于税前优惠，有助于事前满足高新技术企业研究开发主体的资金来源，这样可以充分调动企业从事研究开发的积极性，达到国家产业升级和优化产业结构的目的。纵观西方国家的税收方式，可以看出他们普遍采取以间接优惠为主的税收优惠政策来促进高新技术产业的发展。

2. 重所得税轻流转税问题

我国现行税制尽管是双主体模式，但流转税是我国税收收入的主体来源，而所得税收入所占比重较低。但在高新技术产业的税收优惠上却以所得税为主，显然与税制不符，也与高新技术产业促进经济增长的作用机制不相适应。高新技术产业的特点是中间环节多，一项成熟的科研成果应用于社会生产一般要经过实验室、中试和产业化三个阶段。这三个阶段中前两个阶段风险大、收益小或几乎没有收益。而我国现行的高新技术产业税收优惠政策却没有渗透到这两个阶段，仅仅停留在产业化阶段。从而使得税收优惠政策作用的力度大打折扣。另外，目前所得税优惠主要对已经形成科技实力的高新技术的企业和已经享受科研成果的技术性收入实行优惠，而对技术落后、急需对技术更新的企业以及正在进行科研开发的活动缺少鼓励措施，导致企业对科研开发的投入注重不够。

3. 重区域性轻行业性税收优惠问题

我国 2008 年前实行的高新技术税收优惠主要体现在经济特区、某些行政省区、经济技术开发区和高科技园区内，区域优惠明显而行业优惠较少。在经济发展初期，区域性税收优惠政策可以起到先导性、示范性、集聚性和辐射性的作用，可以在短期内吸引资金流向对高新技术产业优惠的地区，建立起高新技术产业发展的区域环境。但是随着经济的不断发展，这种区域性优惠的弊端也日益显现出来。首先，对设在高新技术开发区内的企业减按15%的税率征收企业所得税，造成许多企业纷纷挤进开发区，甚至在开发区内进行假注册，这有悖于促进高新技术产业发展的初衷，不能充分实现税收的引导、激励作用。其次，税收优惠政策的时效性不强。我国对高新技术产业的税收政策规定："开发区企业从认定之日起，减按15%的税率征收所得税"，只规定了减税政策的起始时间，而没有规定减税政策的有效期限，更没有规定相关的限制条件。企业在取得享受税收优惠待遇的资格后，因改变经营方向或其他原因不再属于国家税收政策扶持范围之内时，对其已享受的税收减免是否予以追征，是否给予惩罚等均无明确规定。如此"无期限"的税收优惠待遇不利于企业创新机制的建立。

7.4.2　政策建议

1. 逐步实现由直接优惠为主向间接优惠为主转变

高新技术产业的发展需要国家的大力支持，为防止企业的短期行为，应逐步由直接优惠为主转向间接优惠为主，走直接优惠与间接优惠相结合、以间接优惠为主的道路。借鉴国际有关经验，可以采取以下措施：

（1）加大推进高新技术企业固定资产加速折旧政策。通过对高新技术企业的固定资产实行加速折旧政策来提高企业技术创新的速度，促进新技术、新设备的发展和应用，是世界各国普遍采用的措施。借鉴国际经验，对于高新技术企业使用的先进设备或专供研究开发用的设备、建筑均可实行加速折旧，并按照国家规定的技术标准来核定加速折旧的程度。这样可以加快企业资金的周转速度，增加企业用于更新设备和技术进步的可支配资金，并且缩小了企业的应税所得额，这实际上是一种税收信贷，相当于政府提供给企业的无息贷款，从而可以提高企业投资高新技术的积极性，达到促进高新技术产业发展的目的。

（2）设立高新技术开发基金。开发基金用于防范企业开发和应用高新技术的风险，可以按企业销售额的一定比例提取，并在征收所得税前一并扣除。如韩国税法规定，一般企业按营业收入的3%，技术密集型企业按4%的比例在税前提取高新技术开发基金，用于企业高新技术的开发。设立技术开发基金的企业，还允许其按技术开发支出的 5%（中小企业为15%）直接从税额中抵免。针对我国风险基金的建立和运作不如人意的现状，可以用税收优惠的办法鼓励企业设立高新技术开发基金。采取这种措施，相当于政府为企业分担了部分风险，降低了企业在高新技术研究与开发方面投资和经营的风险，从而可以激发高新技术企业进行技术创新的积极性。

（3）加大对高新技术企业的税收抵免。税收抵免，即允许企业将 R&D 投入以一定比率或全部从应税所得额中作为费用扣除，这样不仅可以增强企业开发、运用和转化科研成果的积极性，也可以促进企业和科研机构、高校的合作，提高科研成果转化的效率。有的国家还允许加倍扣除，以减轻企业的税收负担。如美国对企业当年用于研究与开发的投入超过上年投入的部分，不仅可以在税前列支，而且还给予其投资额 20% 的所得税抵免。这种税收优惠措施对促进高新技术企业加大 R&D 投入和鼓励技术创新都起到了良好的促进作用。

2. 逐步实现以所得税优惠为主向所得税与流转税优惠并重转变

我国从 2009 年开始实行增值税转型，这是税制改革迈出的重要一步。对于河北省来说，可以从两个方面来实现增值税的转型：一是为了充分体现国家对高新技术产业的鼓励和支持，对技术含量高，经确认是高新技术的产品，其生产和销售可以考虑按照低税率 13% 纳税，适当降低其实际税负；二是为了解决高新技术企业设备价值量大、更新速度快、占用资金多的问题，可以考虑高新技术企业或与技术开发有关的机器设备实行"税改投"的政策，即将减少的这部分增值税作为资本金投入，这有利于提高企业技术创新的硬件水平。

3. 建立高新技术产业的优惠目标

税收优惠应改变目前只局限于对单位（如高新技术企业、科研院所）和对科研成果的范围限制，应该转向对具体研究开发项目的优惠，凡是符合条件的企事业单位，无论是否处于高科技园区，都可以享受税收优惠。通过对整个高新技术产业的普遍优惠，而非对个别企事业单位的优惠，体现我国的产业政策目标。

总之，高新技术产业的发展是一个复杂的系统工程，从科研开发、成果转化、产业发展到知识产权保护、技术市场建立和形成产业规模等，需要一整套的政策来扶植产业发展，税收优惠作为政府重要政策之一，在引导社会资源向高新技术产业流动的过程中发挥着重要作用。但政府政策的作用要通过市场机制来实现，而不是代替市场机制。政府部门是作为产业发展的组织者和推动者去发挥作用，而不是作为直接行为者去参与具体的产业技术项目的活动。

§7.5 本章小结

由于高新技术具有外部性及公共品性质，使 R&D 投入存在市场失灵，政府的政策介入就十分必要。税收优惠政策作为其中的有效手段之一被各国普遍采用，对促进高新技术产业发展发挥了重要作用。实践证明，税收优惠促进了科技成果向现实生产力的转化，降低了高新技术企业技术创新的成本及风险，增加了收益。本章利用系统动力学 Vensim 模型对理论进行了验证。通过对河北省高新技术企业税收优惠政策效应的总体分析，结果表明：实行税收优惠政策以后，企业资金积累大幅增长，累计上缴税金多于不予优惠时上缴的税金，投资结构更加合理。

尽管税收优惠政策为国家引导高新技术产业发展、加大技术改造力度、提高企业生产效率起到了重要的作用，但由于现行政策还存在一定的问题，未能使税收政策的效应得以充分发挥。一是重直接优惠轻间接优惠的问题，二是重所得税轻流转税的问题，三是重区域性轻行业性税收优惠的问题。这些问题的存在使得政策效应的发挥有了一定折扣，由此提出对高新技术企业实行普惠的政策、进一步加强间接优惠（如加大税收抵免、加速固定资产折旧、设立高新技术开发基金等）、逐步实现以所得税优惠为主向所得税与流转税优惠并重转变的改进建议。

第 8 章

总结与展望

§8.1　主要研究结论

本书针对高新技术产业发展中的现实问题，依据创新扩散理论、社会资本理论、产业集群理论、区域发展理论等，采用多学科交叉分析的方法，将高新技术产业放在整个区域经济大系统中加以观察，分析其成长特性及规律；重点从社会资本角度剖析了高新技术产业区域差距的形成原因，从创新扩散角度研究了高新技术产业成长速度差异的形成原因。本书主要内容及观点如下：

1. 模拟生物成长过程构建了高新技术产业生态系统模型

将高新技术产业的发展过程看作生物成长过程，认为高新技术企业是产业形成的细胞，孵化器是产业成长的保育员，人才、资金等要素供给是产业成长的营养剂，高校、科研院所、金融及风险投资机构是营养源，企业群体网络是产业发展的生物链，制度、人文环境等是产业生长的土壤，政府政策是产业成长的催化剂，以此构建了高新技术产业成长生态系统模型，用以描述产业成长的特征及条件及成功地区的发展规律，剖析了集群在特定区域形成的原因。

2. 将社会资本概念引入高新技术产业成长过程，阐明了要素融合机制对区域高新技术产业快速成长的促进作用

通过对区域创新系统的剖析，说明区域高新技术产业发展水平由区域创新环境和创新网络决定。一个地区高新技术产业的发展，是以创新环境为基础、以创新网络为平台，通过网络内成员的互动学习、并有赖于企业的空间集聚而实现的产业升级过程。这一过程是由参与产业活动的多主体共同完成的创新过程，是促使产业结构变化和区域经济发展的过程。在这一过程中，区域创新环境影响创新主体行为，区域创新网络影响创新效率，两者的共同作用决定了区域高新技术产业的发展水平。

通过构建高新技术产业主要环境因素面板数据模型，找到了制约河北省高新技术产业发展的关键因素是企业创新能力和区域环境。通过引入社会资本说明了区域创新网络在产业成长中的作用，从信任机制、要素获取机制、创新扩散机制三方面分析了社会资本促进高新技术产业发展的作用机理；并以安平丝网产业集群为研究对象，对理论进行了验证，说明了社会资本在加速要素融合中的作用。

3. 通过构建动态博弈模型和生物界物种竞争模型说明了创新动力缺失的原因及对高新技术产业发展速度的影响

产业内关联企业的依存状态和分工架构，影响企业的创新动力和产业发展速度。从创新角度看，高新技术产业的发展是技术"溢出"的结果，而技术溢出不仅涉及技术扩散和技术学习的问题，更大程度上涉及技术创新的投入与收益回报问题。研究表明，在产业集群的不同发展阶段、集群内部关联企业的不同依存状态和分工结构差异，都会造成技术溢出在产业内呈现出复杂的正反馈或负反馈效应，由此相当程度上影响了集群创新动力的大小和产业发展的速度。

通过构建领先企业与跟随企业动态博弈模型，得出在横向分工的集群模式下，只存在领先企业对跟随企业的单向溢出效应，抑制了企业的自主创新研发动机，这时企业的理性选择是普遍采取模仿行为，这可能会引发低成本恶性竞争；并通过生物界物种间的竞争模型，说明了企业间过度的竞争会使产业集群的发展陷入恶性循环，出现"柠檬市场"，不利于集群技术能力的提升。而在纵向分工的集群模式下，存在领先企业和跟随企业间的双向溢出效应，即使这种溢出是不对称的，在技术溢出参数的适宜区间内可以有效激励双方的创新研发投入动机，提高集群整体创新能力。由此提出可以通过构建合理的产业集群组织架构解决创新动力缺失的问题，以此作为突破高新技术产业发展障碍的一条路径。

4. 利用系统动力学 Vensim 模型评价了高新技术产业税收优惠政策的总体效应

由于高新技术具有外部性及公共品性质，使 R&D 投入存在市场失灵，政府的政策介入就十分必要。税收优惠政策作为其中的有效手段之一被各国普遍采用，对促进高新技术产业发展发挥了重要作用。实践证明，税收优惠促进了科技成果向现实生产力的转化，降低了高新技术企业技术创新的成本及风险，增加了收益。本书通过建立系统动力学 Vensim 模型对理论进行了验证。通过对河北省高新技术产业税收优惠政策效应的实证结果分析表明：实行税收优惠政策以后，企业资金积累大幅增长，累计上缴税金多于不予优惠时上缴的税金，投资结构更加合理。

尽管税收优惠政策为国家引导高新技术产业发展、加大技术改造力度、提高企业生产效率起到了重要的作用，但由于现行政策还存在一定的问题，未能使税收政策的效应得以充分发挥。一是重直接优惠轻间接优惠的问题，二是重所得税轻流转税的问题，三是重区域性轻行业性税收优惠的问题。这些问题的存在，使得政策效应的发挥打了一定折扣，据此提出：逐步实现由直接优惠为主向直接优惠与间接优惠相结合、以间接优惠为主，以所得税优惠为主向所得税与流转税优惠并重转变的改进建议。

§8.2　进一步研究展望

高新技术产业发展涉及复杂的经济、技术、社会等因素，其理论性和实践性都很强，尽管本书力图运用技术创新理论、区域发展理论、产业组织理论及系统论等基本原理和方法，从理论与实践的结合上对高新技术产业的形成与发展规律作出初步系统的研究，但由于受个人能力、时间以及本书篇幅的限制，还有很多问题有待进一步深入研究。

（1）本书将"社会资本"引入高新技术产业生长系统，试图证明主体间信任、地域文化、社会关系网络对产业成长的作用，鉴于前期调研结果的局限性以及经济学和社会学的交叉性，本部分的实证仅利用社会网络指标进行了检验，下一步工作重点是分析信任和地域文化对产业成长的影响。

（2）技术扩散对产业发展有两方面的影响，一方面是技术扩散促进了产业规模的扩大，另一方面是技术的扩散会使率先创新企业的利润下降，进而影响其进一步创新的动力。因此，如何通过科学的制度设计来协调其中的矛盾值得进一步研究。

（3）本书的高新技术产业成长仅指从高新技术出现到产业生成壮大过程的研究，没有包含高新技术向其他产业渗透扩散、使其他产业或产品改造升级问题的研究。产业之间的关联关系是影响高新技术产业发展的重要因素，因此，高新技术产业如何与区域传统主导产业融合发展问题还需要深入研究。

（4）受客观条件的限制，在研究区域创新环境及政府政策作用时，实证中主要以河北省高新技术企业为调研对象，对石家庄、保定等高新区企业进行了调查访谈，其他地区情况主要是借鉴别人的研究结论，这就难免使论证结论有一定偏差，因此将来的研究需要将进一步将研究范围拓展。

总之，从创新扩散角度探讨高新技术产业成长机制，既具有创新性又具有挑战性，本书提出了一个基本的研究思路和框架，有些具体方面还可继续深入，如高新技术产业的组织创新问题，高新技术产业的制度创新问题，高新技术产业持续创新机制的设计等，都可以作为将来深入研究的课题。可以说，不管是机制问题还是环境问题，研究都是无极限的。鉴于笔者学术水平所限，本书不足之处在所难免，恳请各位专家学者提出宝贵的意见和建议。

参 考 文 献

［1］蔡宁，吴结兵．产业集群与区域经济发展．科学出版社，2007.

［2］迈克尔·波特．竞争战略．华夏出版社，1997.

［3］邓俊荣．产业组织演进的理论阐释及其政策含义——基于动态演化视角．生产力研究，2008（6）：103－106.

［4］Nelson Richard R，Winter Sidney G. Firm and Industry Response to Changed Market Conditions：An Evolutionary Approach. Economic Inquiry，1980，Vol. 18（2）：179－202.

［5］J Stanley Metcalfe. Evolutionary Economics and Creative Destruction. London：Routledge，1999.

［6］Marshall Alfred. Principles of Economics. An Introductory Volume. London：Macmillan，457.

［7］伍山林．新制度经济学与马克思企业性质理论的若干比较．财经研究，1999（1）：33－38.

［8］李仁贵．西方区域发展理论的主要流派及其演进，经济评论，2005（6）：58－59.

［9］马歇尔著．经济学原理（廉运杰译）．华夏出版社，2005.

［10］阿尔弗雷德·韦伯著，李刚剑等译．工业区位论．商务印书馆，1998.

［11］Michael. E. Porter. Cluster and the new economics of competition. Harvard Business Review. 1998，76：77－90.

［12］Michael E. Poter 著，李明轩译，国家竞争优势．华夏出版社，2002.

［13］William J Abernathy，James M Utterback. Patterns of industries innovation. Technology Review. 1978，Vol. 80（7）：149－155.

［14］Bengt Ake Lundvall. National Systems of Innovations：Towards a Theory of Innovation and Interactive Learning. London：Pinter，1992，317.

［15］Nadvi Khalid. Industrial Clusters and Network：Case Studies of SME

Growth and Innovation. UNIDO Discussion Paper, Vienna, 1995.

[16] Capello Roberta, Faggian Alessandra. Knowledge, Innovation and Collective Learning: Theory and Evidence from Three Different Productive Areas in Italy. ERSA conference Paper, 2002, 2 - 6.

[17] Mark Lorenzen, Volker Mahnke. Gobal Strategy and the Acquisition of Local Knowledge. How MNCs Enter Regional knowledge clusters. DRUID Working Paper, 2002, 2 - 8.

[18] Love J, Roper S. Location and Network Effects on Innovation Success: Evidence for UK, German and Irish manufacturing plants. Research Policy, 2001, Vol. 30: 643 - 661.

[19] Franco Malerba. Sectoral System of Innovation and Production. Research Policy, 2002, Vol. 31 (2): 247 - 264.

[20] Paul J, Bartos. Is Mining a High - Tech Industry? Investigations into Innovation and Productivity Advance. Resources Policy, 2007, Vol. 26 (4): 149 - 158.

[21] Trevor Buck. Innovation Performance and Channels for International Technology Spillovers: Evidence from Chinese High - Tech Industries. Research Policy, 2007, Vol. 36 (3): 335 - 366.

[22] Baptista Rui, Swann Peter. Do Firms in Clusters Innovate More. Research Policy, 1998, Vol. 27 (5): 525 - 540.

[23] R Baptista. Geographical Clusters and Innovation Diffusion [J]. Technological Porecasting and Social Change, 2001, Vol. 1 (6): 31 - 46.

[24] Bell Martin, Albu Michael. Knowledge Systems and Technological Dynamism in Industrial Clusters in Developing Countries [J]. World Development, 1999, Vol. 27 (9): 1715 - 1731.

[25] Castells M, Hall P. Technopoles of the World-the Making of Twenty - First - Century Industrial Complexes. London and NewYork: Routledge, 1994.

[26] Camagni Roberto. Innovation Networks: Spatial Perspectives. Bel-haven Press, 1991.

[27] Zoltan Acs. Regional Innovation, Knowledge and Global Change. London: Pinter, 2000.

[28] Douglas Hart, James Simmie. Innovation Competition and the Structure of Local Production Networks Initial Findings from the Hertfordshire Pro-

ject. Local Econ, 1997, Vol. 12 (3): 235 –246.

[29] Padmore. T, Gibson. H. Modeling Systems of Innovation II: A Frame – Work for Industrial Cluster Analysis in Regions. Research Policy, 1998, Vol. 26 (6): 625 –641.

[30] Alexander Schwery, Vicente F. Raurich. Supporting the technology-push of a discontinuous innovation in practice, R&D Management, 2004, 34 (5): 539 –552.

[31] Sally Davenport. Exploring the role of proximity in SME knowledge-acquisition. Research Policy, 2005, (34): 683 –701.

[32] Sami Saarenketo, Kaisu Puumalainen. Dynamic knowledge-related learning processes in internationalizing high-tech SMEs. Int. J. Production Economics. 2004, 89 (3): 363 –378.

[33] B C Ghosh, Tan Wee Liang. The key success factors, distinctive capabilities and strategic thrusts of top SMEs in Singapore. Journal of Business Research, 2001, 51 (3): 209 –221.

[34] Lee S S, Osteryoung J S. A Comparison of Determinants for Business Start-up in the U. S. and Korea [J]. Journal of Small Business management, 2001 (4): 192 –200.

[35] Jeroen Kraaijenbrink, Fons Wijnhoven, Aard Groen. Towards a kernel theory of external knowledge integration for high-tech firms: Exploring a failed theory test. Technological Forecasting & Social Change, 2007, 74 (8): 1215 –1233.

[36] Jukka Partanen, Kristian M? ller, Mika Westerlund, Risto Rajala, Arto Rajala. Social capital in the growth of science-and-technology-based SMEs. Industrial Marketing Management, 2008, 37 (5): 513 –522.

[37] Xiaohui Liu, Trevor Buck. Innovation performance and channels for international technology spillovers: Evidence from Chinese high-tech industries. Research Policy. 2007 (36): 355 –366.

[38] Simona Iammarino, Philip McCannc. The structure and evolution of industrial clusters: Transactions, technology and knowledge spillovers. Research Policy. 2006 (35): 1018 –1036.

[39] Lei – Yu Wu. Entrepreneurial resources, dynamic capabilities and start-up performance of Taiwan's high-tech firms [J]. Journal of Business Re-

search, 2007, 60 (5): 549 –555.

　　[40] M. B. Jensen et al. Forms of knowledge and modes of innovation [J]. Research Policy, 2007, (36): 680 –693.

　　[41] Boaz Bernstein, Prakash J. Singh. An integrated innovation process model based on practices of Australian biotechnology firms [J]. Technovation, 2006, (26): 561 –572.

　　[42] 吴添祖, 冯勤, 余春生. 高新技术企业发展一般规律. 中国软科学, 2000 (11): 76 –87.

　　[43] 杨轶, 谢胜强, 陈德棉. 高新技术企业发展存在的障碍因素案例研究. 科学管理研究, 2003 (1): 117 –120.

　　[44] 祁顺生, 李国伟. 高新技术企业成长的影响因素分析. 科技与经济, 2006 (3): 26 –29.

　　[45] 郑海航, 王西麟. 国内高新技术企业成长中几个问题的探讨学习与实践. 学习与实践, 2006 (9): 14 –17.

　　[46] 盖文启, 王缉慈. 从硅谷的成功看中国高新区的发展. 中国工业经济, 1999 (12): 38 –42.

　　[47] 刘友金, 黄鲁成. 产业群集的区域创新优势与我国高新区的发展. 中国工业经济, 2001 (2): 33 –37.

　　[48] 覃成林. 论中国高新技术产业与区域经济发展的相互作用机制. 地域研究与开发, 2000 (4): 6 –9.

　　[49] 范德成, 周豪. 区域高新技术产业化水平的评价研究. 科技管理研究, 2007 (4): 101 –103.

　　[50] 张德刚. 高技术产业化中的政府行为. 中国软科学, 1999 (7): 32 –35.

　　[51] 陈柳钦, 张琴. 构建我国高新技术产业发展的政策支持体系. 武汉科技大学学报 (社会科学版), 2005 (1): 12 –19.

　　[52] 官靖. 我国高科技产业园区发展过程中的政府作用研究. 科学与科学技术管理, 2008 (2): 197 –198.

　　[53] 江小涓. 吸引外资对中国产业技术进步和研发能力提升的影响. 国际经济评论, 2004 (2): 13 –18.

　　[54] 倪卫红, 董敏, 胡汉辉. 对区域性高新技术产业集聚规律的理论分析. 中国软科学, 2003 (11): 140 –144.

　　[55] 綦良群, 李楠. 高新技术产业集群形成机理及集聚效应分析.

工业技术经济，2007（2）：16 – 18.

[56] 柳卸林，张杰军. 中国高技术产业是否高投入低产出——对我国高技术产业产出效益的考察. 科学学与科学技术管理，2004（1）：5 – 8.

[57] 傅毓维，尹航，刘拓，杨贵彬. 风险投资与高新技术产业共轭双驱动机理分析. 科技管理研究，2007（2）：129 – 132.

[58] 王缉慈等. 创新的空间——企业集群与区域发展. 北京大学出版社，2001（5）：315 – 357.

[59] 邱成利. 制度创新与产业集聚关系研究. 中国软科学，2001（9）：100 – 103.

[60] 盖文启，王缉慈. 论区域的技术创新型模式及其创新网络——以北京中关村地区为例，北京大学学报（社会科学版），1999（5）：29 – 33.

[61] 勒辉. 高新技术产业集聚：理论研究与应用分析. 西北大学博士学位论文，2006.

[62] 魏守华，王缉慈，赵雅沁. 产业集群：新型区域经济发展理论. 经济经纬，2002（2）18 – 21.

[63] 楼杏丹. 高新技术产业集群发展创新组织模式研究. 学位论文. 浙江工业大学，2005.

[64] 关伟，胡艳慧. 区域高新技术产业发展的集群网络化模式. 青海师范大学学报（自然科学版），2007（4）：84 – 88.

[65] 朱翔，武巧燕. 高新技术产业发展集群的模式研究. 学位论文. 湖南师范大学，2005.

[66] 曹丹红. 开发区产业集群的理论与实证研究. 博士学位论文. 武汉理工大学，2007.

[67] 李楠，高新技术产业集群形成机理及集聚效应分析. 工业技术经济，2007（2）：16 – 18.

[68] 王缉慈，王可. 区域创新环境和企业根植性——兼论我国高新技术企业开发区的发展. 地理研究，1999（12）：357 – 362.

[69] 顾朝林，赵令勋. 中国高新技术产业与园区. 中信出版社，1999.

[70] 张明之. 高新技术产业开发区——知识经济时代区域经济发展的新增长极. 南京政治学院学报，1998（5）：41 – 44.

[71] 李青，李文军，郭金龙. 区域创新视角下的产业发展. 商务印书馆，2004.

[72] 刘优剑.区域经济增长中高新技术的作用研究.学位论文.大连理工大学，2006.

[73] 周叔莲，王伟光.创新：高新技术产业发展的根本.宏观经济研究，2002（10）：15-21.

[74] 刘友金.中小企业集群式创新研究.博士学位论文.哈尔滨工程大学，2002.

[75] 魏江，魏勇.产业集群学习机制多层解析.中国软科学，2004（1）：121-126.

[76] 尹利军，吴声怡，邓启明，吴兴南.建立和完善促进高新技术产业化的技术创新机制.福建农林大学学报（哲学社会科学版），2004（3）：55-58.

[77] 池仁勇.区域中小企业创新网络评价与构建研究：理论与实证.博士学位论文.中国农业大学，2005.

[78] 林兰.技术扩散与高新技术企业技术区位研究——以上海张江高科技园区为例.博士学位论文.华东师范大学，2007.

[79] 陈学光.网络能力、创新网络及创新绩效关系研究.博士学位论文.浙江大学，2007.

[80] 王瑞明，徐玉展.高新技术产业若干领域的发展.经济科学出版社，1996.

[81] 王缉慈.关于我国高新技术产业概念及其有关问题的讨论.中国工业经济，1991（11）：42-53.

[82] 何锦义.高新技术产业的界定及在我国存在的问题.统计研究，1999（7）：16-20.

[83] 萧灼基.我国高新技术产业的特点及发展前景.中外企业家，2004（10）：14-16.

[84] 王宏起，胡运权.高新技术及其产业的界定和使用规范化研究.科学学与科学技术管理，2002（4）：8-11.

[85] 唐中赋，张建军.高新技术产业的发展规律、现状与对策.社会科学阵地，2003（11）.

[86] 李悦，李平.产业经济学.东北财经大学出版社，2002：48.

[87] 国家统计局.高新技术产业统计分类目录.中国统计出版社，2002.

[88] 曾驭然.新产业空间与产业可持续性.社会科学家，2004（1）：

19 – 25.

[89] 史及伟. 中国高新技术产业发展规律研究. 人民出版社, 2007: 9 – 10.

[90] 刘军. 高新技术产业生态系统中技术要素运行机理研究. 经济管理, 2007 (6): 54 – 60.

[91] 黄楠. 产业集群与区域经济发展研究. 博士学位论文. 南开大学, 2003.

[92] 王缉慈. 地方产业群战略. 中国工业经济, 2002 (3): 47 – 54.

[93] David Finegold, Creating Self – Sustaining High – Skill Ecosystems. Oxford Review of Economic Policy, 1999, Vol. 15 (1): 60 – 81.

[94] 赵玉林, 陈静. 高新技术产业生态系统的演化机制与对策. 武汉理工大学学报 (社会科学版), 2003 (10): 537 – 540.

[95] 宋敏, 许长兴. 创建高新技术产业可持续发展生态系统的探讨. 科技与经济, 2003 (5): 31 – 33.

[96] 史瑶瑶. 从产业生态系统谈高新技术产业的发展. 中共杭州市委党校学报, 2007 (4): 85 – 88.

[97] 张耀辉. 产业创新的理论探索, 中国计划出版社, 2002.

[98] 许庆瑞, 王勇, 赵晓青. 高新技术产业发展基本规律探析. 研究与发展管理, 2003 (1): 1 – 6.

[99] 蔡宁, 吴结兵. 产业集群与区域经济发展. 科学出版社, 2007.

[100] 国家级高新技术开发区, 中国高技术产业数据 2008, www. sts. org. cn.

[101] Hans – Joachim Braczyk, Philip N cooke, Martin Heindenreich. Regional Innovation System: the Role of Governance in a Globalized World. USA: UCL Press, 1998.

[102] David A. Wolf. Social Capital and Economic Development: Local and Regional Cluster in Canada. ISRN, 2002.

[103] 盖文启, 创新网络——区域经济发展新思考. 北京大学出版社, 2002.

[104] Ratti Remigio, Bramanti Alberto, Gordon Richard, et al. The Dynamics of Innovative Regions: The GREMI Approach. Ashgate Publishing Ltd, 1997, 25 – 27.

[105] Maria Jesus Nieto, Lluis Santamar. The importance of diverse col-

laborative networks for the novelty of product innovation ［J］. Technovation 27 (2007) 367 – 377.

[106] Victor A. Gilsing, G. M. Duysters. Understanding novelty creation in exploration networks—Structural and relational embeddedness jointly considered ［J］. Technovation 28 (2008) 693 – 708.

[107] XiaoBowu, Zhi gang Gu, WeiZhang. The construction of innovation networks and the development of technological capabilities of industrial clusters in china ［J］. International Journal of Innovation and Technology Management Vol. 5, No. 2 (2008) 179 – 199.

[108] Leora Rothschild, Asaf Darr. Technological incubators and the social construction of innovation networks: an Israeli case study ［J］. Technovation 25 (2005) 59 – 67.

[109] 中国企业家调查系统, 2008 中国企业家队伍成长与发展十五年调查综合报告（上）, http: //www. cess. gov. cn.

[110] 潘彬, 杨光. 基于省际面板数据分析的地方政府支出与消费效应研究. 消费经济, 2008（1）: 88 – 91.

[111] 方国斌, 马慧敏. 基于技术创新的中部地区经济发展状况比较研究. 问题探索, 2007（12）: 34 – 38.

[112] 潘文卿. 外商投资对中国工业部门的外溢效应: 基于面板数据的分析. 世界经济, 2003（6）: 3 – 7.

[113] 黄智淋, 俞培果. 近年技术创新对我国经济增长的影响研究——基于面板数据模型分析. 科技管理研究, 2007（5）: 74 – 77.

[114] 祝丽芳. FDI、国际贸易知识溢出与区域创新——基于面板数据的实证分析. 广西师范大学学位论文, 2008.

[115] 高铁梅. 计量经济分析方法与建模——Eviews 应用及实例. 清华大学出版社, 2006.

[116] 樊纲, 王小鲁, 朱恒鹏. 中国市场化指数——各地区市场化相对进程2006年报告. 经济科学出版社, 2007.

[117] 吴敬链. 制度重于技术——论发展我国高新技术产业. 中国科技产业, 1999（10）: 18.

[118] 张杰. 社会资本与高科技园区发展. 现代管理科学, 2003（3）: 72 – 73.

[119] Massimo G. Colombo, Luca Grilli. Founders' human capital and the

growth of new technology-based firms: A competence-based view. Research Policy, 2005, 34 (6): 795 – 816.

[120] Doutriaus J. Merging High – Tech Firms: How Durable Are Their Comparative Start-up Advantages. Journal of Business Venturing, 1992, (7): 303 – 322.

[121] Pena I. Intellectual Capital and Business Start-up Success. Journal of Intellectual Capital, 2002, (3): 180 – 198.

[122] Rejean Landry, Nabil Amara, Moktar Lamari. Does social capital determine innovation? To what extent? Technological Forecasting and Social Change, Volume 69, Issue 7, September 2002, 681 – 701.

[123] Anneli Kaasa. Effects of different dimensions of social capital on innovative activity: Evidence from Europe at the regional level. Technovation, In Press, Corrected Proof, Available online 7 March 2008.

[124] Bat Batjargal. Internet entrepreneurship: Social capital, human capital, and performance of Internet ventures in China. Research Policy, Volume 36, Issue 5, June 2007, 605 – 618.

[125] Soumyananda Dinda. Social capital in the creation of human capital and economic growth: A productive consumption approach. Journal of Socio – Economics Volume 37, Issue 5, October 2008, 2020 – 2033.

[126] Ming – Hung Hsieh, Kuen – Hung Tsai. Technological capability, social capital and the launch strategy for innovative products. Industrial Marketing Management, Volume 36, Issue 4, May 2007, 493 – 502.

[127] Coleman J S. Social Capital in the Creation of Human Capital. A – Merican Journal of Sociology. 1988, Vol. 94: 95 – 120.

[128] Lin Nan. Social Resources and Instrumental Action. In Social Structure and Network Analysis. Edited by Pand V, Marsden and N. Lin. London: Sage Publications, 1982, 31 – 47.

[129] Bourdieu Pierre. The Forms of Capital. In John Richardson. ed. Handbook of Theory and Research for the Sociology of Education. New York: Greenwood Press, 1986, 241 – 258.

[130] James S Coleman. Social Capitol in the Creation of Human Capital. American Journal of Sociology, Vol. 94, supplement, 1988, 95 – 120.

[131] Putnam Robert D. Marking Democracy Work. Princeton. Princeton

University Press，1993，167.

［132］Putnam Robert D. Tuning In，Tuning Out：The Strange Disappearance of Social Captial in America. Political Science and Politics，1995，Vol. 28：195 – 218.

［133］Alejandro Portes. Social Capital：Its Origins and Applications in Modern Sociology. Annual Review of Sociology，1998，Vol. 24：1 – 24.

［134］托马斯·福特·布朗. 社会资本理论综述. 木子西译. 马克思主义与现实，2000（2）：41 – 42.

［135］Fukuyama Fukuyama. Social Capital and Civil Society. IMF Working Paper，2000.

［136］Josph E. Stiglitz. Some Lessons from the East Asian Miracle. The World Bank Research observer，1996，Vol. 11（2）：151 – 177.

［137］OECD，Thee Well – Being of Notions – The Role of Human and Social Capital. OECD. Paris. 2001.

［138］张其仔. 社会资本论. 社会科学文献出版社，1997.

［139］边燕杰，丘海雄. 企业的社会资本及其功效. 中国社会科学，2002（2）：88.

［140］周小虎、陈传明. 企业社会资本与持续竞争优势. 中国工业经济，2004（5）90 – 96.

［141］韦影. 企业社会资本与技术创新：基于吸收能力的实证研究. 中国工业经济，2007（9）：119 – 127.

［142］范红英. 高新区网络社会资本研究. 博士学位论文. 同济大学，2006.

［143］刘东，张杰. 社会资本视野中我国地方产业集群升级困境的制度解析. 江西社会科学，2006（3）：215 – 222.

［144］赵国杰，关长海，刘翠娥. 基于 ANP 的产业集群社会资本评价. 现代财经 2007（12）：26 – 29.

［145］河北省科技厅. 河北省高新技术企业创新活动调查报告. 2008 – 3 – 12.

［146］储小平. 家族企业的成长与社会资本的融合. 经济科学出版社，2004：5 – 6.

［147］刘珊. 基于产业集群下的江浙民营企业社会资本比较研究. 学位论文. 南京航空航天大学，2007.

［148］张丹宁，唐晓华. 产业网络组织及其分类研究. 中国工业经济，2008（2）：57 - 65.

［149］李军晓，黄文馨. 嵌入全球竞争的学习型企业集群. 科学学与科学技术管理，2005（5）：33 - 39.

［150］杨卫. 社会网络对产业生态演化影响. 博士学位论文. 武汉理工大学，2003.

［151］中国企业家调查系统，2008 中国企业家队伍成长与发展十五年调查综合报告（下），http：//www. cess. gov. cn.

［152］韦影. 企业社会资本与技术创新：基于吸收能力的实证研究. 中国工业经济，2007（9）：119 - 127.

［153］张方华. 知识型企业的社会资本与技术创新绩效的关系研究. 浙江大学博士学位论文，2004.

［154］朱秀梅，蔡莉. 基于高技术产业集群的社会资本对知识溢出影响的实证研究. 科学学与科学技术管理，2007（4）：117 - 121.

［155］Michael E Porter. Clusters and the New Economics of Competition [J]. Harvard Business Review，1998，Vol. 76（6）：77 - 90.

［156］Krugman P，VenablesA J. Globalization and the Inequality of Nations [J]. Quarterly Journal of Economics，1995，Vol. 110（4）：857 - 880.

［157］刘友金，黄鲁成. 技术创新与产业的跨越式发展. 中国软科学，2001（2）：38.

［158］Markusen A. Sticky Place in Slippery Space：A Typology of Industrial Districts. Economic Geography，1996，Vol. 72（3）：293 - 313.

［159］Peter Knorringa，Jorg Meyer Stamer. New Dimensions in Enterprise Cooperation and Development：From Clusters to Industrial Districts. 1998（10）.

［160］仇保兴. 小企业集群研究. 复旦大学出版社，1999：49 - 57.

［161］杰克·J·弗罗门. 经济演化. 经济科学出版社，2003.

［162］Knudsen. Economic Selection Theory. Journal of Evolutionary Economics，2002（4）：443 - 470.

［163］黄鲁成. 区域技术创新系统研究：生态学的思考. 科学学研究，2003（2）：215 - 219.

［164］罗发友，刘友金. 技术创新群落形成与演化的行为生态学研究. 科学学研究，2004（1）：99 - 103.

［165］程胜. 基于 Logistic 模型产业集群演化稳定性研究. 西北农林

科技大学学报，2007（3）：35－41.

［166］魏江，叶波．企业集群的创新集成：集群学习与挤压效应．中国软科学，2002（12）：26－31.

［167］Magnus Blomstrom, Jian－Ye Wang. Foreign Investment and Technology Transfer: A Simple Model. European Economic Review, 1992（36）：137－155.

［168］薛求知，罗来军．技术引入和技术学习——外资企业与内资企业技术空间博弈．经济研究，2006（9）：75－84.

［169］张杰，张少军，刘志彪．多维技术溢出效应、本土企业创新动力与产业升级的路径选择．南开经济研究，2007（3）：52－58.

［170］魏江，叶波．产业集群技术能力增长机理研究．科学管理研究，2003（1）：52－56.

［171］王立军．创新集聚与区域发展．中国经济出版社，2007：185－188.

［172］许庆瑞，毛凯军．论企业集群中的龙头企业网络和创新．研究与发展管理，2003（4）：56.

［173］缪小明，李刚．基于不同载体的产业集群知识溢出途径分析．科研管理，2006（4）：44－47.

［174］KatsoulacosYannis, Ulph David. Endogenous Spillovers and the Performance of Research Joint Ventures. Journal of Industrial Economics, 1998, Vol. 46（3）：333－357.

［175］张杰，张少军，刘志彪．多维技术溢出效应、本土企业创新动力与产业升级的路径选择．南开经济研究，2007（3）：47－67.

［176］张知彬．进化与生态复杂性．海洋出版社，2002.

［177］熊爱华，汪波．基于产业集群的区域品牌形成研究．山东大学学报（哲学社会科学版），2007（2）：85－89.

［178］张杰，张少军，刘东．我国地方产业集群内创新动力的生成与衍化机制：产业技术轨道视角．当代财经，2007（1）：71.

［179］M. K. Frieder. Technology Policy Evaluation in Germany. International Journal of Technology Management, 1995（4）：601－622.

［180］Adam Mitchell. Segal. Digital Dragon: National Technology Policy, Local Governments, and High-technology Enterprises in China. Springer, 2000：78－82.

［181］ Amy G. Factor. Governing the Development of High Tech Industry Agglomerations：A tale of three cities. RAND，1999：89 – 131.

［182］ Stutart W. Leshe，Robert H. Kargon. Selling Silicon Valley：Frederick Terman's Model for Regional Advantage. Business History Review. 1996 (5)：70 – 439.

［183］ M. Toshihiko. Policy Evaluations under Environmental Constraints Using a Computable General Equilibrium Model. European Journal of Operational Research，2005 (3)：843 – 855.

［184］河北省科技厅. 河北省高新技术企业创新活动调查报告. 2008 – 3 – 12.

［185］各国高新技术产业税收优惠政策速览. 地方财政研究，2004 (11)：12.

［186］陈柳钦. 国外促进高新技术产业税收政策对我国的启示. 重庆邮电学院学报，2005 (11)：659 – 663.

［187］李伟. 高新技术产业增值税政策的分析与思考. 北方经济，2005 (12)：47 – 48.

［188］王其藩. 高级系统动力学. 清华大学出版社，1995.

［189］ J. W. Forrester. 系统原理. 清华版译本，1986.

［190］陶在朴. 系统动态学：直击《第五项修炼》奥秘. 中国税务出版社，2005.

［191］贾仁安，丁荣华. 系统动力学—反馈动态性复杂分析. 清华大学出版社，2003.

［192］袁利金，蒋绍忠. 系统动态学：社会系统模拟理论和方法. 浙江大学出版社，1998.

［193］柯艺高. 从拉弗曲线形态变化看税收与国民经济的关系. 税务研究，2006 (5)：21 – 22.